Martin Erdmann
Der Griff zur Macht

Martin Erdmann

Der Griff zur Macht

Dominionismus –

der evangelikale Weg

zu globalem Einfluss

WIDMUNG

Discernment Research Group

und

Joy, Estelle Cherié, Johannes Luc

Dr. Martin Erdmann studierte Theologie an verschiedenen Hochschulen im In- und Ausland. 1999 promovierte er an der Brunel University in Uxbridge/ England in Moderner Kirchengeschichte. Ein Jahr stand er im Pastorendienst in Wermelskirchen (Deutschland), vier Jahre lehrte er als Dozent für Neues Testament an der STH Basel und fünf Jahre forschte er als Senior Scientist (Ethik der Klinischen Nanomedizin) am Universitätsspital Basel. Von 2003 bis 2010 war er Professor für Apologetik und Theologie am Patrick Henry College, Purcellville (Virginia), und von 2005 bis 2010 Dozent des Neuen Testaments und der modernen Kirchengeschichte an der Akademie für Reformatorische Theologie in Hannover. Er gründete 2004 das Verax Institut in der Schweiz und ist dessen Leiter. Außerdem betreibt er die Webseite Nuntia.de. Dr. Erdmann ist mit Joy verheiratet, das Ehepaar hat zwei Kinder, Estelle und Johannes.

2. Auflage 2012

© 2011 Dr. Martin Erdmann

Betanien Verlag e.K.
Postfach 14 57 · 33807 Oerlinghausen
www.betanien.de · info@betanien.de
Umschlag: Peter Voth, Kreuzau
Foto: www.istockphoto.com/blend_images
Satz: Betanien Verlag
Herstellung: Scandinavianbook, Arhus (Dänemark)

ISBN 978-3-935558-97-6

Inhalt

Vorwort

Gottesdienste, die sich attraktiv für Suchende präsentieren, die Gesellschaft mit christlichen Werten prägen, ja – christlicher Einfluss bis in die Etagen der Mächtigen und Reichen. Das wär's! Diese Ziele sind längst nicht mehr nur Träume. Vor allem in Freikirchen ist die Rede von Umbrüchen, einer »Zweiten Reformation« und einer Transformation. Viele Christen begrüßen diesen Aufbruch. Es gibt zwar auch einige, die sich in ihren Gemeinden nicht mehr daheim fühlen, weil die Predigten so inhaltlos geworden sind und Basiswissen über den christlichen Glauben nicht mehr vermittelt wird. Doch solche Skeptiker sind in der Minderheit und ziehen sich mehr oder weniger schweigend zurück.

Warum sind die evangelikalen Gemeinden so kraftlos geworden, die doch überzeugt sind, es besser zu machen als Generationen vor ihnen? Damals wollten die Evangelikalen außer der Bibel keine anderen Lehren akzeptieren und grenzten sich gegen »weltliches« Denken und Handeln ab. Endlich haben sich die Spitzen der evangelikalen Bewegung aus dieser Isolation befreit, denken die einen, und folgen ihnen in Scharen auf dem Weg zu einem neuen Evangelium: Die Anhänger dieser neuen Lehre, in der das soziale Miteinander im Zentrum steht, werfen einen umfassenden Blick auf die Nöte dieser Welt, packen an, wo Hunger und Krankheiten herrschen und arbeiten konkret am Frieden auf dieser Erde.

Dass der Preis für die Anerkennung der Evangelikalen in den Gremien der Vereinten Nationen, der Ökumene und anderer weltweit operierender Organisationen hoch ist, ist den meisten Gliedern von evangelikal orientierten Gemeinden nicht bewusst: Die Verkündigung von Gottes Wort hat in der Zusammenarbeit mit diesen Institutionen keinen Platz mehr. Das vorliegende Buch zeigt in aller Klarheit auf, dass das biblische Evangelium zugunsten von Einfluss und Anerkennung in den Gremien dieser Welt verworfen wurde. Gläubige, die vormals in der Esoterik verstrickt waren, erkennen häufig Parallelen zu den neuen Schlagwörtern und Lehren und erschrecken. Doch viele Christen, die wohlbehütet in bibeltreuen Gemeinden aufgewachsen sind, sind fasziniert von den neuen weltumspannenden Visionen und vertrauen blind ihren Leitern. Es ist Zeit, dass die Christen die wahren Beweggründe von »besucherfreundlichen Gottesdiensten« und der »Transformation« von Gemeinden und Gesellschaft erfahren. Dr. Martin Erdmann als profunder Kenner der Zusammenhänge auf christlicher, politischer und wirtschaftlicher Ebene gibt die Antwort.

Beate Gsell
Journalistin

Vorbemerkung und Danksagung

Als ich im Januar 2004 meine Arbeit als »Senior Scientist« am Universitätshospital Basel begann, ahnte ich noch nicht, dass ich mich während meiner Forschungsarbeit über die ethische Grundlage der Nanomedizin auch mit dem evangelikalen Dominionismus befassen würde. Zwei Jahre später sah ich es jedoch für nötig an, mich eingehender mit den verschiedenen Strömungen innerhalb des Neoevangelikalismus auseinanderzusetzen, um besser verstehen zu können, was sich hinter dem Transhumanismus[1] verbirgt. Renommierte Wissenschaftler, Techniker und Philosophen hatten begonnen, diese neue Ideologie bekannt zu machen. Über das Internet trat ich mit verschiedenen Mitgliedern der *Discernment Research Group* in Amerika in Verbindung, die mir halfen, die komplexen Zusammenhänge zwischen dem »säkularen« (eigentlich »religiösen«) Transhumanismus und dem »christlichen« (primär »sakralistischen«) Dominionismus zu erkennen.

Jahre zuvor war ich der Frage nachgegangen, warum sich der gegenwärtige Neoevangelikalismus kaum noch vom liberalen Christentum der ersten Hälfte des 20. Jahrhunderts unterschied. Mitte der 1990er Jahre hatte ich meine Doktorarbeit über die Frühgeschichte der ökumenischen Bewegung in England und Amerika geschrieben. In den Jahren 1919 bis 1945 bemühten sich liberale Theologen, Finanziers, Politiker und Akademiker in der anglo-amerikanischen Einflusssphäre, nicht nur einen Weltkirchenrat zu gründen, sondern auch eine föderale Weltregierung zu konstruieren. Damals wäre es mir nicht in den Sinn gekommen, die Zielsetzungen der neoevangelikalen Bewegung nach dem Zweiten Weltkrieg im gleichen Lichte zu sehen. Doch plötzlich stand mir diese ernüchternde Erkenntnis vor Augen, als ich mich mit den Verlautbarungen und Machenschaften der Befürworter einer Neuen Apostolischen Reformation befasste.

---

[1] Befürworter des Transhumanismus streben das Ziel an, Menschen durch den Einsatz technologischer Verfahren zu verändern, um die Grenzen der menschlichen Möglichkeiten zu erweitern.

Dank des Internets tauschte ich mich anschließend fast täglich mit einzelnen Christen in Amerika über die besorgniserregenden Entwicklungen in den evangelikalen Gemeinden, in der Missionsbewegung und in den theologischen Seminaren aus. Wir unterstützten uns gegenseitig, ein klareres Bild über die Transformation der Kirche und Gesellschaft zu bekommen, die auf die Errichtung eines weltweiten Staatskirchensystems hinauslief. Um unsere Erkenntnisse einem breiten Publikum zugänglich zu machen, veröffentlichten wir auf den Weblogs *Herescope.blogspot.com* und *Nuntia.de* regelmäßig Artikel auf Englisch und Deutsch über die neuesten Ereignisse in der christlichen Welt. Im Herbst 2008 organisierten wir eine zweitägige Konferenz in Bowling Green, Ohio, wo die leitenden Mitglieder der *Discernment Research Group* Vorträge über die unterschiedlichen Aspekte des Dominionismus hielten. In den nächsten zwei Jahren fanden weitere Konferenzen dieser Art statt. In Deutschland und der Schweiz veranstalteten das Verax-Institut und der Betanien-Verlag ähnliche Anlässe.

Um diese Aufklärungsarbeit effektiv ausüben zu können, halfen mir Freunde in der Schweiz, Deutschland, England und Amerika, 2004 das Verax-Institut zu gründen. In der Folgezeit richtete ich als Direktor des Instituts einen Internetauftritt ein, hielt zahlreiche Seminare in Gemeinden, gab Vorlesungen an Universitäten im In- und Ausland, schrieb Artikel und produzierte Multimedia-Präsentationen. Dies alles geschah neben meinen Aufgaben als Theologieprofessor am *Patrick Henry College* in Purcellville, Virginia (per Fernunterricht) und als Dozent für Neues Testament und moderne Kirchengeschichte an der *Akademie für Reformatorische Theologie* in Hannover und als Senior Scientist am Universitätsspital in Basel.

Das vorliegende Buch *Der Griff zur Macht* erwuchs aus all diesen Tätigkeiten. Doch ist es nur eine Einführung in das Thema des Dominionismus und keine profunde theologische Auseinandersetzung damit. Dass es nicht das letzte Wort zu diesem Thema sein kann, liegt schon in der Natur der Sache, denn der Dominionismus entwickelt sich rasant weiter und breitet sich enorm aus.

An Literatur und Quellen liegt nur eine begrenzte Anzahl gedruckter Publikationen wie Zeitschriftenartikel und Bücher vor; das Hauptgeschehen spielt sich im Internet ab, das hier deshalb häufig als Quelle angegeben wird. Die Inhalte im Internet sind aber oft kurzlebig, daher sind manche Angaben von Internetadressen bereits bei

Drucklegung dieses Buches nicht mehr aktuell. Vieles kann jedoch noch über das Internetarchiv www.archive.org[2] abgerufen werden. Als Hilfe zur raschen Konsultation der Internet-Quellen stellt der Verlag den Fußnotenapparat und das Literaturverzeichnis im PDF-Format unter www.betanien.de/dergriffzurmacht_quellen.pdf zur Verfügung.

Herzlich danke ich allen Personen, die dazu beigetragen haben, dieses Buch zu veröffentlichen.

In allem gebührt dem dreieinigen Gott alleine die Ehre!

Ich weise euch aber, liebe Brüder, auf die Heilsbotschaft hin, die ich euch seinerzeit getreulich verkündigt habe, die ihr auch angenommen habt, in der ihr auch feststeht und durch die ihr auch die Rettung erlangt, wenn ihr sie in der Gestalt festhaltet, in welcher ich sie euch getreulich verkündigt habe; es müsste sonst sein, dass ihr vergeblich zum Glauben gekommen wäret. Ich habe euch nämlich an erster Stelle mitgeteilt, was ich auch überkommen habe, dass Christus für unsere Sünden gestorben ist, den Schriften gemäß (Jes 53), und dass er begraben und dass er am dritten Tage auferweckt worden ist, den Schriften gemäß (Hos 6,2; Ps 16,10), und dass er dem Kephas (Petrus) erschienen ist, danach den Zwölfen. ...

Nun aber ist Christus von den Toten auferweckt worden als Erstling der Entschlafenen. Denn weil der Tod durch einen Menschen gekommen ist, erfolgt auch die Auferstehung der Toten durch einen Menschen. Wie nämlich in Adam alle sterben, so werden auch in Christus alle wieder zum Leben gebracht werden, ein jeder aber in seiner besonderen Abteilung: als Erstling Christus, hierauf die, welche Christus angehören, bei seiner Ankunft, danach das Ende, wenn er Gott dem Vater das Reich übergibt, sobald er jede Herrschaft und jede Gewalt und Macht vernichtet hat; denn er muss als König herrschen, »bis er ihm alle Feinde unter die Füße gelegt hat« (Ps 110,1). Der letzte Feind, der vernichtet wird, ist der Tod; denn »alles hat er ihm unter die Füße gelegt« (Ps 8,7). Wenn er dann aber aussprechen wird: »Alles ist

---

[2] Dort findet sich die »Way-Back-Machine« (»Weg-zurück-Maschine«), wo man bei Eingabe einer Internetadresse archivierte Speicherungen (»Stempel«) mit Datumsangabe einsehen kann.

*unterworfen!«, so ist doch selbstverständlich der ausgenommen,
der ihm alles unterworfen hat. Sobald ihm aber alles unterworfen
ist, dann wird auch der Sohn selbst sich dem unterwerfen, der
ihm alles unterworfen hat, damit Gott alles sei in allen.*

1. Kor. 15,1-5.20-28
nach der Übersetzung Hermann Menges

Wil, Aargau, Oktober 2011
Dr. Martin Erdmann

Sakrale Gesellschaft

Heutzutage setzten sich viele Christen dafür ein, auf die Gesellschaft mehr Einfluss zu nehmen. Ihr Ziel ist es, die Gesellschaft stärker durch christliche Werte zu prägen. Die Geschichte zeigt, dass die Absicht, die Gesellschaft sakral zu gestalten, keineswegs neu ist und auch nicht auf die christliche Religion beschränkt ist. Bereits die vorchristlichen Volksstämme, Königreiche und Imperien waren in ihrer religiösen und politischen Konstitution allesamt sakralistisch. Das Wort »sakralistisch« bzw. »sakral« bezeichnet in diesem Zusammenhang eine Gesellschaft, die sich besonders durch ihre religiösen Riten auszeichnet. Es wird nur eine einzige Religion geduldet. Alle Mitglieder dieser Gesellschaft sind verpflichtet, den Gott oder die Götter dieser einen Religion zu verehren. Das wichtigste Kennzeichen einer sakralen Gesellschaft ist ihr Heiligtum, in dem rituelle Handlungen, oftmals Sakramente genannt, vollzogen werden. Wer einer bestimmten Volksgruppe angehörte, musste auch ihrer Religion anhängen. Der Einzelne war nur in dem Maße in sein Volk integriert, wie er bereit war, sich den auferlegten religiösen Pflichten unterzuordnen. Erfolgte diese Unterordnung nicht, wurde in den vorchristlichen Volksstämmen die betreffende Person im günstigsten Fall aus der Volksgemeinschaft ausgestoßen. In der Regel folgte auf dieses Vergehen aber die Todesstrafe.

Was Cicero über das Rom seiner Zeit sagte, trifft auf alle sakralen Gesellschaften der vorchristlichen Ära zu: »Jede Stadt, Laelius, hat ihre eigene besondere Religion, und wir haben unsere.«[1] Deshalb ist es unsinnig, in einer sakralen Gesellschaft von einer Kultgemeinde und von einem Staat zu sprechen, als ob beide unterschiedliche Bedeutungen hätten. Zwischen diesen beiden Institutionen machte man damals keinen Unterschied, obwohl es bisweilen sowohl einen König

---

[1] Cicero, *Pro L Valerio Flacco*, in Cicero's Works, Loeb Classical Library, vol. 324, trans. C. MacDonald. Harvard UP, Cambridge, Mass: 1977, Kap. IV, par. XXVIII. »Each city, Laelius, has its own peculiar religion; we have ours.« (Deutscher Titel: *Laelius über die Freundschaft*).   http://www.uah.edu/student_life/organizations/ SAL/texts/latin/classical/cicero/proflacco1e.html#cfour.

als auch einen obersten Priester gab. In der Regel waren beide Funktionen in einer Person vereint.

Doch selbst wenn unterschiedliche Personen die königlichen und priesterlichen Aufgaben wahrnahmen, regierte der König über die gleichen Untertanen, für die der Priester am Altar seinen kultischen Dienst verrichtete. In einer sakralen Gesellschaft gibt es keinen konfessionslosen Staat.

Beispiele aus der antiken Welt – das alte Ägypten und das antike Rom – und aus der modernen Welt – die Neoevangelikalen – illustrieren die Merkmale einer sakralen Gesellschaft und zeigen deren unterdrückerisches Potential auf.

1.1 Altes Ägypten

Alle religiösen Systeme des alten Orients, so auch die Religion des alten Ägyptens, betrachteten die Geschichte als einen Kampf zwischen Chaos und Ordnung. Man glaubte, dass die Welt ihren Anfang in den tiefgründigen Wassern der Unterwelt nahm. Die Ägypter besaßen keine spezifische Mythologie der Erschaffung des Menschen. Beachtenswert ist jedoch die Vorstellung der Kontinuität. Sowohl die organische als auch die anorganische Materie, die Erde und das Universum, standen in solch enger Beziehung zueinander, dass man sie nicht unterscheiden konnte. Der entscheidende Aspekt war das Verbindende. Daraus schloss man, dass das Geschaffene und der Schöpfer nicht voneinander getrennt werden können. Diese Religionsvorstellung nannte man die Kontinuität des Seins.

Mit der Lehre der Kontinuität des Seins wurde eine andere Lehre, nämlich die Vergöttlichung des Menschen, begründet. Diese Lehre wiederum diente oft als Grundlage für die Lehre des göttlichen Staates. In der Zeit nach Christi Geburt wurde diese Lehre auf die Kirche übertragen, die sich unter Kaiser Konstantin im 4. Jahrhundert zu einem göttlichen Kirchenstaat entwickelte.

Als geballtes Machtzentrum nimmt der Staat im Hinblick auf menschliche Belange eine Mittlerrolle zwischen den Göttern und der Menschheit ein. Der oberste Herrscher hat dabei eine besondere Stellung. Deutlich kann man dies in der Geschichte der ägyptischen Pharaonen beobachten. Der Pharao war in der ägyptischen Religion selbst einer der Götter und repräsentierte unter ihnen das Volk. Darüber hinaus war er der offizielle Mittler zwischen dem

Volk und den Göttern, sozusagen der von den Göttern einzig anerkannte Priester. Dank seiner Göttlichkeit besaß der Pharao die
übernatürliche Fähigkeit, von einer Wesensform in eine andere zu
schlüpfen. Er konnte sich beispielsweise mit anderen Göttern vereinigen sowie das Wesen irgendeines Gottes annehmen. Er änderte
sein Wesen meist symbolisch durch bestimmte Kulthandlungen.
Der Pharao spielte seine ihm vorgeschriebene Rolle im religiösen
Schauspiel. Die Ägypter unterschieden nicht zwischen Symbolismus
und dem tatsächlichen Teilhaben: Solange der Pharao die Kulthand-
lung vollzog, war der Gott effektiv im Körper des Königs präsent. Er
war in den Augen des Volkes der anbetungswürdige Gott Horus.
Selbstverständlich delegierte der Pharao eine Schar von Priestern,
religiöse Akte zu vollziehen, genauso wie er Beamte beauftragte,
Regierungsaufgaben im Staat zu übernehmen. Die priesterlichen
und administrativen Abgeordneten verrichteten ihre Aufgaben
einzig für ihn, den höchsten Repräsentanten der Götter unter den
Menschen.

Als der Pharao das in Goshen wohnende Volk der Israeliten zu
seinen persönlichen Sklaven erniedrigte, demonstrierte er seine
Souveränität als oberster Herrscher in einer absolutistischen Theokratie. Neben ihm duldete er kein anderes Machtzentrum, das eine
bestimmte Autonomie beanspruchte. Die Konzentration der politischen und religiösen Macht lag einzig und allein in seinen Händen.

Im Zeitalter der Pyramiden weitete sich eine politische Ordnung
fast bis ins Unermessliche aus, die nahezu vollständig bürokratisiert
war. Max Weber, der einflussreiche deutsche Soziologe und Historiker, widmete die letzten 15 Jahre seines Lebens einer Reihe von
Studien über die zunehmende Bürokratisierung des Westens. 1909
schrieb er:»Bis auf diesen Tag hat es noch keine Bürokratie gegeben,
die mit der Ägyptens verglichen werden könnte.«[4] Lewis Mumford,
der die Geschichte der Architektur erforschte, behauptete, dass die
Herrscher Ägyptens nur aufgrund der totalen Bürokratisierung die
Pyramiden bauen konnten. Voraussetzung sei die Schaffung einer
sozialen Maschinerie gewesen. Mumford spricht sogar von der ersten

---

[4] »Max Weber on Bureaucratization« (1909) in J. P. Mayer, *Max Weber and German
Politics: A Study in Political Sociology* (London: Faber and Faber, [1943] 1956) 127.
Wenn nicht anders vermerkt, wurden alle Texte aus dem Englischen ins Deutsche
übersetzt.

Megamaschinerie in Ägypten.[5] Die ägyptische Gesellschaft sei so beschaffen gewesen, wie es die Pyramiden bildlich vor Augen stellten – eine straff durchorganisierte Hierarchie mit dem göttlichen Pharao als oberstem Deckstein.

Die Göttlichkeit des Königs war die zentrale Lehre in der Religion der alten Ägypter. Nur so konnte ein solch gewaltiges Unternehmen wie der Bau der Pyramiden überhaupt unternommen und erfolgreich abgeschlossen werden. Von oben bis unten dominierten rituelle Handlungen und garantierten das Funktionieren aller Bereiche innerhalb dieser absolutistischen Gottesherrschaft. Es ging nicht um die Unterweisung und Umsetzung ethischer Richtlinien. Darin unterschieden sich die ägyptische und hebräische Religion am stärksten. Auch wenn Rituale in der hebräischen Religion nicht völlig ausgeklammert wurden, lag doch die Hauptbetonung auf der Ethik, wie sie Mose im Gesetz nach dem Auszug aus Ägypten konkret beschrieb. Die Begriffe Schuld und Sühne haben nur in einem ethischen Bezugsrahmen Bedeutung. Im Buch Micha 6,6-8 steht Folgendes:

»Womit soll ich vor den HERRN treten, mich beugen vor dem Gott der Höhe? Soll ich mit Brandopfertieren vor ihn treten, mit einjährigen Kälbern? Hat der HERR Wohlgefallen an Tausenden von Widdern, an Zehntausenden von Bächen Öls? Oder soll ich meinen Erstgeborenen als Schuldopfer für mich hingeben, die Frucht meines Leibes als Sündopfer für mein Leben?« Er hat dir kundgetan, o Mensch, was gut ist; und was fordert der HERR anderes von dir, als Gerechtigkeit zu üben und dich der Liebe zu befleißigen und demütig zu wandeln vor deinem Gott?[6]

Die Ägypter und auch die antiken Völker, die den ägyptischen Totenkult imitierten, sahen das Leben nach dem Tod – die Auferstehung – als eine metaphysische Erweiterung dieses Lebens an. Die Lehre der Kontinuität des Seins, die menschliche und göttliche Elemente schon im Diesseits miteinander vermischte, schloss ein, dass es auch eine Kontinuität zwischen dem Leben eines Menschen im Hier und Jetzt

---

[5] Lewis Mumford, »The First Megamachine,« Daedalus (1966); in Lewis Mumford, *Interpretations and Forecasts: 1922-1972* (New York: Harcourt Brace Jovanovich, 1972) Kap. 24.
[6] Bibelzitate aus der Menge-Übersetzung (Stuttgart: Deutsche Bibelgesellschaft, 1939).

und seiner Existenz nach dem Tode geben würde. Die Vorstellung einer ethischen Erneuerung mittels eines Blutopfers besaß keinerlei Bedeutung in der Religion des alten Ägyptens.

Der Konflikt zwischen Mose und dem Pharao war eine religiöse Auseinandersetzung zwischen zwei völlig verschiedenen Vorstellungen von Tod und Auferstehung, von Erlösung und Gericht. Die eine vergöttlichte den Menschen, die andere verherrlichte den Schöpfergott. Das Ziel jeder theokratischen Bürokratie ist die Ausübung einer völligen Kontrolle über alle religiösen, sozialen und politischen Aspekte eines Volkes. In Ägypten unter Pharao Sesostris III. lebte das große Volk Israel, das eine völlig andere Religion praktizierte. Der Pharao hatte das Recht, von diesem als Gott angebetet zu werden.

Das Gesuch Moses, der Pharao möge den Israeliten gestatten, ihrem eigenen Gott in der Wüste zu opfern, wurde vom ägyptischen Herrscher als unverzeihliche Provokation angesehen. Dieser war nicht dazu bereit, die Existenz irgendeines Rivalen zu dulden, der seinen selbst proklamierten göttlichen Status infrage stellen würde. »Der Pharao aber antwortete: ›Wer ist der HERR, dass ich seinen Befehlen gehorchen und Israel ziehen lassen müsste? Ich kenne (diesen) HERRN nicht und will auch Israel nicht ziehen lassen‹« (Ex 5,2). Der Pharao war so über das Gesuch Moses erbost, dass er das gesamte Volk Israel sofort hart bestrafte. Am Ende, als das Volk aus Ägypten ausgezogen war und sich am Roten Meer befand, bot der durch die zehn Plagen gezüchtigte Pharao sein gesamtes Heer auf, jagte den Israeliten nach und beabsichtigte, alle umzubringen.

Ein zweites Beispiel einer sakralen Gesellschaft ist das antike Rom.

1.2 Antikes Rom

Sakrale Gesellschaften in der Antike mussten nicht unbedingt monotheistisch, also auf nur einen Gott ausgerichtet sein. Als der Jupiterkult im römischen Weltreich gepflegt wurde, war es gang und gäbe, alle Götter der besiegten Volksstämme in den Ehrentempel Pantheon aufzunehmen. Die Objekte der Anbetung in Rom nahmen von einem Eroberungsfeldzug zum nächsten immer mehr zu. Der gesamte Kultus bestand aus einem Sammelsurium aller möglichen Götzen und Gottheiten der antiken Welt. Rom brüstete sich sogar dieser Tatsache und zelebrierte die Aufnahme eines neuen Gottes in seine auf viele Götter ausgerichtete Religion. Die Herrscher setzten diese Politik als einen geschickten Schachzug ein, um die unterdrückten Völker hinsichtlich der Ausübung ihrer lokalen Religion nicht vor den Kopf zu stoßen. Die Herrscher waren sich über die enorme Bedeutung eines volkseigenen Kultus im Leben einer Nation bewusst. Die eroberten Völker konnten dieser entgegenkommenden Haltung Roms in Sachen Religion leicht zustimmen. Man musste aber zwei äußerst wichtige Einschränkungen beachten: Erstens durfte die angebetete Gottheit einer Volksgruppe die Gottheit einer anderen nicht aus dem Pantheon verdrängen. Und zweitens war es verboten, einer Gottheit Ehrerbietung darzubringen, wenn sie nicht zuvor offiziell in das Pantheon aufgenommen worden war. Verstöße gegen diese zwei Punkte konnten auf keinen Fall geduldet werden, denn die sakrale Ordnung wäre bedroht gewesen. Die erste Einschränkung hätte den Unmut jener Bevölkerung erzeugt, die nicht gewillt war, die Verdrängung ihrer eigenen Gottheit aus dem Pantheon zu akzeptieren. Durch die zweite Einschränkung wurde verhindert, dass in der Gesellschaft der private Kultus einer Minderheit hinter dem Rücken der übrigen Bevölkerung praktiziert wurde.

In beiderlei Hinsicht verletzten die ersten Christen die sakralen Bestimmungen Roms. Sie waren Monotheisten und konnten nicht zulassen, dass die Römer den souveränen Gott des Universums auf die gleiche Stufe mit alle anderen Götzen stellten. Ihr Gott war der einzig wahre Gott. Gerade weil alle anderen Gottheiten nur ein Phantasiegebilde waren, mussten sie vor ihm ihren Anspruch auf Anbetung abtreten. Ihr Gott war ein Gott, der allen anderen Göttern ein Ende bereiten würde. Die Christen fuhren damit fort, die Menschen dazu anzuhalten, den überlieferten Glauben ihrer Vorfahren und ihre Götter aufzugeben, den neuen und einzigen Gott anzunehmen und sich taufen zu lassen.

Theoretisch wäre es für die Urgemeinde einfach gewesen, allen Schwierigkeiten mit der Staatsgewalt aus dem Weg zu gehen, wenn sie bereit gewesen wäre, den Römern zu gestatten, Jesus Christus in das Pantheon aufzunehmen. Rom hätte ihnen jegliche Freiheit gestattet, ihren Gottesdienst nach Belieben zu gestalten – aber nur unter der Bedingung, dass sie sich nicht gegen die Verehrung aller anderen Gottheiten stellten. Religiöser Pluralismus und kultische Inklusivität waren ihnen jedoch Gräuel. Sie praktizierten deshalb einen privaten Kultus, dem die offizielle Erlaubnis fehlte. Die Römer störte an den

Christen am meisten, dass sie ihre Religion nicht auf einen heiligen
Ritus beschränkten und diesen in der Öffentlichkeit feierten. Die
Christen bestanden darauf, dass der Glaube an Jesus Christus weit
mehr war als ein vom Staat sanktioniertes und unter dessen Kontrolle
stehendes kultisches Sakrament. Dass die Christen deshalb bis aufs
Blut verfolgt wurden, sollte niemanden verwundern, der die Konsequenzen kennt, die mit dem Sakralismus einhergingen.

Die geheimen Treffen der ersten Christen waren in einer sakralen
Gesellschaft nicht akzeptiert. Entscheidend waren nicht die religiösen Handlungen an sich; wichtig war, dass sie vor den Augen aller,
besonders vor dem Staatsoberhaupt und seinen Priestern, durchgeführt werden mussten. Die damaligen Christen feierten ihren Gottesdienst in geschlossener Runde. Die privaten Zusammenkünfte
dienten aber nicht in erster Linie dem Schutz vor den Übergriffen
der Ordnungshüter, sondern ihr Glaubensbekenntnis ließ ihnen keine andere Wahl. Der christliche Glaube sah Gott zwar als Schöpfer
und Erhalter aller Menschen an, aber nur für seine erwählte Gemeinde war er auch der Vater. Diese Lehre teilte die Bevölkerung
in zwei Gruppen auf: die an Jesus Christus Gläubigen und die ihn
ablehnenden Heiden.

Das sakrale Rom nahm an dieser Lehre besonderen Anstoß, denn
um den Frieden in der Öffentlichkeit zu wahren, musste Einstimmig-
keit vor dem Altar herrschen. Beanspruchte eine Gruppe religiöse
Exklusivität, wurde diese Haltung als Beweis der Intoleranz anderer
Kultanhängern gegenüber angesehen. Darüber hinaus war dieses
Verhalten ein Indiz des politischen Aufruhrs gegen die Staatsgewalt.

Die Bewegung hin zum so genannten Dominionismus[7], eine spe-
zifisch auf das Christentum bezogene Form des Sakralismus, begann
im Jahre 313 n. Chr. mit der Veröffentlichung des Toleranzedikts,
das auch als »Edikt von Mailand« bekannt ist. Dieser amtliche Erlass deklarierte die christliche Religion als einen erlaubten Kult im
Staat – ein Status, den das Christentum bis dahin nicht besessen

---

[7] Laut Wikipedia werden als Dominionisten »Anhänger von christlich-fundamenta-
listischen Bestrebungen vor allem in den USA bezeichnet, die Einfluss über eine
weltliche Regierung anstreben, also entweder einen Gottesstaat errichten wollen
oder einen Staat nach den Maßgaben eines konservativen christlichen Verständnisses biblischer Gesetze. Diese Bestrebungen sind auch als *Dominion Theology* oder
Christian Reconstructionism bekannt. Die genaue Bedeutung und Anwendung des
Begriffes ist strittig.« http://de.wikipedia.org/wiki/Dominionisten

hatte. Unmittelbar danach hörte die Verfolgung auf, denn der Erlass machte eine Anklage gegen die Christen wegen Gotteslästerung und Hochverrat unmöglich. Diese politische Klimaveränderung erlaubte es den Christen, aus ihren Verstecken hervorzukommen. Es wurde sofort offensichtlich, dass die Nachfolger Jesu bei weitem zahlreicher waren, als ursprünglich vermutet.

Möglicherweise führte die Erkenntnis der unerwarteten zahlenmäßigen Stärke der Christen dazu, dass binnen weniger Jahrzehnte nach dem Toleranzedikt eine zweite Verordnung erlassen wurde. Kaiser Theodosius machte das Christentum zum einzigen und allein legitimen Glauben im Römischen Reich. Das Christentum wurde zur wahren Religion erklärt und all die anderen verloren ihren Anspruch auf staatliche Anerkennung.

Die plötzliche Veränderung des Geschicks der Christen war anfänglich das Werk Kaiser Konstantins. Manche meinen, dass die Konstantinische Wende die Sache Christi gefördert habe und nennen darum Konstantin »den Großen«. Wir werden sehen, ob diese hohe Würdigung des römischen Kaisers auch tatsächlich angebracht ist.

Es gibt keinen Hinweis darauf, dass Konstantin auch nur die leiseste Ahnung von der göttlichen Gnade besaß oder der neutestamentlichen Strukturierung der christlichen Gemeinde auch nur das geringste Verständnis entgegenbrachte. Das einzige, was die Konstantinische Wende vollbrachte, war, dass sie die Rollen in der Sanktionierung der Religionen vertauschte: Der christliche Glaube nahm nun den ersten Platz der bevorzugten Staatsreligion ein, von dem der römische Götterglaube verdrängt worden war. Nicht mehr das Christentum wurde verfolgt, sondern die Christen konnten jetzt selbst Anhänger anderer Religionen verfolgen – diese üble Verfolgungswut machte sich leider sofort bemerkbar. Der Grund war der gleiche, der noch kurze Zeit zuvor zu den brutalsten Christenverfolgungen geführt hatte: die rigorose Durchsetzung der offiziellen Staatsreligion ließ keine andere Alternative zu.

Konstantin hatte sich früher als *Pontifex Maximus* betrachtet, also als obersten Priester im alten Rom, jetzt war er der oberste Würdenträger im Christentum. Er machte es sich zur Aufgabe, mit unzweideutigem Urteilsspruch vorzuschreiben, wie das göttliche Wesen an-

---

[8] Siehe W. H. C. Frend, *The Donatist Church* (Oxford: Oxford University Press, [1952] 2000) 157, Fn. 7.

gebetet werden sollte und welche Art des Kultus ihm wohlgefällig sei.[8]
Darüber hinaus beanspruchte er für sich das Vorrecht, bestimmen zu
können, ob der Name einer bestimmten Person auf der Mitgliederliste der Kirche erscheinen durfte oder nicht; nur er besaß den Schlüssel
zum Eingang in die christliche Gemeinde, und er bestimmte, dass alle römischen Bürger dazugehörten, ja, ohne Ausnahme dazugehören
mussten. Die Lehre der Schrift, dass ein Mensch allein aufgrund seines persönlichen Glaubens an Jesus Christus wahrer Christ und somit
Teil der christlichen Gemeinde werden konnte, besaß von da an keine
Bedeutung mehr. Die Gemeinde verlor ihre Identität als die lokale
Versammlung der Erwählten Gottes. Als der Kaiser bemerkte, dass
der Arianische Steit[9] eine große Gefahr für das Einheitsprinzip des
»christlichen« Dominionismus darstellen würde, berief er ein Konzil
ein. Später beauftragte er Athanasius, Arius und seine Anhänger zu
verbannen, gab ihm aber auch unmissverständlich zu verstehen, dass
niemandem sonst der Zutritt zum Gottesdienst verweigert werden
durfte. Er sagte:

Nun da du mit meinem Willen vertraut bist, erlaube jedem, der es
wünscht, ungehinderten Eingang in die Kirche. Falls ich höre, dass
du dich in den Weg irgendeiner Person gestellt hast, die behauptet,
Mitglied der Kirche zu sein, und ihr den Zutritt verweigert hast,
werde ich sofort jemanden senden, der dich kraft meines Befehls
des Amtes enthebt und dich aus dem Lande vertreibt.[10]

Konstantin war nach seiner vermeintlichen Bekehrung genauso konsequent in der Durchsetzung des »christlichen« Dominionismus,
wie er es zuvor in der Aufrechterhaltung des heidnischen Sakralismus gewesen war: Nun wurden Kulthandlungen der alten Religion

---

[9] »Als Arianischen Streit bezeichnet man in der Dogmengeschichtsschreibung die
im 4. Jahrhundert leidenschaftlich geführten Auseinandersetzungen um die nach
Arius als Arianismus bezeichneten Lehren und die damit aufgeworfene Frage, ob
der in Jesus Christus inkarnierte Logos göttlich, gottähnlich oder anders als Gott,
nämlich geschöpflich, sei. Da es ab dem Konzil von Nicäa 325, auf dem Arius verur-
teilt worden war, gar nicht mehr um Arius selbst ging, sondern *arianisch* vorwiegend
zum (in seiner Angemessenheit umstrittenen) Kampfbegriff gegen die Kritiker des
Konzils wurde, wird in der neueren Dogmengeschichtsschreibung vorgeschlagen,
für die Phase nach 325 eher vom Trinitarischen oder subordinatianischen Streit zu
sprechen.« http://de.wikipedia.org/wiki/Arianischer_Streit
[10] A. H. M. Jones, *Constantine and the Conversion of Europe* (New York: Macmillan,
[1948] 2008) 153. http://www.archive.org/details/constantineandth002738mbp.

oft mit genau den gleichen Worten verboten wie zuvor christliche Gottesdienste. Nicht eine einzige Weihegabe durfte mehr auf einem heidnischen Altar niedergelegt werden. Ungetaufte Personen mussten sich dem kaiserlichen Dekret ohne Widerspruch beugen und an der christlichen Unterweisung teilnehmen, um sich später taufen lassen zu können. Diejenigen, die sich weigerten, zum Taufbecken zu gehen, nachdem sie am Religionsunterricht teilgenommen hatten, mussten harte Strafen über sich ergehen lassen. Jeder, der nach einer Zwangstaufe wieder seiner alten Götterreligion verfiel, wurde ein Gegenstand der *exterminatio*, der Exekution. An diesem Punkt in der Geschichte begann das unerbittliche Vorgehen gegen Personen, die vom christlichen Glauben abgefallen waren. Dieses Vorgehen sollte im Westen mehr als 1000 Jahre lang praktiziert werden. Die harten Maßnahmen der *exterminatio*, der Exekution, sollten uns nicht überraschen: Es sind die unausweichlichen Begleiterscheinungen des Sakralismus, ob er nun in der heidnischen Form des Staatskultes und der Kaiseranbetung oder im christlichen Gewand des Dominionismus erscheint. Wenn ein einziger Machthaber sowohl die politische als auch die religiöse Herrschaft innehat, kann eine Person, die die Staatsreligion verwirft, nicht Staatsbürger bleiben. Der Dominionismus duldet keine Ketzer.

Konstantin begann sofort, der neuen Staatsreligion alle möglichen Vergünstigungen zu geben. Elegante Kirchengebäude, die Urbilder mittelalterlicher Kathedralen, wurden auf Kosten des Staatsschatzes erbaut und oftmals auf den Ruinen eines heidnischen Tempels errichtet. Der Kaiser erhob den ersten Tag in der Woche, der in der Frühkirche seit Christi Auferstehung als Tag des Herrn gefeiert wurde, zu einem gesetzlichen Festtag und gab ihm den Namen »Tag der Sonne«. Dieser Rückgriff auf einen vorchristlichen Namen für den christlichen Tag der Ruhe war zweifellos ein Zeichen dafür, dass der Kaiser die Sonne weiterhin als Gottheit verehrte. Viele Jahre nach Konstantins so genannter Bekehrung wurden römische Münzen geprägt, die weiterhin das Emblem der unbesiegbaren Sonne trugen. Konstantin begann sofort, die christlichen Kirchen mit großzügigen Geldzuwendungen zu subventionieren und die Kleriker aus öffentlichen Mitteln zu bezahlen. Dies führte zu einem unheiligen Haschen nach Kirchenämtern, oft durch Personen, die weder theoretisches noch praktisches Wissen über den neuen Glauben besaßen. Dieses Ämterhaschen wurde durch den Beschluss beschleunigt, alle Kleriker von den öffentlichen Bürden zu befreien, wie zum Beispiel dem Zahlen von Steuern.

Scheinbar war der Kaiser gegenüber den Kirchen in Afrika besonders freigiebig und präsentierte sich als ein verschwenderischer Wohltäter. In Wirklichkeit war dies aber nur eine Reaktion auf den dortigen Widerstand gegen den konstantinischen Dominionismus. Zunächst hatten keine Differenzen zwischen Christen aus verschiedenen Regionen bestanden. Sie hatten untereinander einen regen sozialen und kommerziellen Kontakt gepflegt. Als sich der Kaiser mit zunehmender Intoleranz in die Angelegenheiten der nordafrikanischen Kirchen einmischte, wurden die Unstimmigkeiten zwischen den Kirchen dieser Region und den anderen im Reich angefacht. Grundsätzlich gegensätzliche Positionen entwickelten sich in der Kontroverse mit den Donatisten. Die Donatisten waren eine Gruppe, die sich aus den Anhängern des Bischofs Donatus von Karthago (313) rekrutierte und Rom die Gefolgschaft versagte. Die Ordination des Diakons Cäcilian zum Bischof von Karthago erregte die Gemüter, weil sie von einem Traditor[11], dem Bischof Felix von Aptunga, vollzogen worden war. Eine Gegenpartei bildete sich, die 311 n. Chr. die Frage aufgriff, ob Traditoren die Sakramente gültig spenden könnten und ob schwere Sünder in der Kirche geduldet werden dürften. Als Sonderkirche war die der Donatisten bis ins 7. Jahrhundert besonders im nordafrikanischen Raum von großer Ausstrahlungskraft.

Die Christen Nordafrikas waren es gewohnt, dass Rom die Angelegenheiten auf der politischen Ebene regelte, und sie realisierten mit Schrecken, dass aufgrund der Konstantinischen Wende die gesamte christliche Kirche, einschließlich ihrer eigenen, nunmehr jede Forderung des Kaisers befolgen musste. Dies führte zu dem donatistischen Versuch, das staatliche Eingreifen in ihre internen Kirchenangelegenheiten zu verhindern. Vielleicht war Konstantins ungewöhnliche finanzielle Freigiebigkeit gegenüber den afrikanischen Kirchen eine Taktik, die Donatisten zu beschwichtigen. Jedenfalls gab er Cäcilian, dem umstrittenen Bischof von Karthago, folgende Anweisung:

Da ich beschlossen habe, dass Vorkehrungen getroffen werden sollten für die Ausgaben einer bestimmten Anzahl von Dienern

---

[11] Ein »Traditor« war jemand, der während der Christenverfolgung heilige Gefäße und Bücher auslieferte.

der gesetzlichen und allerheiligsten katholischen Kirche, habe ich
Ursus, dem Schatzmeister Afrikas, geschrieben und ihn angewiesen, ihnen, Hochwürden, 3000 Follis zu bezahlen.[12]

Offensichtlich ist, dass Konstantin das Christentum förderte, und
zwar wegen dessen unbestreitbarer Vorzüge für ein harmonisches
Zusammenleben im Staat. Es gibt kein Indiz dafür, dass er die
christlichen Lehren der Gnade, der göttlichen Vergebung oder der
ethischen Erneuerung in ihrer geistlichen Bedeutung verstanden
und wertgeschätzt hat. Es spricht für sich, dass Konstantin selbst
nach dem Erlass des Toleranzedikts das private Feiern von christlichen Gottesdiensten als eine unmittelbare Bedrohung für das sakrale Ideal ansah. Deshalb wurde die Todesstrafe über denjenigen
verhängt, der darauf bestand, Jesus Christus nur im Kreise der Wiedergeborenen anbeten zu wollen.
Wenden wir uns nun der Gegenwart zu.

---

[12] A. H. M. Jones, *Constantine*, 74.

Moderner Dominionismus

Auffallend ist, dass die Führungspersonen des Christentums seit der Konstantinischen Wende bisweilen einen starken Hang zum Dominionismus aufweisen. In unregelmäßigen Schüben wurden die Kirchgänger mit dieser Sonderlehre konfrontiert. Immer, wenn sich die Kirche mit dem Staat zusammenschloss, kam es zu schrecklichem Missbrauch der Gewalt im Namen Jesu. Die wenigen Christen, die es in der Geschichte gewagt hatten, dem Einfluss des Dominionismus zu trotzen, mussten oft Verfolgung erdulden und starben nicht selten als Märtyrer. Im frühen 21. Jahrhundert treten in evangelikalen Denominationen und parakirchlichen Institutionen unzählige Befürworter eines Staatskirchensystems auf und legen einen erstaunlichen Eifer an den Tag.

In den vergangenen Jahren sind die Anhänger des Dominionismus öffentlich stark in Erscheinung getreten. Innerhalb des Evangelikalismus vertreten sie die Lehre, das weltweite Königreich Gottes aufzurichten. Wir werden in einem Überblick die vier Hauptstränge des Dominionismus innerhalb des Evangelikalismus aufzeigen. Es geht uns dabei nicht um eine theologische Abhandlung, sondern um historische Fakten. So wünschenswert es wäre, eine umfassende Analyse der vielfältigen Strömungen des evangelikalen Dominionismus darzulegen, wird dies in diesem Buch nicht möglich sein. Wir werden uns jedoch bemühen, die wichtigsten Aspekte dieser Irrlehre aufzuzeigen. Obgleich es einige bemerkenswerte dominionistische Parallelentwicklungen in anderen Weltreligionen gibt, werden wir nicht auf dieses Thema eingehen. Es wäre zu ehrgeizig, die vielfältigen Querverbindungen im Detail zu beschreiben.

Bislang hat nur eine kleine Gruppe von Theologen die Verbindungslinien zwischen den verschiedenen Gruppierungen der Dominionisten aufgedeckt. Es ist an der Zeit, diese hochexplosive Information einem breiteren Publikum vorzustellen. Die apologetische Aufgabe erfüllt den biblischen Zweck des Aufdeckens von falschen Lehren. Die Gläubigen werden gewarnt, sich nicht auf verderbliche Irrlehren einzulassen (Judas 3; 2. Petr. 2,1). Mit großem Bedauern muss festgestellt werden, dass in den vergangenen zwei Jahrzehnten viele Apologeten den verführerischen Lehren des Dominionismus erlegen sind. Es muss deutlich gesagt werden, dass es sich beim Dominionismus um ein gravierendes Abweichen von der christlichen Lehre handelt.

Das traditionelle Christentum lehrt: Das Evangelium des ewigen Heils bezieht sich auf den Glauben an Jesus Christus und dessen vergossenes Blut am Kreuz. Die Betonung liegt einerseits auf der Buße, also der Sinnesänderung und Abwendung vom Bösen, und andererseits auf der Bekehrung, also der Hinwendung des Menschen zu Gott. Das Königreich Gottes ist in dieser Zeit der Gnade ein geistlicher Bereich, der durch die evangelistische Verkündigung des Wortes Gottes vergrößert wird. Christus machte zweifellos deutlich, dass sein Reich »nicht von dieser Welt« (Joh. 18,36) ist, sondern eine geistliche Herrschaft über die Herzen der Gläubigen (Luk. 17,20-21). Matthew Henry, der bekannte englische Bibelausleger, schrieb 1706 über die auferlegte Pflicht der Evangelisation:

Christus beabsichtigte, dass sein Evangelium weder durch Feuer und Schwert propagiert werden sollte noch durch den Zorn der Menschen als Exekutoren der richtenden Gerechtigkeit Gottes. Wenn wir Gott in den höchsten Tönen loben, sollten wir einen Olivenzweig des Friedens in Händen halten. Die Siege Christi werden dank der Kraft des Evangeliums und der Gnade über die geistlichen Feinde errungen. Darin zeichnen sich die Gläubigen mehr als Überwinder aus. Das Wort Gottes ist das zweischneidige Schwert (Hebr. 4,12), das Schwert des Geistes (Eph. 6,17).[1]

Der Dominionismus lehrt: Das Evangelium des Heils bewirkt die Einführung des »Königreichs Gottes« als ein irdisches Reich der Herrschaft Christi, das in der jetzigen Zeit aufgerichtet werden soll. Einige Dominionisten vergleichen das Königreich des Neuen Testaments mit dem Israel des Alten Testaments. Sie fühlen sich demnach berechtigt, das Schwert zu ergreifen oder andere Methoden der Strafjustiz zu wählen, um Krieg gegen die Feinde des »christlichen« Kö-

---

[1] Matthew Henry, *Matthew Henry Commentary on the Whole Bible* (Peabody, MA: Hendrickson Publishers; 2nd edition (1991) Ps 149. http://www.biblestudytools.com/commentaries/matthew-henry-complete/psalms/149.html?p=3.

nigreiches zu führen. Menschen, die sich der Herrschaft Gottes nicht unterordnen, müssen gezwungen werden, ins Königreich zu kommen. Die Kirche besitzt nun die gleiche juristische Gewalt, wie sie in der Bibel dem triumphalen Jesus Christus bei seiner Wiederkunft zugeschrieben wird. Dies umschließt auch den esoterischen Glauben, dass Christus in seiner Kirche Gestalt annimmt und dass sie seinen Leib auf Erden darstellt.[2] Mit Hilfe der Kirche richtet Christus seine Königsherrschaft auf dieser Erde auf. Die Taten der Menschen erhalten eine nicht angemessene Betonung, die göttliche Souveränität wird gemindert. Die Theologie des Dominionismus setzt sich aus drei Grundannahmen zusammen:

1.) Satan nahm nach dem Sündenfall widerrechtlich die herrschaftliche Stellung über die Welt ein, die eigentlich dem Menschen vorbehalten war.

2.) Die Kirche ist Gottes Instrument, um Satan die Herrschaft wieder abzunehmen.

3.) Die Wiederkunft Jesu wird solange hinausgezögert, bis die Kirche die Herrschaft über alle staatlichen und sozialen Institutionen der Welt errungen hat.

Indem sich viele Christen auf neue, weit gefächerte Allianzen mit Dominionisten einlassen, geben sie ihre Aufgabe als Zeugen des Evangeliums preis. Das Vermögen, als unabhängige Menschen zu leben, die sich in direkter Verantwortung gegenüber Gott einzig an der Bibel orientieren, wird deutlich eingeschränkt. Die biblische Aufforderung, tapfer die Wahrheit zu verkündigen (z. B. Phil. 1,14 und 1. Thess. 2,2), wird kräftig beschnitten von der Verpflichtung, »Bündnisse« einzugehen. So erlegt Rick Warren beispielsweise seinen Anhängern auf, nie etwas Kritisches über sein Programm »Leben mit Vision« zu sagen.

Die wesentlichen Elemente des evangelikalen Dominionismus sind in einer schönen, nach außen hin biblisch erscheinenden Verpackung eingehüllt, um über die Massenmedien optimal verbreitet zu

---

[2] Dass die Versammlung der Wiedergeborenen Christi Leib auf Erden ist, kann auch biblisch interpretiert werden. Die Dominionisten legen dieser Lehre aber ihr eigenes Verständnis zugrunde, das im Folgenden näher erläutert wird.

werden. Das offensichtlich Falsche an dieser Lehre wird so geschickt verschleiert, dass es schon einer gehörigen Portion an geistlichem Scharfsinn bedarf, um das Unbiblische im Kern dieser Lehre erkennen zu können.

Die gezielte Verbreitung des Dominionismus ist mittlerweile ein sich über mehrere Jahrzehnte hinziehender Prozess, der aller Voraussicht nach auch weiterhin viel Zeit und Energie in Anspruch nehmen wird. Dennoch trifft man heutzutage kaum einen Evangelikalen an, der mit dem Begriff Dominionismus etwas Konkretes anfangen kann. Ein Grund dieser allgemeinen Unkenntnis ist die Verwendung von Begriffen, die den Evangelikalen geläufig sind, aber mit anderen Inhalten gefüllt werden. Man möchte verhindern, einen anstößigen Beigeschmack zu hinterlassen, wenn das eigentliche Ziel des Dominionismus vorgestellt wird, nämlich eine »theokratische« Weltherrschaft einzurichten. So gelingt es, die wirkliche Bedeutung und das volle Ausmaß dieser eigenartigen Königreich-Gottes-Lehre hinter der Fassade wohlbekannter biblischer Ausdrücke zu verbergen. Deshalb haben viele Evangelikale bedenkenlos Teilaspekte des Dominionismus angenommen, ohne sich dessen bewusst zu sein.

Um ihre verdrehten Ansichten effektiv zu verbreiten, entwickelten die dominionistischen Führer neue Lehren über die Gemeinde (Ekklesiologie), die zukünftigen Dinge (Eschatologie) und das Heil (Soteriologie). Sie passten die lehrmäßigen Abweichungen den Zielgruppen in den verschiedenen evangelikalen Gruppierungen an. Schritt für Schritt wurden althergebrachte theologische Ansichten in etwas völlig Neues umgewandelt. Die Leiter der Dominionisten sind geschulte »Betreiber des Wandels« (engl. *agents of change*), die eine sozialpolitische Transformation innerhalb der Kirchen in Bewegung gesetzt haben. Inzwischen sind die verheerenden Resultate vielerorts deutlich zu sehen. Die Opfer dieser Verirrung merken kaum, dass sie für eine Sache eingespannt werden, die in fast keiner Hinsicht dem traditionellen Christentum entspricht.

Die dominionistischen Irrlehrer sind in den christlichen Gemeinden bislang kaum auf Widerstand gestoßen. Ihre Macht der Verführung ist und bleibt groß. Es bewahrheitet sich, was Judas gleich am Anfang seines Briefes geschrieben hat:

Heimlich haben sich gewisse Leute eingeschlichen, die schon längst für folgendes Verdammungsurteil aufgeschrieben sind:

»Gottlose Leute, welche die Gnade unsers Gottes zur Ausschwei-
fung verkehren und unsern alleinigen Gebieter und Herrn Jesu
Christus verleugnen.« (Judas 4)

Die dominionistischen Ideen sind inzwischen weltweit verbreitet. Interessant ist der Umstand, dass sich die Baptisten und Mennoniten
traditionell von solchen Lehren fernhielten, weil sie die Autonomie
der örtlichen Gemeinde gegenüber einer episkopalen (hierarchisch
überörtlich geleiteten) Kirchenstruktur und einem Staatskirchensystem betonten. Doch auch in diesen christlichen Gemeinschaften
beginnt der Wind des Zeitgeistes zu wehen. Die Erfüllung des Königreichs-Mandats wird für so wichtig gehalten, dass scheinbar in
jeder Hinsicht »der Zweck die Mittel heiligt«. Man nimmt Dinge
bedenkenlos in Angriff, die noch vor einigen Jahren kaum ein Christ
zu denken gewagt hatte, weil ihm das Unbiblische daran so offensichtlich erschien. Wie es zu dieser Situation kommen konnte, wird
nur dann verständlich, wenn wir uns die Entstehungsgeschichte des
Neoevangelikalismus näher anschauen.

— 3 —
Neoevangelikalismus

Der Neoevangelikalismus hat seine Wurzeln in den USA. Die *Gospel Coalition*[1], ein Zusammenschluss von bekannten Theologen, Pastoren und engagierten Laien in Amerika, beabsichtigt, die ursprünglichen Ziele des Neoevangelikalismus wieder aufleben zu lassen. Collin Hansen berichtet auf dem *Christianity Today*-Weblog als Teilnehmer der von Tim Keller und Donald A. Carson einberufenen ersten Konferenz[2] dieser Organisation an der *Trinity Evangelical Divinity School* in Deerfield, Illinois, Folgendes:

> Wie Carson mir heute mitteilte, wäre es für diese Gruppe unmöglich gewesen, vor fünf Jahren zusammenzukommen. Denken Sie über diese Aussage, wie Sie möchten; es scheint sich etwas in der evangelikalen Bewegung zu tun. Die *Gospel Coalition* sucht nicht weniger zu erreichen, als zu dem theologischen Konsens zurückzukehren, dessen sich die evangelikale Bewegung in den Tagen des Neoevangelikalismus unter Leitung von Billy Graham, Carl Henry, Harold John Ockenga und vielen anderen erfreute.[3]

Die Organisatoren der Konferenz, zu denen auch Crawford Loritts, Phil Ryken, Mark Driscoll und John Piper gehörten, wenden sich mit diesem Anliegen hauptsächlich an reformierte Pastoren und Theologen, um diese auf ein neues Glaubensbekenntnis einzustimmen. Was bewog die neoevangelikalen Initiatoren vor mehr als fünfzig Jahren, diese neue Bewegung ins Leben zu rufen?

Harold John Ockenga (1905-1985) gilt als Vater des Neoevangelikalismus. Als einflussreicher Pastor der historischen *Park Street*

---

[1] http://thegospelcoalition.org.

[2] Bevor das Leitungsgremium der *Gospel Coalition* zirka 500 Theologen, Pastoren und Laien zur ersten Konferenz einlud, hatte es sich regelmäßig drei Jahre lang im Privaten getroffen, um die theologischen Grundsatzdokumente und die Zielsetzungen dieser Vereinigung abzufassen. Tim Keller und Donald A. Carson sind die maßgeblichen Verfasser dieser Dokumente.

[3] http://blog.christianitytoday.com/ctliveblog/archives/2007/05/gospel_coalitio.html.

Congregational Church[4] in Boston diente Ockenga über viele Jahre
hinweg nebenberuflich in verschiedenen Leitungsgremien evangelikaler Werke in Nordamerika. So war er zum Beispiel der erste Vorsitzende der *National Association of Evangelicals* (»Nationalen Vereinigung der Evangelikalen«, NAE), die eine Zeitlang der konkurrenzfä-
higste Gegenpol zum ökumenischen *Nationalen Rat der Kirchen* war.
Ockengas Vorliebe, neue Wörter zu kreieren, verdanken wir den nun
gängigen Begriff »Neoevangelikalismus«.

In dem Vorwort zu Harold Lindsells Buch *The Battle for the Bible*[5]
(1976) beschreibt Ockenga kurz und bündig die Geschichte der Entstehung der sich in den Nachkriegsjahren vom konservativen Fundamentalismus loslösenden evangelikalen Bewegung Amerikas.

Der Neoevangelikalismus wurde 1948 ins Leben gerufen, als ich
eine Festansprache im öffentlichen Auditorium der kalifornischen
Stadt Pasadena hielt. Obgleich mir die Beipflichtung der theologischen Sichtweise des Fundamentalismus am Herzen lag, wies ich
doch in der Rede seine Ekklesiologie [Lehre über die Gemeinde]
und Sozialtheorie zurück. Der eindringliche Aufruf, den Separatismus zu Gunsten eines sozialen Engagements aufzugeben, traf
auf zustimmende Resonanz unter vielen Evangelikalen [...] Vom
Fundamentalismus unterschied er [der Neoevangelikalismus] sich
in seiner Entschlossenheit, an der aktuellen Debatte über theologische Themen mitzusprechen. Ein neuer Akzent wurde auf die
Anwendung des Evangeliums in den Lebensbereichen der Soziologie, Politik und Ökonomie gelegt.[6]

In einer Presseverlautbarung gab Harold J. Ockenga 1957 zu verstehen, dass der neue Evangelikalismus im Vergleich zum Fundamentalismus seine Strategie geändert habe. Man lege nun keinen Wert
mehr darauf, sich vom theologischen Liberalismus und seinen kirchlichen Vertretern durch die Gründung von neuen Denominationen
und christlichen Institutionen zu distanzieren, sondern man beabsichtige, die etablierten Kirchen zu unterwandern. Lindsells zitiert
Ockenga weiter:

---

[4] http://www.parkstreet.org/history.
[5] Harold Lindsell, *The Battle for the Bible* (Grand Rapids, MI: Zondervan, [1976]
    1978). Zu Deutsch: »Der Kampf um die Bibel«.
[6] Ebd., Vorwort.

Seitdem ich das Motto »der neue Evangelikalismus« zum ersten Mal vor zehn Jahren bei einer Festansprache am *Fuller Theological Seminary* formuliert habe, haben sich die evangelikalen Kräfte in einer Frontorganisation gebündelt: Erstens gibt es die *National Association of Evangelicals*, die das Anliegen der Bewegung auf der Ebene der Gemeindeverbände vertritt; zweitens existiert die *World Evangelical Fellowship*, die die nationalen Vereinigungen in ungefähr 26 Ländern als Weltorganisation vertritt; drittens gibt es die neue apologetische Literatur, die diesen Standpunkt bekannt macht, der nun aus den Druckerpressen der großen Verlage, einschließlich Macmillan und Harpers, katapultiert wird; viertens existieren das *Fuller Theological Seminary* und andere evangelikale Seminare, die dem orthodoxen Christentum und einer sich daraus abgeleiteten Sozialphilosophie verpflichtet sind; fünftens gibt es die Zeitschrift *Christianity Today*, um die Anliegen dieser Bewegung vorzutragen; sechstens steht uns der Evangelist Billy Graham als Befürworter der Überzeugungen und Ideale des neuen Evangelikalismus zur Seite, der die Massen anspricht.[7]

In einer weiteren Passage im Vorwort von *The Battle for the Bible* detaillierte Ockenga bündig die einzelnen Punkte des neoevangelikalen Programms:

Die Neoevangelikalen betonen die Umformulierung christlicher Theologie in Übereinstimmung mit den Bedürfnissen der Zeit, die Wiederaufnahme theologischer Erörterungen [mit Liberalen und Katholiken], die Zurückeroberung denominationeller Führung und die erneute Untersuchung theologischer Probleme, wie die Urgeschichte der Menschheit, die weltweite Ausdehnung der Sintflut, Gottes Methoden der Schöpfung und andere Themen.[8]

Bei verschiedenen Anlässen machte der Pastor der *Park Street Church* deutlich, dass der Neoevangelikalismus als eine Bewegung organisiert ist. Die neoevangelikale Methode der Unterwanderung war höchst unkonventionell, erwies sich aber als patentes Mittel, um neue Lehren, die weit über die Glaubensgrundlage des traditionellen

---

[7] Ebd., siehe http://en.wikipedia.org/wiki/Harold_Ockenga.
[8] Ebd., Vorwort.

Christentums hinausgingen, in bestehende Gemeindeverbände, Seminare, Verlage und Missionsorganisationen einzuschleusen. Außerdem passte diese Strategie sehr gut zum Aufbau eines weiträumigen Kontaktnetzes. Die Mittel der Neoevangelikalen waren auf Täuschung angelegt. Pragmatisch lebten sie nach dem Grundsatz, dass der Zweck das Mittel der Unterwanderung heiligte.

Ursprünglich fasste eine kleine Gruppe von jungen Männern Anfang der 1940er Jahre den Entschluss, den Neoevangelikalismus als Bewegung in Gang zu setzen. Sie verfolgten das Ziel, den biblischen Fundamentalismus nicht nur als Karikatur zu verhöhnen, sondern ihn auch als Bewegung zu zerstören. Im Zentrum dieses Netzwerkes stand überraschenderweise eine Frau. Historiker verweisen auf Henrietta Mears[9] als Schlüsselperson, die diese Initiatoren stark beeinflusste. Bald schon avancierte diese Gruppe zu Leitern des neuen Evangelikalismus.

Mears wird auch als »Mutter« der modernen Sonntagsschulbewegung angesehen. Sie verfolgte die Absicht, die Sonntagsschule im Sinne des sozialistischen Bildungssystems John Deweys zu modifizieren. Als Direktorin der christlichen Erziehung an der *First Presbyterian Church* in Hollywood, Kalifornien, gründete sie auch »Gospel Light Publications«.[10]

Gemeinsam mit der Führungsriege ihrer Schützlinge beabsichtigte Mears, eine neoevangelikale »Erweckung«[11] herbeizuführen. Bekannte Kirchenführer und Historiker, wie Armin Gesswein und J. Edwin Orr, gehörten zu dieser Gruppe, wie auch Carl F. H. Henry und Charles Fuller, der für sein populäres Radioprogramm »The Old Fashioned Revival Hour« (»Die traditionelle Erweckungsstunde«) bekannt wurde. Gesswein und Orr setzten sich besonders für eine neue Ökumene ein; Ockenga zeigte sich 1942 für die Gründung der neoevangelikalen Bewegung verantwortlich und arbeitete eng mit Mears und Fuller zusammen. Gemeinsam riefen sie eine neue Jugendbewegung ins Leben, die die Zielsetzung der ursprünglichen »Student Volunteer Movement« des 19. Jahrhunderts wieder aufnahm.

---

[9] Barbara Hudson Powers, *The Henrietta Mears Story* (1957); http://www.ccel.us/mears.toc.html.

[10] »Gospel Light Publications« fusionierte später mit »Regal Books« und wurde in »Gospel Light« umbenannt. http://www.gospellight.com.

[11] http://www.missionfrontiers.org/1988/04/a886.htm.

Henrietta Mears genoss die volle Unterstützung dieser Männer, die bald zu den maßgeblichen Vertretern des Neoevangelikalismus gehörten. Der Einfluss dieser Bewegung sollte in der Weltmission gigantische Ausmaße annehmen. Mears wollte die Welt für Christus gewinnen. Sie meinte damit jedoch nicht in erster Linie die durch den Glauben an Jesus Christus gewirkte geistliche Errettung einzelner Menschen, sondern die Etablierung des Christentums als treibende Kulturkraft in der Gesellschaft. Die Durchführung dieses ganzen Unternehmens nannte sie die Erfüllung »der Sache Christi« (engl. *the Cause of Christ*)[12]. Die von ihr belehrten Männer begannen, Organisationen zu gründen, um Mears' Ideen in aller Welt zu verbreiten. Zu ihnen gehörten unter anderem Bill Bright (*Campus Crusade*), Billy Graham, Richard Halverson (Kaplan des US-Senats), James Rayburn (*Young Life*) und Ralph Winter (*U.S. Center for World Missions*).[13] Winters Publikation *Mission Frontiers* berichtete über die Folgen des gewaltigen Eindrucks, den Mears bei ihren Schützlingen hinterlassen hatte:

Diese Leiter haben mitgeholfen, den Gang der Weltevangelisation über die vergangenen 40 Jahre zu bestimmen. Sie waren es, die neue Missionsgesellschaften gründeten, Verlage einrichteten, organisierte Evangelisationsfeldzüge veranstalteten und internationale Konferenzen durchführten.[14]

Kurioserweise praktizierte Mears eine Art »Zuteilung des Segens«. Wie im »Latter-Rain«-Kult wird der »Segen« oder »Mantel« von einem Leiter zum andern weitergereicht. Darin folgte sie der Praxis ihres ehemaligen Pastors in Minneapolis W. B. Riley, der in seiner späteren Funktion als Rektor der »Northwestern Schools« seinen »Mantel« an Billy Graham übertrug. Graham weigerte sich zunächst, die Aufgaben Rileys zu übernehmen. Doch als dieser ihn an sein Sterbebett rief, gab Billy Graham seinen Widerstand auf. Anschließend wurde Graham zum amtsführenden Rektor der »Northwestern Schools« ernannt. Gleichzeitig unterrichtete er in Mears' »Forest Home Christian Conference Center« (»Christliches

---

[12] Die folgenden Abschnitte orientieren sich teilweise an Passagen in Albert Dagers Buch *The World Christian Movement* (Sword, 2002) 16-22.
[13] http://www.ralphwinter.org/autobiography.
[14] http://www.missionfrontiers.org/1988/04/a886.htm.

Waldheim-Konferenzzentrum«). Dort legte ihm J. Edwin Orr eines
Abends die Hände auf, um ihm gleichfalls seinen »Mantel« zu über-
geben. Orr hatte sich zuvor überzeugt, dass Graham tatsächlich den
Segen von Riley zugeteilt bekommen hatte. Somit wurde auch Gra-
ham ein anerkanntes Mitglied in Mears' »Fellowship of the Burning
Heart« (»Gemeinschaft des brennenden Herzens«) wie schon zuvor
Bill Bright und Richard Halverson. Seine erfolgreiche Karriere als
Evangelist nahm damit ihren Anfang. Während Bright auf ein funk-
tionierendes Netzwerk von Studentengruppen zurückgreifen konnte,
die er seiner Organisation *Campus Crusade* einverleibte, ging Graham in jede Großstadt, wo eine von Armin Gesswein organisierte
Gebetsversammlung existierte, um seine Evangelisationsfeldzüge
durchzuführen.

Fast von Anfang an weigerte sich Graham, Einladungen anzunehmen, wenn nicht auch Vertreter der meisten christlichen Kirchen – einschließlich der römisch-katholischen – bei seinen Veranstaltungen anwesend sein durften. Mit der Zeit legte er immer
größeren Wert auf ökumenische Zusammenarbeit.

Der Historiker Richard Riss[15] beschreibt in seinem 1987 veröffentlichten Buch *Latter Rain*[16] die Unterweisung der zweiten Lei-
ter-Generation des Neoevangelikalismus durch die Pioniere dieser
Bewegung. J. Edwin Orr korrigierte Billy Grahams »engstirniges«
Schriftverständnis und ermahnte ihn, eine breitere Sicht anzunehmen. Denn sonst würde seinem Dienst ein größerer Erfolg vorent-
halten bleiben:[17]

[…] dank Grahams Beziehung zu Harold Ockenga minderte Graham seinen Hang zum Sensationellen, drückte sein Missfallen
über zwischenkirchliche Streitereien aus und beklagte die Intoleranz und das Sektierertum einiger Fundamentalisten, die dazu
führten, ihre eigene Effektivität zu zerstören. Er bekundete seine
Bereitschaft, mit allen wiedergeborenen Gläubigen Gemeinschaft
zu pflegen und gab seine Absicht bekannt, die Einladung zu Evan-
gelisationen zurückzuweisen, wenn sie nicht von einer Mehrheit

---

[15] http://www.grmi.org/Richard_Riss.
[16] Richard Riss, *Latter Rain: The Latter Rain Movement of 1948 and the Mid-Twentieth
Century Evangelical Awakening* (Honeycomb Visual Productions Ltd., 1987).
[17] Ebd., 29.

der protestantischen Geistlichkeit in der jeweiligen Stadt ausgesprochen würde.[18]

Jeremy Rifkin[19] zufolge war Billy Graham von Anfang an ein »Evangelist der Sonderklasse« (engl. *evangelist extraordinaire*), der »mehr als irgendjemand anderes verantwortlich war, den Boden für die Akzeptanz des Neoevangelikalismus vorzubereiten.«[20] Armin Gesswein und J. Edwin Orr organisierten seine Evangelisationsveranstaltungen, die ihn ins Rampenlicht der Öffentlichkeit stellten.[21]

Nachdem Graham eine Vision erhalten hatte, die ihn dazu veranlasste, seine Trennung von der ökumenischen Bewegung und ihren Repräsentanten aufzugeben, telefonierte und besuchte er oft Henrietta Mears, um ihren Ratschlag einzuholen und mit ihr zu beten.[22]

Um seine völlige Hinwendung zum Neoevangelikalismus zu unterstreichen, versuchte er so oft wie möglich, den Fundamentalismus anzuschwärzen. Als ihn ein Journalist der Zeitschrift *Christian Life* im März 1956 fragte, wie er die Bezeichnung »Fundamentalist« definieren würde, mit der er früher identifiziert wurde, antwortete er: »Ich nenne mich selbst nicht Fundamentalist.« Denn diese Bezeichnung sei umgeben von einer Aura der Bigotterie und Engstirnigkeit; er hoffe, dass dies nicht auf ihn selbst zutreffen würde. Die *Buffalo Evening News* zitierte Graham einmal wie folgt: »Die *National Association of Evangelicals* stünde an einer Weggabelung und könnte einem extremen Ultra-Fundamentalismus anheimfallen, den Gott schon lange hinter sich gelassen habe. Gott habe unter Beweis gestellt, dass seine Hand nicht auf diesem ruhen würde.«

Richard Riss macht deutlich, dass Henrietta Mears' »Forest Home College Briefings« (»Waldheim-College-Instruktionen«), die sie mit anderen veranstaltete, das Ergebnis einer Vision gewesen sei, die vier junge Männer und Mears in der Nacht des 24. Juni 1947 gleichzeitig

---

[18] Ebd., 45.
[19] http://www.foet.org/JeremyRifkin.htm.
[20] Jeremy Rifkin mit Ted Howard. *The Emerging Order: God in the Age of Scarcity* (G.P. Putnam's Sons: New York, 1979) 166-167.
[21] Richard Riss, *Latter Rain*, 32.
[22] Ebd., 30.

empfangen hatten. Sie hätten alle Feuer vom Himmel fallen sehen und die Botschaft erhalten, eine Konferenz für Universitätsstudenten aus ganz Amerika zu organisieren.[23]

Das Wort »Briefings« [Instruktionen] sei dem Motto der Konferenz hinzugefügt worden, denn wie Soldaten während des Zweiten Weltkrieges vor ihren Einsätzen angewiesen – instruiert – wurden, so sollten Männer und Frauen während der »College Briefings Conference« vorbereitet werden, als beauftragte und ausgebildete Christen in die Welt zu gehen, um diese für Christus zu gewinnen.[24]

Bill Bright war tief ergriffen von dieser gigantischen Vision, sodass er sich ganz der Verwirklichung dieses Vorhabens widmete:

Während der 1947 durchgeführten Erweckungsveranstaltung im »Forest Home« entschloss sich Bill Bright, seine säkulare Firma aufzugeben und sich für die Campusarbeit vorzubereiten. Nachdem er seine theologische Ausbildung an den theologischen Seminaren in Princeton und Pasadena (Fuller) beendet hatte, führte er seine Missionsarbeit unter Studenten weiter, wohnte mit seiner Frau im Haus von Henrietta Mears und benutzte es als Basis seiner »Kreuzzüge«.[25]

Einige anfängliche Kennzeichen der neoevangelikalen Bewegung waren die Betonung auf ökumenische Zusammenkünfte und Gebetsversammlungen. Riss weist auf ein das ganze Land umspannendes Netzwerk von Pastoren hin, die sich zum Beten trafen. J. Edwin Orr hielt Zeichen und Wunder für Begleitumstände einer Erweckung und bemerkte einmal, »dass der Heilige Geist eine Wolke des Segens über der Stadt Seattle gebildet habe«. Auserwählte Jugendliche erhielten die »Salbung anerkannter Evangelisten«.[26]

Einige Historiker deuten auf den Pressebaron William Randolph Hearst[27] als Garant des steilen Aufstiegs Billy Grahams hin, nachdem

---

[23] Ebd., 25.
[24] Richard Riss, *Latter Rain*, 26.
[25] Ebd., 28. Eine Korrektur zu Riss' Beschreibung: Eigentlich unterbrach Bill Bright sein Theologiestudium am *Fuller Theological Seminary*, ohne es je wieder aufzunehmen.
[26] Ebd., 32-33.

dieser seinen Journalisten die Anweisung gegeben hatte, den Namen Graham in ihren Zeitungsartikeln »aufzublasen«. Unter anderem stellten Henderson Belk, die Rockefeller-Brüder und die Pew-Familie der neoevangelikalen Bewegung große Summen zur Verfügung, um diesem sich schnell ausweitenden Netzwerk christlicher Persönlichkeiten und Organisationen die begehrte Glaubwürdigkeit und ein sicheres Fundament zu geben.

Ockengas Strategie der Unterwanderung, der »Infiltration« der westlichen Kultur, war bewusst so konzipiert, dass man einen größtmöglichen Effekt in der Öffentlichkeit erzielte. Durch den Aufbau von sechs Frontorganisationen wollte man sicherstellen, dass die neuen Ideen des Neoevangelikalismus sich großflächig über die ganze Welt verbreiten würden. Man stellte sich an den Pflug, um die evangelikale Kultur kräftig umzugraben. Um dieser Umwälzung des traditionellen Christentums zu entgehen, wäre es nötig gewesen, sich ganz von der evangelikalen Bewegung zu distanzieren. Kaum jemand war dazu bereit, sich vom aufblühenden Neoevangelikalismus loszusagen und im kulturellen Abseits ein kärgliches christliches Dasein zu fristen. Angesichts des raschen und enormen Erfolges der neuen verschwörerischen Strategie blickte man voller Stolz in eine glorreiche Zukunft. Unbeachtet blieb jedoch die Tatsache, dass die Neigung, sich der säkularen Welt anzupassen, letztlich dazu führte, dass die evangelikale Kirche selbst von weltlichem Gedankengut überflutet wurde. Es ist unbestreitbar, dass sich mittlerweile der Mystizismus über die Schiene des »meditativen Gebets«, der so genannten »Anbetungsgottesdienste« und der »geistlichen Kriegführung« – um nur einige Elemente zu nennen – in vielen christlichen Gemeinden festgesetzt hat.

Vom ersten Tag an war der Neoevangelikalismus darauf aus, die Welt mit seiner intellektuellen Versiertheit zu beeindrucken. In besonderer Weise strebten seine Vorkämpfer nach akademischer Anerkennung, indem sie sich mit großem Engagement darum bemühten, den Beifall der Gelehrten renommierter Universitäten zu erhalten. Sie waren auch darauf bedacht, ihre mit beachtlichem Fachwissen abgefassten akademischen Bücher von Verlagen drucken zu lassen, die einen guten Ruf besaßen. Um nicht Anstoß zu erregen, blieb es unumgänglich, die christlichen Lehren so darzustellen, dass sie von den

27 http://de.wikipedia.org/wiki/William_Randolph_Hearst.

Ungläubigen mit Wohlwollen betrachtet wurden. Die harten Kanten der Exklusivität des Evangeliums, wie es Jesus Christus seinen Jüngern anbefohlen hatte, mussten sanft abgerundet werden.

Fünfzig Jahre später sehen wir die verheerenden Folgen der neoevangelikalen Strategie: der Neoevangelikalismus passte sich anfänglich der säkularisierten Kultur an und erlag dieser dann später gänzlich. Der kleine Schritt von der Anpassung zur Kapitulation wurde in Windeseile vollzogen. Der Neoevangelikalismus ließ sich schon früh auf viele weltliche Philosophien und Praktiken ein.

Moderne Evangelikale kennen weder diese Entstehungsgeschichte, noch verstehen sie, wie umfassend diese Bewegung von Anfang an organisiert war. Sie hat mittlerweile auch christliche Gruppierungen beeinflusst, die sich ganz und gar nicht zu den Evangelikalen zählen. Einer der Gründe ist die Veränderung christlicher Glaubensinhalte durch die Neoevangelikalen mittels Literatur, Medien, Hochschulen und dem Einsatz von Prominenten. Kurzum, sie verbreiteten radikale, auf Transformation ausgerichtete Ideen.

Das Phänomen der »postmodernen« Evangelisation, ein buntes Gemisch von Neuheidentum und mittelalterlichem Christentum (neben anderen spirituellen Einflüssen), wie es in der »Emergent Church«[28] praktiziert wird, ist ein Beweis dafür, wie weit diese »Verwerfung der Separation« vorangeschritten ist. Der Fundamentalismus hatte sich von abtrünnigen Kirchen und Namenschristen abgewandt und wurde für diese Separation stark getadelt. Postmoderne Philosophien werden durch auflagenstarke Bücher in christlichen Kreisen verbreitet, die von »meditativen« Autoren wie Leonard Sweet[29], Dallas Willard[30], Jay Gary[31], Larry Crabb[32] und Richard Foster[33] verfasst wurden.

---

[28] In einem späteren Teil dieses Buches gehen wir noch ausführlicher auf die »Emergent Church« ein.
[29] http://www.leonardsweet.com.
[30] http://www.dwillard.org.
[31] http://jaygary.com.
[32] http://www.newwayministries.org.
[33] http://richardjfoster.com.

Neue Apostolische Reformation

Es gibt vier Sonderlehren bzw. Bewegungen des Dominionismus, die einen großen Einfluss auf den weltweiten Evangelikalismus ausüben:

1.) die »Neue Apostolische Reformation«,
2.) die »Ganzheitliche Mission«,
3.) die »Globale Transformation« und
4.) die »Emergent Church«.

Wichtig ist zu beachten, dass Teilaspekte dieser Sonderlehren von Dominionisten mehr oder weniger *aller* Schattierungen aufgegriffen werden; im Grunde gibt es dabei nur unterschiedliche Akzentuierungen. Wenden wir uns der ersten Sonderlehre bzw. Bewegung zu:

Viele bekannte evangelikale Persönlichkeiten bemühen sich, die Dogmen der »Neuen Apostolischen Reformation« zu verbreiten, zu ihnen zählen unter anderem C. Peter Wagner, Cindy Jacobs[1], Chuck Pierce[2], Bill Hamon[3] und die so genannten »Kansas City Propheten«[4]. Einige der wichtigsten dominionistischen Organisationen sind das *Fuller Theological Seminary*[5], das *U.S. Center for World Mission*[6] und *Vineyard International*[7]. Manches deutet darauf hin, dass die Vorstände dieser Organisationen auf höchster Ebene Hand in Hand arbeiten. In dieser Bewegung treffen sich selbsternannte »Apostel« und »Propheten«, die der Meinung sind, dass man ihnen die politische Macht in der Welt übergeben wird. Diese dominionistische Sonderlehre ist ein direkter Ableger des »Latter-Rain«-Kultes (»Spätregen-

---

[1] http://www.mikeandcindyjacobs.com/cetest-firstpage/cindy; http://www.generals.org.
[2] http://www.gloryofzion.org/chuckpierce.php.
[3] http://www.christianinternational.com/index.php?option=com_zoo&view=item& Itemid=54.
[4] Rick Joyner, Paul Cain, Bob Jones, Mike Bickle, James Goll, Bill Hamon, John Paul Jackson und Lou Engle.
[5] http://www.fuller.edu; in Pasadena, Kalifornien.
[6] http://www.uscwm.org; in Pasadena, Kalifornien.
[7] http://www.vineyard.org; in Deutschland, der Schweiz und Österreich: http://www.vineyard-dach.net.

Kult«), auch »Joel's Army« (»Joels Armee«) oder »Manifest Sons of God« (»Manifestierte Söhne Gottes«) genannt. Zwei wichtige Medien zur Verbreitung falscher Prophetien und neuer Lehren sind »The Elijah List« und »Joel News«[8]. Befürworter des »Latter Rain«-Kultes sagen Folgendes:

Gott hat in der Vergangenheit seinen Heiligen Geist über ganze Gesellschaften [*communities*] ausgegossen, indem er sie für seine Herrlichkeit radikal umgestaltete. Diese Umgestaltung [*transformation*] beeinflusst [*flows to*] alle Bereiche der Gesellschaft. Sie beeinflusst alle Rassen. Sie beeinflusst alle sozial-ökonomischen Ebenen. Sie beeinflusst alle Bereiche des Lebens: Familie, Kirche, Schule, Regierung, Massenmedien, darstellende Künste, Wirtschaft etc.[9]

Laut den Dominionisten des »Latter-Rain«-Kults muss das Königreich Gottes vergrößert werden durch hypergeistliche »Kriegsführung«[10], die gegen den Teufel gerichtet ist. Eine große Auswahl an verbalen und körperlichen Gebetstechniken, wie beispielsweise Sprechgesänge, Gebetsspaziergänge und -märsche[11] werden empfohlen. Den Gläubigen wird eingeredet, ihre Gebetskräfte würden geistliche »Schutzdecken« über bestimmte Landstriche legen, um alle Dämonen, die sich einer »Erweckung« in den Weg stellen, unter den Bann zu stellen. Seit einiger Zeit wird auch das kontemplative Gebet[12] – inklusive Meditation, Fasten und Labyrinthe[13] – in das »Arsenal« der geistlichen Kriegsführung aufgenommen. Diese Gebetsform diene unter anderem dazu, die widerchristlichen Mächte in ihrem Wirkungsgrad einzuschränken. Nur so könne man geheime geistliche Handlungen in Gebieten vornehmen, die zuvor noch unter dämonischer Herrschaft standen.

[8] http://www.elijahlist.com und http://www.joelnews.org.
[9] http://www.tribeissachar.com/TribeIssachar/Ministry_Philosophy.html. Bis vor kurzem stand auf dieser Seite noch Folgendes: »Unsere Berufung ist die der Anbeter, Krieger und Arbeiter. Wir müssen zuerst unser Leben als ein lebendiges Opfer im Gottesdienst für Gott aufopfern. Als Ausfluss unseres Gottesdienstes tritt unsere Fürbitte und Kriegsführung hervor, während wir mit Waffen der Gerechtigkeit in unserer rechten und linken Hand kämpfen. Erst wenn wir unseren Gott angebetet und den Kampf im Geist ausgefochten haben, werden wir damit fortfahren, die Erntefelder zu bearbeiten und das Königreich Gottes vorwärtszubringen«.
[10] http://en.wikipedia.org/wiki/Spiritual_warfare.
[11] http://www.marchforjesususa.com/usa/index.htm.
[12] http://en.wikipedia.org/wiki/Contemplative_prayer; http://www.centeringprayer.com.
[13] http://www.gracecathedral.org/visit/labyrinth.

Die geistliche Kriegsführung habe eine Vorreiterrolle, damit das Königreich Gottes aufgerichtet werden könne.

Eine der einflussreichen Orgnisationen, die sich ganz für die Verwirklichung des Dominionismus einsetzt, ist das in Colorado Springs, Colorado, ansässige Werk *Global Harvest Ministries*[14]. Ihr Gründer und Präsident ist der weltbekannte Missiologe und ehemalige Professor am *Fuller Theological Seminary*, C. Peter Wagner, der sich schon jahrzehntelang an der Formulierung und Durchsetzung einer Herrschafts-Theologie beteiligt.

4.1 Herrschafts-Theologie

Seit fast vier Jahrzehnten ist C. Peter Wagner der Architekt der »Neuen Apostolischen Reformation«. Neben seiner leitenden Funktion in der Organisation *Global Harvest Ministries* ist Wagner auch Kanzler des *Wagner Leadership Instituts*[15]. Bis zu seiner Emeritierung 2001 war er drei Jahrzehnte lang als Professor für Gemeindewachstum am *Fuller Theological Seminary* in Pasadena, Kalifornien, tätig.

C. Peter Wagner veröffentlichte 2008 ein Buch mit dem Titel *Dominion! How Kingdom Action Can Change the World.*[16] Offenbar fasste er in diesem Buch alles zusammen, wofür er ein Leben lang gearbeitet hatte. In ihm stellt er sich als der oberste Apostel der Neoevangelikalen dar, was er sozusagen als Höhepunkt seiner Karriere betrachtet. Seit Jahrzehnten ist seine Tätigkeit wie ein Brutkasten für viele, teilweise äußerst skurrile Lehren, die er entweder seiner regen Fantasie entnahm oder den Prophezeiungen der »Latter-Rain«-Apostel anglich. Selbstverständlich stellt er das ganze Gebilde seiner falschen Lehraussagen als biblisch dar. Die evangelikale Missionsbewegung und die charismatischen Massenmedien verbreiten sie weltweit.

Ohne ein Blatt vor den Mund zu nehmen, beschreibt Wagner die von ihm bevorzugte Variante des Dominionismus:

Unsere theologische Grundposition ist unter der Bezeichnung »Herrschafts-Theologie« [Dominion-Theology] bekannt gewor-

---

[14] Zu Deutsch:»Missionswerk der globalen Ernte«; http://www.globalharvest.org.
[15] Zu Deutsch:»Wagner Leiterinstitut«; http://www.wagnerleadership.org.
[16] C. Peter *Wagner, Dominion! How Kingdom Action Can Change the World* (Grand Rapids MI: Revell / Baker Publishing Group, 2008); zu Deutsch:»Herrschaft! Wie Königreichsaktivismus die Welt verändern kann«.

den. Das bedeutet, dass unser göttliches Mandat alles Notwendige umschließt, was in der Kraft des Heiligen Geistes getan werden kann, um die Herrschaft über Gottes Schöpfung zurückzugewinnen, die Adam im Garten Eden verloren hat. Es ist nichts weniger als das Kommen des Königreiches Gottes und die Befolgung seines Willens hier auf Erden wie im Himmel. [...] Unser Ziel ist in einem Wort ausgedrückt: die Transformation. Die persönliche Transformation ist der erste Schritt in Richtung dieses Ziels, weil jeder Heilige vorbereitet werden muss, um seinen Teil im Prozess der [politischen] Machtergreifung beizutragen [...] Unsere Aufgabe [...] ist, so vielen Menschen wie möglich zu helfen, dass sie ihren hauptsächlichen Blick nicht auf sich selbst oder auf die Kirche, sondern auf das Königreich richten. [...] Das bringt mich zur zweiten Phase des Ziels der Transformation, nämlich der kooperativen oder sozialen Transformation. Wir möchten erleben, dass ganze Städte und Regionen und Länder und Nationen verändert werden, indem sie die Wertvorstellungen des Königreiches Gottes befürworten.[17]

Vor einigen Jahren präsentierte C. Peter Wagner im Internet sein neues »Global Apostolic Network«[18] unter der Bezeichnung »International Coalition of Apostles«[19]. Die hierarchische Struktur dieses Netzwerkes lässt sich unschwer erkennen. Deswegen sollte nicht überraschen, dass diese selbsternannten Apostel einen weitreichenden Einfluss in den evangelikalen Kirchen und Missionsgesellschaften ausüben. Organisationen und Kirchen auf der ganzen Welt setzen sich für Wagners Idee ein und sorgen dafür, dass auch viele Christen in den Bann der revolutionären Lehren des Dominionismus á la Wagner geraten. Bereits jetzt schon stehen zahlreiche Schweizer und Deutsche unter diesem Einfluss.[20]

---

[17] C. Peter Wagner, Apostolischer Brief, 31. Mai 2007; http://www.erwm.com/Apostolic Letter.htm.

[18] http://livingjourney.files.wordpress.com/2007/12/7m.jpg.

[19] Ehemals http://www.apostlesnet.net, jetzt http://coalitionofapostles.com; vgl. S. 50.

[20] Exemplarisch sei genannt: »Apostel der Stadt«; http://www.xtent.org/buecher.html: »C. Peter Wagner: ›Viele Christen wünschen sich, auch an ihrem Ort ähnlich tiefgreifende Veränderungen zu sehen, wie sie aus Städten in anderen Teilen der Welt berichtet werden. Sie beten und bemühen sich um Einheit, aber dennoch scheint sich nur wenig zu bewegen.‹ C. Peter Wagner geht diesem Problem nach. Seine Untersuchungen ergaben Folgendes: In allen Städten, in denen eine echte Transformation geschah, gab es visionäre, apostolische Leiter, die diese Transformationsprozesse ins Leben gerufen und gefördert haben. Diese apostolischen Schlüsselfiguren

In einer am 1. November 2005 veröffentlichten Ausgabe seines viel gelesenen Informationsbriefes schreibt Wagner Folgendes über die so genannte »Neue Apostolische Reformation«:

Seit 2001 befindet sich der Leib Christi in dem Zweiten Apostolischen Zeitalter. Die apostolische / prophetische Kirchensynode ist nun eingerichtet [...] Um uns eine günstige Ausgangsbasis zu schaffen, taten wir uns mit der Bewegung des Fürbittens zusammen und identifizierten uns mit ihr. Dieses Mal meinen wir jedoch, dass Gottes Führung uns dazu veranlasst, zuerst die Politik in Betracht zu ziehen, indem wir uns hinter die Apostel einer Region stellen. Gott hat schon einen wichtigen Apostel in einer der strategischen Nationen in Nahost erweckt, und andere Apostel stehen im Begriff mitzumachen. Sobald wir die Apostel an den richtigen Stellen eingesetzt haben, werden wir die Fürbitter und Propheten in den inneren Zirkel einführen; und wir werden dann dahin kommen, dass wir mit der geistlichen Kerngruppe, die wir brauchen, um vorwärts zu kommen, die Herrschaft [*dominion*], die uns rechtmäßig zusteht, wieder übernehmen.[21]

Wenn C. Peter Wagner öffentlich mit seinem Dominionismus in den Vordergrund tritt und gewissen Gefolgsmännern bestimmte »strategische Nationen« in seinem »apostolischen Weltreich« zuordnet, ist es höchste Zeit, die Öffentlichkeit darüber zu informieren, damit man verstehen kann, was sich hinter all diesem Bemühen verbirgt. Die Konsequenz aus der Anwendung der Herrschafts-Theologie des »Latter-Rain«-Kults kann nichts weniger als eine umfassende Gewaltherrschaft im Namen Christi sein, wie wir im Folgenden ausführlich sehen werden.

C. Peter Wagner schrieb in seinem Buch *The Church in the Workplace* (»Die Kirche am Arbeitsplatz«):

Wir stimmen alle darin überein, dass die Gesellschaft, die verändert wird, nicht nur ein großes Gemisch ist, sondern ein vereintes Ganzes darstellt, das aus einigen Hauptteilen zusammengesetzt

werden für jeden Veränderungsprozess gebraucht.« Siehe auch http://www.target-germany.de/download/charisma.pdf; http://www.target-germany.de/conference_target_40_70; http://www.target-germany.de/links.
[21] Global Link Informationsbrief der »Global Harvest Ministries«, 1. November 2005.

ist. Jedes dieser Hauptteile muss einen eigenen Weg zur Transformation finden. Diese Segmente der Gesellschaft müssen als apostolische Sphären angesehen werden.[22]

Das Hauptthema des Buches ist die Transformation der Geschäftswelt. Laut Wagner fällt den Kirchen die neue Rolle zu, die Handelspraktiken zu bestimmen. Wagner greift verschiedene Lehren auf, die George Otis, Jr.[23], Ed Silvoso[24], Dennis Peacocke[25] und eine Reihe anderer entworfen haben, und beruft sich darauf.

Wagner beschreibt seine »Kriegsstrategie« für die Umwandlung der Geschäftswelt detailliert im Kapitel »Apostles in the Workplace« (»Apostel am Arbeitsplatz«). Er bittet christliche Leiter, eine »standardisierte Terminologie« für die »sieben Sphären« oder »sieben Berge / Türen« der Gesellschaft[26] zu verwenden, die transformiert werden müssen. Er bezieht sich auf eine Liste, die ursprünglich von Loren Cunningham, Gründer von »Jugend mit einer Mission«, und Bill Bright, Gründer von »Campus für Christus«, zusammengestellt wurde.[27]

Wagner zitiert eine Passage aus Cunninghams Buch *Making Jesus Lord*, wo dieser erzählt, wie Gott ihm und Bright die Vision der »sieben Hauptkategorien der Gesellschaft« gleichzeitig, aber unabhängig voneinander mitgeteilt habe. Um die Nationen zu Gott zurückzuführen, müsse die Kirche ihre Aktivität besonders auf diese gesellschaftlichen Kategorien ausrichten. Cunningham beschreibt dieses Erlebnis wie folgt:

Manchmal tut Gott etwas Dramatisches, um unsere Aufmerksamkeit zu gewinnen. So etwas ist mir 1975 passiert. Meine Familie und ich genossen den Frieden und die Stille in einem gemieteten Blockhaus in den Rocky Mountains Colorados. Ich hatte mich auf einem Liegestuhl in der Mittagssonne ausgestreckt, um besser beten und denken zu können. Ich bedachte die Möglichkeit, wie

[22] C. Peter Wagner, *The Church in the Workplace. How God's People Can Transform Society* (Ventura, CA: Gospel Light, 2006) 112.
[23] http://www.glowtorch.org.
[24] http://www.harvestevan.org.
[25] http://www.gostrategic.org/index.cfm?pageID=40.
[26] http://www.austintransformation.com/7_gates.php.
[27] C. Peter Wagner, *The Church in the Workplace*, 112.

wir Christen – nicht nur unsere Missionsgesellschaft, sondern wir alle – die Welt für Jesus gewinnen könnten.

Eine Liste kam mir in den Sinn: Wir müssen uns, so meine ich, auf Kategorien der Gesellschaft konzentrieren, um die Nationen Gott wieder zuzuführen. Ich schrieb sie nieder und steckte das Papier in meine Tasche. Am nächsten Tag traf ich mich mit einem geliebten Bruder, dem Leiter von Campus für Christus, Dr. Bill Bright. Er teilte mir etwas mit, was Gott ihm aufgetragen habe; es waren einige Bereiche, auf die er sich konzentrieren müsse, um die Nationen Gott wieder zuzuwenden! Es waren die gleichen Bereiche mit teilweise unterschiedlichen Bezeichnungen, die auf dem Blatt Papier in meiner Tasche aufgeschrieben waren. Ich nahm es zur Hand und zeigte es Bill. Völlig überrascht schüttelten wir unsere Köpfe.

Diese Liste, die Gott mir an diesem sonnigen Tag in Colorado gab, beinhaltete Folgendes (um die einzelnen Punkte verständlicher zu machen, wurden sie mit der Zeit etwas revidiert): 1.) das Zuhause; 2.) die Kirche; 3.) die Schulen; 4.) Regierung und Politik; 5.) die Massenmedien; 6.) darstellende Künste, Unterhaltung und Sport; 7.) Wirtschaft, Wissenschaft und Technologie. Diese sieben Sphären des Einflusses werden uns helfen, Kulturen für Christus umzugestalten.[28]

Obgleich Wagner einer der bekanntesten Missiologen in Amerika war und in den gleichen Kreisen verkehrte wie Cunningham und Bright, gesteht er bemerkenswerterweise zu, nichts von den Visionen dieser beiden Männer gewusst zu haben, bis ihn Lance Wallnau[29] darauf aufmerksam gemacht habe. Wagner schreibt: »Er [Wallnau] nennt sie die sieben Berge. Die Kriegsstrategie, um die Welt zu erobern, ist auf diese Berge gerichtet, die die Kultur und das Denken der Menschen bestimmen. Wer diese Berge kontrolliert, kontrolliert auch den [geschichtlichen] Verlauf der Welt [...]«.[30]

Lance Wallnau vergeistigte in dem Aufsatz »Ein prophetischer, biblischer und persönlicher Ruf an die Geschäftswelt«[31] die »Höhen« dieser sieben Sphären oder Berge, die angeblich unter der Kontrolle

[28] Loren Cunningham, *Making Jesus Lord* (YWAM, 1988) 134.
[29] http://www.lancelearning.com.
[30] C. Peter Wagner, *The Church in the Workplace*, 114.
[31] Engl. Originaltitel:»A Prophetic, Biblical, and Personal Call to the Marketplace«.

von dämonischen »Fürstentümern und Gewalten« stehen. Wagner übernahm Details dieser neuen Vision der politischen und ökonomischen Transformation von Lance Wallnau. Bevor sich Wallnau ungefähr im Jahr 2006 Wagners »Internationaler Koalition der Apostel«[32] anschloss, war er schon als Organisator seines eigenen »apostolischen« Netzwerks bekannt geworden. Wallnau ist einer der Sprecher der »New Canaan Society«, einer bunt zusammengewürfelten Gruppe von politischen Dominionisten, Leitern der »Emergent Church«, Mystikern, Anhängern des »Latter-Rain«-Kults und Missiologen. Er kooperierte unter anderem mit dem »Kansas-City«-Prophet John Paul Jackson[33] in der drei CDs umfassenden Produktion »Give me my Mountain«, die über die »The Elijah List« vertrieben wird.[34]

C. Peter Wagner beschreibt, wie jeder dieser sieben Berge bzw. Sphärenbereiche eine »apostolische Sphäre« werden wird: Die Apostel »sind die einzigen, die fähig sind, die Machtstruktur auf dem Gipfel eines jeden dieser Berge zu verändern.«[35] Wagner nennt sie »*extended church apostles*« – etwas frei ins Deutsche übersetzt »über den Bereich der Kirche hinaus wirkende Apostel« –, die »die Armee Gottes in diese strategischen Schlachtfelder führen werden.« Anschließend zitiert er Wallnau, der zu christlichen Geschäftsleuten gesagt hatte:

Wie wird es uns gelingen, die Vordenker der Nation für uns zu gewinnen, und was hat dies mit ihrer Berufung in der Geschäftswelt zu tun? Alles! Sie stehen im Begriff, in eine Eliteeinheit der Geschäftsweltkommandos rekrutiert zu werden [...] Betrachten Sie ihr berufliches Umfeld und nehmen Sie es als einen Berg wahr. Welche Firmen und Menschen stehen auf dem Gipfel dieses Berges? Warum befinden Sie sich dort oben? Welche Fertigkeiten, welches Wissen und welche persönlichen Eigenschaften sind notwendig, um diese Position einzunehmen? Was benötigen Sie, um den Gipfel dieses Berges zu erklimmen?[36]

---

[32] Engl.» International Coalition of Apostles«; http://coalitionofapostles.com. Die vor einiger Zeit noch frei zugängliche Mitgliederliste befindet sich jetzt im passwortgeschützten Bereich der Webseite dieser Organisation. Dem Autor liegt eine Mitgliederliste vom 1. September 2006 vor.

[33] http://johnpaul.streamsministries.com; http://www.facebook.com/JPJFanPage.

[34] http://www.elijahlist.com/words/display_word_pf.html?ID=4959.

[35] C. Peter Wagner, *The Church in the Workplace*, 114.

[36] Zitiert in C. Peter Wagner, *The Church in the Workplace*, 115.

Wagner lud Wallnau als Hauptredner auf seine »Global Harvest Ministries«-Konferenz im März 2007 ein. Diese Konferenz wurde einbe-
rufen als »Kongress: Der Geist und die Braut sagen ›komm‹: den Plan
vom Königtum Gottes heute freisetzen«.[37] Wie nicht anders zu erwarten, machten Wagner und Wallnau bei dieser öffentlichen Großveranstaltung Werbung für den Dominionismus des »Latter-Rain«-Kults:

> Wir bewegen uns auf eine Zeit zu, in der sich das Königreich ma-
> nifestiert. Es ist eine Zeit, in der wir auf das hören müssen, was der
> Geist Gottes der Kirche zu sagen hat. Es betrifft auch die Kirche
> in Ihrem [o. deinem] Territorium. Die Kirche muss beginnen, eine
> Königtumskultur zum Ausdruck zu bringen, die die Gesellschaft
> verändert. Komm! Empfange!

Wagner und Wallnau stellten den Konferenzteilnehmern vor Augen,
wie sie die Herrschaft erringen und die Sphären einnehmen könnten.
Die Teilnehmer besäßen den Schlüssel für das Königreich. Sie ver-
sprachen: Wenn die Teilnehmer jetzt aktiv werden würden, könnten
sie Gottes Segen in diese Zeitepoche hineintragen und selber die
Herrlichkeit des Königreichs erleben. Die Konferenz gab Einblick, in
welcher Beziehung die Zivilregierung zur Regierung des Königreichs
steht. Die Teilnehmer seien mit dem Heiligen Geist gesalbt und könnten in den Riss treten, bis sie in ihrem Territorium den Geist Gottes
und die Herrschaft des Königreichs sehen würden.
    Die Frage ist berechtigt: Gibt es irgendeine Ähnlichkeit zwischen
den Aussagen der oben angeführten Zitate und dem biblischen Evangelium? Nein! Womit haben wir es dann zu tun? Eines ist sicher: Zwei
Leiter großer Missionswerke behaupteten Mitte der 1970er Jahre, die
»Sphären«-Lehre von Gott persönlich erhalten zu haben. Seitdem
wurde die weltweite Missionsarbeit nachhaltig verändert. Die evangelikale Kirche hat angeblich einen ganz neuen Auftrag empfangen;
sie sieht sich nun in die Verantwortung gestellt, die Kultur und Regierung aller Länder der Erde radikal zu verändern. Um dies jedoch tun
zu können, benötigt sie die Hilfe der Geschäftswelt.
    Regelmäßige Verlautbarungen neuer »Prophetien« und »Beschlüs-
se« füllen die Inhalte christlicher Medien. Auffallend ist, dass der Ton

---

[37] Engl. Originaltitel: »The Spirit and the Bride Say Come – Unlocking God's Kingdom
Plan Today Congress«; http://thespiritandbridesaycome.com.

der Strategen der »Neuen Apostolischen Reformation« aggressiver und militanter wird.[38] Falsche Propheten bekräftigen die angebliche absolute Pflicht zur Erfüllung des Königreichs-Mandats, das heißt die Kirche in eine Art »Armee Gottes« umzugestalten, die bereit und fähig sein wird, nicht nur die »Geistliche Kriegsführung« zu betreiben, sondern – wie wir sehen werden – buchstäblich mit Waffengewalt die globale »Transformation« aller Lebensbereiche zu erzwingen.

4.2 Militante Kirche

Falsche Apostel fühlen sich berufen, als autorisierte Stellvertreter des himmlischen Königs Völker, Staaten und Kontinente mit starker Hand zu regieren. Ihre »Prophetien« stehen auf der Stufe von Orakeln, um die Details des »Planes Gottes« für die nächste Phase zur Etablierung des Königreichs zu verkündigen.

Die »Kansas City Propheten« (siehe oben, S. 43, Fußnote 4) sagten in vielen ihrer Verlautbarungen die Entstehung einer militanten Kirche voraus. Einer von ihnen, Rick Joyner, ließ sich zum Beispiel zu folgender Aussage hinreißen:

> Wir treten in eine Phase ein, wo das passive Christentum und passive Christen aufhören zu existieren. Eine Reife, eine Zucht und eine göttliche Militanz werden über das Volk Gottes kommen. Diejenigen, die den humanistischen und idealistischen Theologien erlegen sind, werden mit dieser Tatsache nur schwer umgehen können. Wir müssen aber verstehen, dass Gott ein militanter Gott ist. Der Name, den er in der Schrift zehnmal mehr als irgendeinen anderen verwendet, ist »Herr der Heerscharen« oder »Herr der Armeen«. Seinem Charakter hängt ein kriegerischer Aspekt an; ein Umstand, den wir in unserer Zeit verstehen und annehmen müssen, um uns der gestellten Aufgabe zu widmen.[39]

---

[38] Ein bemerkenswerter Artikel über die Machenschaften der Befürworter einer »Neuen Apostolischen Reformation« findet sich unter folgender Webadresse: Michael Reynolds, »Rendering Unto God,« *Mother Jones*, December 2005, 43. http://www.motherjones.com/news/feature/2005/12/rendering_unto_god.html. Andere Artikel finden sich unter: http://www.motherjones.com/search/category_religion.html.

[39] Rick Joyner, »Taking the Land – We Are Establishing Our Eternal Place And Position Here On Earth« (»Das Land einnehmen – Wir richten unseren ewigen Ort und unsere Stellung hier auf Erden ein«); 29.11.2005, http://www.elijahlist.com/words/display_word.html?ID=3617.

Bob Jones, ein weiterer »Kansas City Prophet«, hebt das militante Handeln von Christen in der Zukunft hervor und macht dabei eine falsche Prophezeiung über den »Hirtenstab«:

Von dieser Warte aus werden wir wie ein mächtiger Krieger gestärkt werden und ausgerüstet sein, um den Anschlägen des Feindes zu begegnen, die gegen diese Generation gerichtet sind. Der Herr ist ein Krieger, und wir sollen erfüllt sein mit seinen kämpferischen Eigenschaften im Angesicht des Feindes, der in den himmlischen Örtern wohnt [...] Zeitweilig verbergen wir uns in Christus, und dann treten wir wieder in aggressiver und militärischer Haltung auf. Die Zeiten, wenn wir mit Christus allein sind, dienen nicht dazu, untätig zu sein, sondern vielmehr dazu, dass wir auf ihn warten und ihm dienen, um Einblick in den Plan des Sieges zu erhalten [...] Es wird eine merkbare Steigerung des Wirkens der Engel geben, die die Kirche umringen. Im Weiteren wird diese Aktivität ein kämpferisches Aussehen haben, wenn Michael und die kriegführenden Engel im Himmel ausgesandt werden, um den Plan des Himmels auf Erden zu erfüllen. Wie in den Tagen Israels besetzen die Giganten des Feindes das Land der Verheißung und müssen verjagt werden, damit wir unser Erbe antreten können [...] Um die Entbindung der Regierungsmacht zu erleben, die in Beziehung steht zu seinem dominionistischen Vorhaben der Etablierung des Königreichs, müssen wir auch dem Heiligen Geist erlauben, uns das Rüstzeug der »Überwinder« zu geben, die angetan sind mit dem Kleide der Gerechtigkeit.[40]

Seit dem 11. September 2001, dem Tag des Anschlags auf das *World Trade Center* in New York City, verbindet sich in den Vereinigten Staaten von Amerika das patriotische Fieber der Neoevangelikalen mit den imperialistischen Zielen der politischen Gruppe der Neo-Konservativen; die Zahl militärischer Handlungen, um das weltweite »Königreich« unter amerikanischer Oberhoheit aufzurichten, nimmt besorgniserregend zu. Dieses Anwachsen an kämpferischen Auseinandersetzungen in verschiedenen Regionen der Welt ist deshalb so

---

[40] Bob Jones & Paul Keith Davis, *Shepherd's Rod 2004*, 7. Oktober 2003. http://www. whitedoveministries.org/content/ArchivesItem.phtml?art=163&c=0&id=11& style=2.

bedenklich, weil dadurch die Zielsetzungen der vier dominionistischen Hauptzweige[41] konkret realisiert werden können.

Der Sektenführer Bill Gothard[42] hat seit Jahrzehnten paramili-
tärische Ausbildungslager für Jugendliche aus evangelikalen Familien eingerichtet.[43] Gothard ist bei vielen Evangelikalen beliebt; die
Gründe seiner Popularität sind vielschichtig. Seine Organisation ist
in einer geheimen, sektenähnlichen Art tätig.
Kinder aus behütetem Elternhaus, die ihren Schulunterricht zu
Hause erhielten (engl. *homeschooling*), werden an der christlichen
Privathochschule *Patrick Henry College*[44] zu Geheimagenten des CIA
ausgebildet.[45] Auf der Rekrutierungs-Homepage der US-Armee[46]
wurden besonders diese »Heimschulkinder« angeworben, denn viele
von ihnen sind patriotische Dominionisten.

Die internationale Missionsgesellschaft *Campus Crusade* (*Campus für Christus*) bittet um Gebet, damit »wir unsere militärischen
Dienstziele erfüllen können in der Umgestaltung ganzer Kontinente
für Christus«.[47] Hope Taylor, die Direktorin der »International Leadership Embassy«[48] in Washington, D.C., schrieb über den Krieg im
Irak Folgendes:

> Die Kirche besitzt den Mantel, um den Willen des Königs in Be-
> zug auf den Krieg im Irak und den Krieg gegen den Terrorismus
> zu erfüllen. Dieser Auftrag darf nicht aufgegeben oder nur dem
> Militär überlassen werden ... In der Woche des 15. Dezembers
> wird es in Washington, DC, ein apostolisches Gebetsteam geben,
> das Erklärungen für den Herrn freisetzen wird [*releasing declara-
> tions for the Lord*], um die Dinge im Weißen Haus und im Krieg in
> Ordnung zu bringen.[49]

[41] Siehe die Aufzählung zu Beginn dieses Kapitels (S. 43).
[42] http://billgothard.com.
[43] Siehe z. B. http://www.alertacademy.com.
[44] http://www.phc.edu.
[45] http://www.phc.edu/si.php;   http://www.phc.edu/UserFiles/File/academics/2010-
2011 Catalog Pages/2010-2011 BA Government-Strategic Intelligence.pdf
[46] http://www.goarmy.com/hslda/; die Webseite wurde mittlerweile gelöscht.
[47] »Goal to Change Continents for Christ, 9/15/5, Global Prayer Movement, ein Zweig
von *Campus für Christus International*, http://globalprayermovement.org/prayerrequ
ests.asp?offset=23&AOA_Id=3404
[48] »International Leiterschafts-Botschaft«, http://www.ile-dc.org.
[49] Hope Taylor, »December 15th, President Bush and Iraq«; der Artikel erschien am 7.
Dezember 2005 unter www.ile-dc.org und wurde mittlerweile gelöscht.

Richard Kirby, ein führender Repräsentant des von Neoevangelikalen und Theosophen geleiteten »Globales Netzwerk für Religiöse Futurologen«[50], gab folgende Absichtserklärung ab:

> Wir planen die Ausbildung von Propheten, die fähig sind, neu auf das Wort Gottes zu hören und es den Menschen zu verkündigen. Ein Beispiel dafür mag vielleicht die Zusammenarbeit einer Gruppe religiöser Futurologen mit dem Militär und der Weltraumbehörde NASA sein.[51]

Wie konnte es geschehen, dass die evangelikalen Leiter plötzlich in aller Öffentlichkeit zu prahlen begannen, ganze Nationen ihrer vermeintlichen militärischen und politischen Macht unterordnen zu können? Wie war es möglich, dass die Bedeutung des Begriffs »Mission« so ausgeweitet wurde, dass man darunter bisweilen das mittels Flugzeugträgern, Jagdflugzeugen und Panzern erwirkte Umstürzen der Regierungsformen anderer Länder verstand? Wann ging man dazu über, unter der »christlicher Mission« nicht mehr vornehmlich die Verkündigung des Evangeliums in anderen Kulturräumen zu verstehen, sondern die Förderung des kommerziellen Betriebs von internationalen Großkonzernen? Wo liegen die Ursprünge der Auffassung, dass der Missionsbefehl Christi nur dann erfüllt werden würde, wenn die Weltbevölkerung unter der politischen Dominanz der Christen der westlichen Hemisphäre stünde? Die Antwort kann nur gegeben werden, wenn man auf die Entstehung der »Ganzheitlichen Mission« zurückblickt und ihre bisherige Wirkungsgeschichte betrachtet.

---

[50] Engl. »World Network of Religious Futurists«.
[51] »WNRF Marks 25 Years of Religious Futurism,« Dr. Rev. Richard Kirby, World Network of Religious Futurists, 7/20/05, http://www.wnrf.org/cms/print_religious_futurism_25years.shtml.

Ganzheitliche Mission

5.1 Ganzheitliches »Evangelium«

C. Peter Wagner schrieb 1981 das Standardwerk der »Ganzheitlichen Mission«: *Church Growth and the Whole Gospel: A Biblical Mandate* (»Gemeindewachstum und das ganze Evangelium: ein biblischer Auftrag«).[1] In einem aufschlussreichen Abschnitt des Buches erzählt er, wie es dazu kam, dass neoevangelikale Leiter begannen, die Ethik des »Social Gospel« (»sozialen Evangeliums«) zu befürworten. Kurios ist diese Tatsache deshalb, weil man bis dahin in evangelikalen Kreisen die liberalen Gemeindeverbände für deren Befürwortung des »Social Gospel« stets an den Pranger gestellt hatte. Wagner geht im 5. Kapitel seines Buches auf diese kritische Zeit des Umbruches ein. Er überschrieb es mit dem Titel »Ganzheitliche Mission im Vergleich zu ganzheitlicher Evangelisation«.[2] Die relevanten Passagen befinden sich im Absatz »Veränderung der klassischen Definition der Mission«.[3] Aufgrund der großen Bedeutsamkeit dieser Aussagen werden wir eine längere Passage aus diesem Kapitel zitieren:

In diesem Jahrhundert vollzog sich eine Veränderung des klassischen Missionsverständnisses. Sydney E. Mead führt die Wurzel dieser Veränderung auf das letzte Quartal des 19. Jahrhunderts und die Anfangsjahre des 20. Jahrhunderts zurück, als »der feste Glaube an die Allgenugsamkeit dieser Art der Mission abnahm«. Er setzt es in Verbindung mit dem Einfluss der Social-Gospel-Bewegung auf die Kirchen jener Zeit. Das Ergebnis war, dass »die Mission von der einfachen Aufgabe, Bekehrungen herbeizuführen [...] zu der komplexen Obliegenheit erweitert wurde, in der sozialen Besserung und Umgestaltung der Gesellschaft aktiv

---

[1] C. Peter Wagner, *Church Growth and the Whole Gospel: A Biblical Mandate* (San Francisco: Harper & Row, 1981). Auf Deutsch nicht erhältlich.
[2] Engl. Originaltitel: »Holistic Mission Versus Holistic Evangelism«.
[3] Engl. Originaltitel: »Changing the Classical Definition of Mission«.

mitzuwirken.«[4] Der kraftvollste Ausdruck dieser neuen Sicht über
die Mission erfolgte 1932 im Zuge der Veröffentlichung von William E. Hockings »Re-Thinking Missions« [»Mission neu überdenken«]; Hocking war der Vorsitzende des so genannten »Laymen's
Inquiry« [»Laien-Überprüfungskomitees«], das sich zur Aufgabe
gemacht hatte, die weltweite Missionsarbeit aus nichtkirchlicher
Sicht zu beurteilen. Ein Prozess wurde dadurch in Gang gesetzt,
der [...] die Bedeutung der Evangelisation als eigentliche Missi-
onsaufgabe der Kirche drastisch untergrub.

In der klassischen Zeit der evangelikalen Missionsbewegung,
also hauptsächlich im 19. Jahrhundert, war das englische Wort
»missions« [Plural] ausreichend, um die Aufgabe zu beschreiben,
in fremden Ländern den Glauben zu verbreiten. Mit der Vergröße-
rung des Bedeutungsrahmens ging eine Veränderung der missionarischen Aufgabe einher. Aus »missions« [Plural] wurde »mission«
[Singular]. Das ökumenisch orientierte Journal *International Review of Missions* änderte im April 1969 zum Beispiel seinen Namen
in *International Review of Mission* um. In seiner technischen Bedeutung meint das Wort »mission« [Singular] die Gesamtaufgabe
der Kirche, wohingegen »missions« [Plural] auf die Missionsgesellschaften und deren Aktivität hinweist, die diese Aufgabe in die Tat
umsetzen. Nebenbei sei bemerkt, dass die Begriffe im allgemeinen
Sprachgebrauch gelegentlich synonym verwendet werden.

Wichtig ist, dass die Periode, in der das Missionskonzept einer Veränderung unterzogen wurde, genau die Zeit war, in der
die Evangelikalen ihre Schutzmauern gegen das »Social Gospel«
hochzogen [...] Die Evangelikalen befanden sich in der »Großen
Rückwärtsbewegung«. Sie hatten unter anderem die Belange des
Königreichs Gottes in den Hintergrund treten lassen. In jener Zeit
verstanden die Evangelikalen unter Mission noch Evangelisation.
Dem »Kulturellen Mandat« zu erlauben, Bestandteil der technischen Definition der Mission zu werden, wäre gleichbedeutend
gewesen mit einer Kapitulation vor dem Feind. Die Evangelikalen
hielten deshalb noch lange an der klassischen Definition der Mission fest, obgleich diese im ökumenischen Lager schon verworfen
worden war.

---

[4] Sydney E. Mead, »Denominationalism: The Shape of Protestantism in America,« in
Russell E. Richey, ed., *Denominationalism* (Nashville: Abingdon, 1977) 86-87.

John D. Rockefeller Jr. hatte die oben erwähnte »Laymen's Inquiry« mit der für damalige Verhältnisse enormen Summe von 320.000 US-Dollar finanziert. Zu jener Zeit begann die Rockefeller-Dynastie zu realisieren, dass sie ihr Ziel, die globale Ausdehnung ihrer geschäftlichen Interessen, nur erreichen kann, wenn sie sich vermehrt um die sozialen Bedürfnisse der Menschen kümmert, zum Beispiel um die Verbesserung der medizinischen Versorgung, der Gesundheitspflege und der Bildung. Mit ihrer groß angelegten Wohltätigkeit zur Verbesserung der Gesundheit ihrer Angestellten wollten die Rockefellers die Produktivität ihrer internationalen Konglomerate steigern. Im Zuge des kommunistischen Vormarsches radikalisierte sich das politische Milieu in vielen Ländern der Erde so drastisch, dass die Rockefellers scharfe Einbrüche in der Rentabilität ihrer Unternehmen zu befürchten hatten. Um diese Entwicklung für ihre eigenen kommerziellen Zwecke auszunutzen, engagierten sie sich vermehrt in der Politik, im Bildungswesen und in der Weltmission, wie in einem populären Buch nachzulesen ist:

[John D. Rockefeller, Jr.] wollte die fundamentalistischen Feuer nicht wieder anfachen. Er rief am 17. Januar 1930 renommierte »Nördliche Baptisten« in seiner Stadtwohnung in Manhattan zusammen, um [John R.] Mott die Möglichkeit zu geben, sein Anliegen vorzutragen. Sie beabsichtigten, andere protestantische Gemeindeverbände, die sich im Norden befanden, in einer formal konstituierten ökumenischen Kommission zusammenzubringen, um die Tätigkeiten des aus Laien bestehenden Überprüfungskomitees [»Laymen's Inquiry«] zu beaufsichtigen. John D. Rockefeller Jr. stand natürlich bereit, die ganzen Kosten zu begleichen, die sich gegen Jahresende auf 320.000 US-Dollar beliefen.

Das aus Laien zusammengesetzte Überprüfungskomitee sandte im September 1930 eine Erkundungsmannschaft nach Asien. Neun Monate später kehrte sie wieder zurück und brachte 1932 den Bericht *Re-Thinking Missions* heraus [...]

Re-Thinking Missions schlug Reformen vor, die wenige Fundamentalisten akzeptieren konnten: ein Ende der Abschottung von asiatischen Kulturen [d.h. deren religiösen Einflüssen] und die Wertschätzung bestimmter Lehren asiatischer Religionen, die mit der Botschaft Christi vergleichbar waren; eine weniger Aufsehen erregende Belehrung durch das eigene Vorbild und Programme

in Bildung, Medizin und Landwirtschaft und ein Reduzieren des
Bekehrungseifers; größere Kooperation und Effizienz, um die ver-
schwenderische Überlappung von Programmen zu verringern; und
am wichtigsten war eine allmähliche Übertragung der Macht an ein-
heimische Kirchen. [...] Der Bericht ging wie eine Bombe hoch und
musste innerhalb von sechs Monaten zehnmal aufgelegt werden.[5]

Re-Thinking Missions[6] sollte zu einem Meilenstein werden, der das
traditionelle Verständnis der christlichen Mission, ja das Christentum
selbst, völlig umkehrte. Obwohl der Bericht von dem liberalen Flügel
der amerikanischen Christenheit initiiert worden war, beeinflusste er
einige Jahrzehnte später nachhaltig die evangelikale Missionsarbeit.
In völliger Übereinstimmung mit seinem Mäzen Rockefeller skizzierte der Vorsitzende der »Laymen's Inquiry«, William Hocking,
die Denk- und Vorgehensweise christlicher Missionare in Asien, die
in ihren Empfehlungen nicht revolutionärer hätte sein können. Im
Hinblick auf die globale Missionsarbeit forderte er »eine veränderte
theologische Sicht«, geradezu »ein Umpolen der Weltanschauung«.
Zuerst wurden die in das Christentum eingeflossenen positiven Errungenschaften der »modernen Wissenschaft« aufgezählt. Nur so sei
diese Religion für den modernen Menschen annehmbar geworden.
    Eine theologische Neuorientierung hat direkte Auswirkungen auf
die missionarischen Motive: Wenn man von der Idee einer Hölle ab-
rückt, wenn man die Furcht vor Gottes strafender Gerechtigkeit – das
Erleiden ewiger Qualen der Verlorenen – aufgibt und an ihre Stelle
eine glücklichere Zukunftshoffnung setzt, wenn man das Interesse
am jenseitigen Leben auf die Probleme der Sünde und des Leidens
in der Gegenwart verlagert, wird sich sofort die Meinung über die
ewigen Gefahren, die der Seele drohen, ändern. Dadurch verändert
sich auch die ursprüngliche Begründung der protestantischen Mission, die stets als dringlich angesehen wurde. Der Bericht *Re-Thinking
Missions* legte außerdem das Fundament für die so genannte Kontextualisierung des neuen »Evangeliums«:

[5] Gerard Colby & Charlotte Dennet, *Thy Will Be Done: The Conquest of the Amazon.
Nelson Rockefeller and Evangelism in the Age of Oil* (San Francisco: HarperCollins,
1996) 39-40.
[6] William Ernest Hocking, *Re-Thinking Missions: A Laymen's Inquiry After One
Hundred Years* (Harper & Brothers Publishers, 1932) 21. http://www.archive.org/
stream/rethinkingmissio011901mbp#page/n7/mode/2up.

Es gibt deshalb mehrere Faktoren, die auf ein Ziel hinauslaufen: nämlich die Notwendigkeit, dass die moderne Mission sich im positiven Sinne bemüht, vor allen Dingen die Religionen in ihrem Umfeld kennenzulernen und zu verstehen, um dann die verwandten Elemente in ihnen wahrzunehmen und sich damit zu identifizieren.[7]

Um diesen Punkt zu illustrieren, zitierte *Re-Thinking Missions* aus dem Brief eines Missionars, der mit heller Begeisterung Folgendes zum Ausdruck brachte:

Ein neues Denken kommt auf. Es erwächst aus dem Glauben, dass wir alle, Christen, Buddhisten, Schintoisten oder welche Religion wir benennen mögen, viel voneinander zu lernen haben und uns gegenseitig unterstützen können. Wir empfinden es auch als wichtig, dass wir, die spirituellen Leiter, wenn wir irgendetwas zur Verbesserung der Gesellschaft im Ganzen erreichen wollen, zuerst als Religionsanhänger zusammenkommen und uns auf der Basis gegenseitiger Sympathie kennen lernen.[8]

Re-Thinking Missions legte unmissverständlich offen, warum die in diesem Brief geäußerte Offenherzigkeit gegenüber anderen Religionen nur von relativ wenigen befürwortet wird. Schuld daran sei vor allem der Fundamentalismus.[9]

Kritisch muss zum Bericht *Re-Thinking Missions* gesagt werden, dass die traditionelle Missionsarbeit nie mit dem Bestreben, die »Welt zu erobern«, gleichgesetzt werden wollte. Auch schlägt der Bericht vor, die »störende« Exklusivität der traditionellen christlichen Lehre zu überwinden, weil es doch in allen Religionen ein gemeinsames Zentrum der Wahrheit gebe. Das ist im höchsten Grade unbiblisch. Der Bericht schuf eine Grundlage, auf der sich die Religionsvermischung ausbilden konnte. »Wenn es nicht im Herzen aller Glaubensrichtungen einen Nukleus an religiöser Wahrheit geben würde, hätten weder das Christentum noch irgendeine andere Religion etwas, worauf sie [im Fördern gegenseitigen Verständnisses und

---

[7] Ebd., 33.
[8] Ebd., 34.
[9] Ebd., 35-36.

Akzeptanz] bauen könnten.«[10] Um die Tür für die neue Spiritualität noch mehr zu öffnen, übertrieb *Re-Thinking Missions* seine Darstellung des Glaubenskampfes – andere Religionen würden angeblich »attackiert« – und schlägt »positivere« Lösungen vor:

> Natürlich entspricht es nicht der Pflicht des christlichen Missionars, nichtchristliche Religionssysteme zu attackieren. Noch ist es seine vordringliche Aufgabe, die Irrtümer und Missbräuche zu denunzieren, die er in ihnen entdeckt: Es ist seine oberste Pflicht, seine Konzeption des wahren Lebenswandels echt zu präsentieren und diesen für sich selbst sprechen lassen.[11]

Die okkulten Aspekte in anderen Weltreligionen werden völlig verharmlost. Sie seien nur religiöse Hirngespinste. Der moderne Mensch könne nicht im Ernst glauben, dass es wirkliche Geistesmächte gibt, die Menschen okkult belasten könnten. Die Autoren des *Re-Thinking Missions*-Berichts sagten diesem »Aberglauben« den Kampf an: »Gegenwärtig ist der effektivste Einfluss, um den Aberglauben zu bekämpfen, das Verbreiten einer allgemeinen Aufklärung. Dies gelingt besonders dann, wenn der Verstand sich der Wissenschaft zuwendet [...]«[12] Um den Erfolg des Königreichs Gottes auf Erden zu begünstigen, hielten sie die amerikanischen Missionare dazu an, ein neues Evangelium zu verkünden, das nicht mehr beansprucht, der einzige Weg zum Heil zu sein.

Re-Thinking Missions verursachte in den frühen 1930er Jahren eine große Kontroverse, besonders unter den amerikanischen Presbyterianern, die noch an der Bibel als dem irrtumslosen Wort Gottes festhielten (J. Gresham Machen u.a.). Als es wieder ruhiger geworden war, wollten einige Philanthropen und Theologen die weltweite Christianisierung nicht mehr allein den Gemeindeverbänden überlassen. Um die in *Re-Thinking Missions* empfohlenen neuen Theologien und Praktiken fest zu verankern, gründeten sie in den folgenden Jahrzehnten neue Missionsgesellschaften, die sich neben den kirchlichen Einrichtungen etablierten. Die Neoevangelikalen griffen auf, was sich die Liberalen, das heißt die Bibelkritiker, auf ihre Fahnen

---

[10] Ebd., 37.
[11] Ebd., 40.
[12] Ebd., 41.

geschrieben hatten. Zu diesem Zweck gründeten Charles Fuller und Harold Ockenga das *Fuller Theological Seminary* in Pasadena, Kalifornien, obgleich sich Charles Fuller lange Zeit nicht bewusst war, was Harold Ockenga beabsichtigte, und sich erst dann gegen Ockenga stellte, als es zu spät dazu war, den Gang der Dinge rückgängig zu machen. Das *Fuller Seminary* hatte schnell den Ruf einer Ideenfabrik erhalten. In dieser Atmosphäre fügten Männer wie C. Peter Wagner und Ralph Winter[13] der christlichen Theologie neue Lehren hinzu und bogen die Missionsstrategien so um, dass sie dem *Re-Thinking Missions*-Modell besser entsprachen. Es entstand eine »strategische« globale Missionsbewegung, die die kühnsten Träume der liberalen Theologen übertraf.

Beleuchten wir einige weitere Aspekte dieser Reform etwas näher. *Re-Thinking Missions* empfahl, andere Religionen in die Missionsarbeit einzubeziehen; dies sei eine »natürliche Stufe« in der Verbreitung des Christentums. Im Kapitel »Attitude Toward Reform« (»Die Einstellung gegenüber der Reform«) schreiben die Autoren, dass man Lehren anderer Religionen »entlehnen« könnte, denn das Christentum sei in seiner dogmatischen Orientierung unerschütterlich. Das Christentum könnte selbst dann sein eigentliches Wesen bewahren, wenn in ihm synkretistische Einflüsse wirksam seien. Das Einbringen kultischer Elemente anderer Religionen in den Gottesdienst sei legitim, weil das Christentum nicht in der Gefahr stehe, sich als eigenständige Religion zu verlieren.

Dass die heidnischen Religionen einige Ideen vom Christentum entlehnten und sie in ihrem eigenen religiösen Rahmen integrierten, wurde im Bericht als positive Entwicklung angesehen.

Es ist an der Zeit, dass die christliche Bewegung ihre unangebrachten Ängste aufgibt, die von einem Bewusstsein herrühren, etwas Exklusives zu besitzen. Das Einzigartige am Christentum ist, dass man daraus nichts entlehnen oder übertragen kann, ohne dass das Christentum selbst angenommen wird. Was auch immer entlehnt wird und erfolgreich auf einem anderen Baumstamm wächst, gehört in der Tat dem Entleiher. [...] Deshalb sind alle [aufgestellten] Zäune und [das Beharren auf] privates Eigentum wahrlich umsonst: Die eigentliche Wahrheit, wie sie sich auch

---

[13] http://www.ralphwinter.org

immer darstellt, ist das »Neue Testament« jeder existierenden Religion.[14]

Die Befürworter dieser Meinung waren überzeugt, dass »alle Wahrheit die Wahrheit Gottes« sei. Diese Position steuert auf die rapide Auflösung der Lehren des Christentums hin, denn die Botschaft Jesu lässt sich mit den Lehrern anderer Religionen nicht vermischen. Christus bestand darauf, der alleinige Retter der Welt zu sein.[15]

Die Exklusivität – die Ausschließlichkeit oder Einzigartigkeit – des Christentums wird mit den Begriffen »Wettbewerb« und »Eigentum« umschrieben, denen eine negative Bedeutung untergeschoben wird. Es wird argumentiert, dass jeder Christ, der sich davor scheut, manche »Wahrheiten« aus heidnischen Religionen zu akzeptieren, »zu wenig Zuversicht in die Vorzüge seiner eigenen Religion« habe. Wie kann nun ein Missionar seine Bedenken und seine Bestürzung zum Ausdruck bringen, wenn er durch solche religionsvermischende Aussagen verunsichert wurde? Die Autoren schlagen vor, dieser Tatsache freudig ins Auge zu schauen, denn die Vitalität der eigenen Religion des Missionars würde dadurch gestärkt werden.

Sein Blick wird nach vorne gerichtet sein; was er dann beobachten wird, wird nicht die Zerstörung der Religionen sein, sondern ihre kontinuierliche Koexistenz mit dem Christentum; er wird sich darum bemühen, jene Religionen zu unterstützen, die sich schlussendlich dem Endziel zuwenden, nämlich der vollkommenen Einheit der religiösen Wahrheit.[16]

Die Einheit aller religiösen Wahrheit war demnach das ausdrückliche Ziel von *Re-Thinking Missions*. Diese Einstellung wurde die Grundlage sowohl der liberalen als auch der neoevangelikalen Mission. C. Peter Wagner drückte dies unverhohlen in seinem oben erwähnten Buch *Church Growth and the Whole Gospel: A Biblical Mandat* aus und stand auch dazu. Hier liegen die Ursachen für die Probleme, die die neoevangelikale Mission heutzutage hat.

---

[14] William Ernest Hocking, *Re-Thinking Missions*, 43-44.
[15] Zum Beispiel Joh. 14,6: »Jesus antwortete ihm: ›Ich bin der Weg und die Wahrheit und das Leben; niemand kommt zum Vater außer durch mich.‹«
[16] William Ernest Hocking, *Re-Thinking Missions*, 43-44.

Eine Generation später überarbeiteten die Neoevangelikalen ihre Missionstheologie in Anlehnung an die Empfehlungen Hockings in *Re-Thinking Missions* grundsätzlich. Mit voller Absicht ersetzten sie Schritt für Schritt das alte Evangelium der sich an der reformatorischen Theologie orientierenden Christen durch ein aufgeweichtes, verwässertes und neutralisiertes »Social Gospel«. *Re-Thinking Missions* schuf die Voraussetzung für die Einführung der so genannten Kontextualisierung – die Anpassung des Evangeliums an die Kulturen – und der Religionsvermischung. William E. Hocking hatte Anfang der 1930er Jahre zu einer radikalen Veränderung der gängigen Missionspraxis aufgerufen. Ihm ging es hauptsächlich um die Verbreitung einer alternativen theologischen Position, die mit dem Aufkommen einer elementaren Weltkultur übereinstimmte.[17] Nichts lag ihm mehr am Herzen, als die Grundlage für einen globalen Universalismus – die Lehre von der Errettung aller Menschen am Ende der Zeit (Allversöhnung) – zu legen. Darin stimmten ihm die Neoevangelikalen völlig zu.

5.2 Globaler Universalismus

In der zweiten Hälfte des 20. Jahrhunderts führten die führenden Evangelikalen mit aller Raffinesse eine etwas abgemilderte Form des liberalen »Social Gospel« in die Kirchen ein, auf die sie Einfluss hatten. Ihr langfristiges Ziel war die Umdeutung und Umstrukturierung der christlichen Mission im liberalen Sinne. Die sozialpolitische Neuorientierung der Neoevangelikalen führte dazu, dass internationale Firmen ein riesiges Geschäft witterten und ihre kommerziellen Bestrebungen enorm ausdehnten. Diese Entwicklung ist unter dem Begriff der »Marktplatz Transformation« bekannt geworden. Die Fokussierung auf den sozialen Sektor war Mittel zum Zweck. Pastor Rick Warrens Bekämpfung der »Globalen Giganten«, der weltweit größten Probleme, durch seinen P.E.A.C.E.-Plan[18] passt in dieses versch(r)obene Bild christlicher Mission perfekt hinein.

Doch wie könnte das Ziel des globalen Universalismus erreicht werden? Die Professoren des *Fuller Theological Seminary* wurden in die Pflicht genommen, neue Lehren wie die Kontextualisierung und

---

[17] Siehe William Ernest Hocking, *Re-Thinking Missions*, 18.
[18] Siehe dazu ausführlich hier Kapitel 8 ab S. 141.

die verschiedenen Analogien des Heils[19] zu entwerfen bzw. zu verbreiten, um die nächste Generation von evangelikalen Missionaren anhand von Kursbüchern wie *Perspectives on the World Christian Movement: A Reader*[20] zu unterweisen. Die starre Trennwand zwischen dem echten Christentum und der heidnischen Religiosität wurde absichtlich aufgeweicht. Die von Donald McGavran[21] inspirierten Missiologen unterrichteten ihre Missionskandidaten in Gruppendynamik und interreligiösem Dialog und kopierten somit eifrig die Methoden der Sozialwissenschaften. Besonders bedenklich war die Einführung des so genannten »Christlichen Universalismus«[22], der mit dem traditionalen Universalismus die Vorstellung teilte, dass keine bewusste Hingabe an Christus nötig sei, um im biblischen Sinne errettet zu werden.

Angesichts der anhaltenden Lehrverirrung und der Religionsvermischung sollte man sich nicht wundern, dass der moderne Neoevangelikalismus die heidnischen Praktiken und Glaubensinhalte der New-Age-Bewegung so offen toleriert und bereitwillig annimmt und das »Neue Zeitalter« der globalen Ethik willkommen heißt. Auf diesem gemeinsamen Fundament soll eine synkretistische Statuette aller Weltreligionen erbaut werden – ein Standbild, das Bestandteile aller Religionen in sich vereint. Spirituelle Leiter haben an der Errichtung dieses Monuments nahezu einhundert Jahre lang gearbeitet, indem sie auf die Crème de la Crème der soziologischen Methoden zurückgriffen. Sie beabsichtigen, einen gemeinsamen, weltweit gültigen Maßstab der ethischen Werte zu schmieden. Könnte es eine bessere Möglichkeit geben, als diesen unter dem Banner des Friedens und der Wohltätigkeit zu vollenden?

[19] »Analogien des Heils« sind der christlichen Heilslehre angeblich ähnelnde symbolische Darstellungen der Erlösung in heidnischen Kulturen; siehe Don Richardson, *Peace Child: An Unforgettable Story of Primitive Jungle Treachery in the 20th Century* (Ventura, CA: Regal, [4. Aufl.] 2005); Auf Deutsch erschienen unter dem Titel »Friedens-Kind: Wandlung einer Dschungelkultur grausamer Tücke in Neuguinea« (Lahr: St. Johannis, 1976).

[20] »Perspektiven der weltweiten christlichen Bewegung: ein Lesebuch«, http://www.perspectives.org.

[21] http://en.wikipedia.org/wiki/Donald_McGavran.

[22] The Tony Jones Blog (Theoblogy), »Christian Universalism: Cosmology«; http://www.patheos.com/blogs/tonyjones/2011/02/03/christian-universalism-cosmology; Susan Smith, »The Interface between the Biblical Text, Missiology, Postcolonialism and Diasporism,« Paper for the IAMS in Malaysia, 2004; http://www.missionstudies.org/archive/conference/1papers/fp/Susan_Smith_Full_paper.pdf.

Die unterschiedlichsten Begrifflichkeiten und Slogans wurden verwendet, um die wahre Absicht zu verbergen, die hinter der Bildung einer für alle Menschen verpflichtenden Ethik steht. Seit mehreren Jahrzehnten sind diese Begriffe in der Reform des amerikanischen Bildungswesens gang und gäbe, zum Beispiel Charakterbildung, Wertebildung, Konfliktlösung, globale Erziehung, Konsensfundierte Entscheidungsfindung, gemeinsame Grundwerte, globale Bürgerschaft, Kommunaldienst und prinzipienbasierte Erziehung. Das neueste Modewort ist »Weltanschauung« (engl. *worldview*), das deshalb ein so interessanter Begriff ist, weil es eine zweite Bedeutung hat, nämlich die der »globalen Sichtweise«. Die neue globale Ethik entspricht exakt dieser Sichtweise – eine Sicht der Welt, die auf der Annahme beruht, dass es »gemeinsame Grundwerte« in allen Religionen und Ideologien gibt. Bestimmte christliche Gruppen – allen voran die Rekonstruktionisten[23] – meinen, dazu berufen zu sein, die »gemeinsamen Grundwerte« des Christentums, eben die christliche Weltanschauung, zu finden und zu verbreiten. Das Problem ist, dass diese Gruppen das »Christentum« theokratisch definieren. Sie streben in einem zweiten Schritt die Ziele des Dominionismus (der weltweiten Herrschaft der Christen) an. Gewöhnlich wollen diese Gruppen neben den moralischen auch die gesellschaftlichen Gebote des mosaischen Gesetzes wieder einführen. Bisweilen scheuten sich die Rekonstruktionisten nicht, die Gesetzesbestimmungen des Sinai-Bundes auch »Naturgesetze« und »Naturrechte« zu nennen.

Die »gemeinsamen Grundwerte« sind wie ein Köder, mit dem gelockt wird. Aber lassen sich die Menschen darauf ein, ist es meist zu spät, um sich wieder loszureißen. Sie bilden für die dominionistischen Globalisten die Grundlage einer intensiven neuen Religions-

---

[23] »Christian Reconstructionism ist eine von Rousas John Rushdoony in den 1960ern initiierte neocalvinistische religiöse Bewegung in den Vereinigten Staaten. Sie wird der religiösen Rechten zugeordnet und hat gemäß Rushdoony das kulturelle Mandat, ihre religiöse Herrschaft auf die gesamte Erde auszudehnen und die göttliche Autorität in allen Aspekten des Lebens zu etablieren. Dabei soll das Zivilrecht so gestaltet werden, dass es die Menschen dazu ermutigt, Jesus als ihren Heilsbringer zu akzeptieren und aus biblischer Sicht unmoralisches Verhalten bestraft. Für Homosexualität fordern Rushdoony und andere führende Vertreter des Rekonstruktionismus aufgrund ihrer Interpretation der Bibel die Anwendung der Todesstrafe. Wegen der radikalen Ansichten wird der Christian Reconstructionism sowohl von säkularer, wie auch von christlicher Seite heftig kritisiert.« http://de.wikipedia.org/wiki/Christian_Reconstructionism; siehe auch http://www.frc.org/get.cfm?i=WT01G1

vermischung, auf deren Grundlage der globale »Frieden« gefördert
und die Weltregierung aufgebaut werden können. Die Initiativen
Rick Warrens müssen diesbezüglich aufs Genaueste analysiert werden, denn er strebt an, ein international anerkannter »Brückenbauer« einer globalen Ethik zu werden. Marc Gunther stellt in seinem
Artikel »Power Pastor: Will Success Spoil Rick Warren?«[24] (erschienen im renommierten Magazin *Fortune*) diesen Aspekt der Tätigkeit
Warrens deutlich heraus:

> Indem er die Aspekte der Armut und der sozialen Gerechtigkeit
> an die erste Stelle seiner Agenda stellt, möchte Warren religiöse
> und politische Klüfte überbrücken. »Ich bin ein Brückenbauer
> und nicht jemand, der Spaltungen verursacht«, sagte er. Im ver-
> gangenen Sommer, als er mit Bono und seiner gegen die Armut
> agierenden Gruppe DATA zusammenarbeitete, mobilisierte
> Warren die Pastoren in seinem Netzwerk, um Präsident Bu-
> sh aufzufordern, mehr für Entwicklungshilfe auszugeben, die
> Schulden armer Länder zu stornieren und die Handelsbarrieren
> zu senken, die den Bauern im globalen Süden Schaden zufügen.
> Was er sich vorgenommen hat, bezeichnete Geoff Tunnicliffe,
> Geschäftsführer der Weltweiten Evangelischen Allianz [WEA],
> als eine »Änderung des Markenzeichens des amerikanischen
> Evangelikalismus«.[25]

Die Frühgeschichte dieser »Moralgesetz«-Bewegung kann in den Ansprachen, den Schriften und dem Lebenswerk von John Foster Dulles[26] nachgezeichnet werden. Er lebte von 1888 bis 1959 in Amerika
und ist vor allem als US-Außenminister unter Präsident Eisenhower
bekannt geworden. Sein Konzept einer »Bruderschaft der Menschheit« beruhte auf einem religionsvermischenden Moralgesetz, das
seiner Meinung nach weltweite Gültigkeit besaß. In meinem Buch
Building the Kingdom of God on Earth habe ich Dulles' Ziele und
Glaubensinhalte ausführlich dargelegt:

---

[24] Etwas frei ins Deutsche übersetzt: »Pastor mit großem Einfluss: Wird der Erfolg
Rick Warren verderben?«.
[25] http://money.cnn.com/magazines/fortune/fortune_archive/2005/10/31/8359189/
index.htm.
[26] http://de.wikipedia.org/wiki/John_Foster_Dulles;   http://www.arlingtoncemetery.
net/jfdulles.htm.

Dulles hatte Christen schon 1944 in zahlreichen Ansprachen daran erinnert, dass sie nicht alleine die Qualitäten der Vernunft und der Seele besäßen, von der die Lösung abhängig sei. Obgleich »die Christen glauben, dass das Moralgesetz am vollkommensten durch Jesus Christus offenbart worden ist«, mussten sie anerkennen, dass »das Moral- oder Naturgesetz auch in anderen Religionen offenbart wird und von allen Menschen erkannt werden kann.« Es habe eine Macht, die viel universaler als irgendeine bestimmte Religion sei. In den 50er Jahren des vergangenen Jahrhunderts verstand Dulles seinen Glauben immer noch als die Anwendung der Prinzipien, die er vom »Natur- oder Moralgesetz« ableitete, denn es besaß eine umfassendere Akzeptanz als das Christentum […]. In einer Ansprache aus Anlass des »Festes der Religionen«, das der Rat der Kirchen von San Francisco veranstaltete, definierte Dulles am 19. Juni 1955 das Moralgesetz als ein pantheistisches Konzept, das jede Religion untermauere und den Vereinten Nationen die moralische Kraft ihrer Prinzipien verleihe.

Dulles glaubte nicht an die orthodoxen Lehren des Christentums, sondern an eine selektive und subjektive Interpretation der Morallehre Christi. Er hatte einen abstrakten Glauben an die Nützlichkeit des allgemein anerkannten »Moralgesetzes«. Dulles meinte, dass dies das Universum als unpersönliche Macht regieren würde.[27]

Dulles gab sich beachtliche Mühe, um eine Massenbewegung innerhalb des ökumenischen *Federal Council of Churches* (»Bundesrat der Kirchen«) zu organisieren. Diesem Rat gehörten 33 protestantische Kirchen der USA an. Der Rat sollte sich für die Gründung der Vereinten Nationen einsetzen. In den 1940er Jahren referierte Dulles über die moralische Grundlage der Vereinten Nationen.[28] In einem Vortrag umriss er seinen Glauben an gemeinsame moralische Prinzipien, die verwendet werden könnten, um »das Verhalten der Nationen zu bestimmen«:

---

[27] Martin Erdmann, *Building the Kingdom of God on Earth: The Churches' Contribution to Marshall Public Support for World Order and Peace, 1919-1945* (Eugene, OR: Wipf & Stock, 2005) 120-121.

[28] Englischer Originaltitel des Vortrags: »The Moral Foundation of the United Nations«.

Der Erfolg der Vereinten Nationen muss größtenteils denen zugeschrieben werden, die in aller Welt an einen Gott glauben, einen
göttlichen Schöpfer von uns allen; die daran glauben, dass Gott
moralische Prinzipien, die diese Welt untermauern, mit ultima-
tiver Autorität vorgeschrieben hat, Prinzipien, die den physika-
lischen Gesetzen gleichkommen; die daran glauben, dass dieses
Moralgesetz eines ist, das jeder Mensch kennen kann, wenn er nur
sein Herz dem öffnet, was Gott offenbart hat; die daran glauben,
dass diese moralischen Prinzipien nicht nur das Gebot der Liebe
und des Respekts vor dem Schöpfer beinhalten, sondern auch die
Liebe und den Respekt vor dem Mitmenschen, weil jedes Individuum ein Element des Göttlichen in sich trägt; die daran glauben,
dass die moralischen Prinzipien das Verhalten der Nationen bestimmen sollen [...]. Deshalb versammeln wir uns hier als Repräsentanten der vielen Religionen, die es in der Welt gibt, um über
dem Gemeinsamen höchst zufrieden zu sein. Es hat sich gezeigt,
dass die religiösen Menschen in der Welt die Kraft zur Initiative
finden können, die notwendig ist, um eine Weltorganisation ins
Leben zu rufen und sie mit Prinzipien auszustatten, die nicht nur
in der Theorie, sondern in der Tat wegweisend sind.[29]

Eine der verheerenden Auswirkungen des Universalismus (der All-
versöhnungslehre) war die Forderung, dass sich Missionare in der
Verkündigung des Evangeliums heidnischen Kulturen anpassen sollen. Man nannte diese Art des Missionierens »Kontextualisierung«.
Diese Lehre versprach theoretisch etwas Positives; in der Praxis aber
präsentierte sie sich als etwas ganz anderes: Die Kontextualisierung
bot scheinbar die Möglichkeit, dass andere Kulturen das Evangelium
besser annehmen könnten. Anthropologen und Soziologen hatten
die Missiologen überzeugt, dass das Anpassen des Evangeliums an
die alternativen Dynamiken östlicher und heidnischer Kulturen dazu
führen würde, es weniger anstößig und somit relevanter zu machen.
William Hocking äußerte diesen Wunsch in *Re-Thinking Missions*:
»Es gibt eine einfachere, umfassendere, weniger streitsüchtige und
weniger pathetische Religion, die in das menschliche Bewusstsein
dringt und die als die Religion des modernen Menschen bezeichnet
werden kann, der religiöse Aspekt der kommenden Weltkultur.«[30]

---

[29] Martin Erdmann, *Building the Kingdom of God on Earth*, 142, Fußnote 274.

Ab diesem Zeitpunkt nahm der Universalismus seinen Siegeszug und wurde überall verkündet. Der Universalismus geht davon aus, dass alle Menschen, ob sie Christen sind oder nicht, Empfänger des ewigen Heils sind, und dass niemand weder verloren geht noch von Gott für immer und ewig verdammt wird. Es gibt verschiedene Variationen dieser Irrlehre, einige sind extremer als andere. Doch alle Befürworter des Universalismus bezeichnen jene, die an einem exklusiven Sühneopfer von Jesus Christus allein für die Glaubenden festhalten, als intolerante und engstirnige Fanatiker. Sie meinen, dass es nicht der Liebe Gottes entspricht, zu sagen, dass Jesus der einzige Weg in den Himmel ist.

Am 31. Mai 1997 pflichtete Robert Schuller[31], der bekannte Pastor der *Crystal Cathedral*[32] und Produzent der Radio- und Fernsehsendung »Hour of Power« (»Stunde der Kraft«)[33], seinem Gesprächspartner Billy Graham hocherfreut bei, als dieser vor laufender Kamera einem Millionenpublikum zu verstehen gab, dass Gott Menschen auch ohne das Evangelium ewiges Leben geben würde:

Und dies ist es, was Gott heute tut, er ruft um seines Namens willen Menschen aus der Welt [zu sich]. Ob sie nun aus der moslemischen oder der buddhistischen oder der christlichen oder der atheistischen Welt kommen, sie sind Glieder am Leibe Christi, weil sie von Gott gerufen worden sind. Sie mögen den Namen Jesus nicht einmal kennen, wissen aber in ihrem Herzen, dass sie etwas, was ihnen fehlt, bedürfen, und sie wenden sich dem einzigen Licht zu, das sie haben, und ich denke, sie sind errettet, und sie werden mit uns im Himmel sein.[34]

Diese schockierenden Aussagen des bekanntesten Evangelisten des 20. Jahrhunderts stellen die biblische Motivation seines gesamten Lebenswerkes infrage. Außerdem zeigen sie unmissverständlich, dass sich die Irrlehre des Universalismus im Neoevangelikalismus festgesetzt hat.

[30] Siehe William Ernest Hocking, *Re-Thinking Missions*, 21.
[31] http://www.hourofpower.ch/robert_h_schuller.
[32] http://www.crystalcathedral.org; http://www.hourofpower.ch/crystal_cathedral.
[33] Schweiz: http://www.hourofpower.ch; Deutschland: http://www.hourofpower.de.
[34] Billy Graham in der Sendung, »Hour of Power« #1426, »Say ›Yes‹ To Possibility Thinking,« 31. Mai 1997; http://www.youtube.com/watch?v=drt5VPfnnms.

Das 2011 unter großem Medienwirbel veröffentlichte Buch von Rob Bell *Das letzte Wort hat die Liebe*[35] passt treffend ins Bild eines Absolventen des *Wheaton College* und *Fuller Theological Seminary*. Als Pastor der Megakirche *Mars Hill Bible Church* in Grandville, Michigan, übt Bell einen enormen Einfluss auf die junge Generation der Evangelikalen Amerikas aus. Der dem christlichen Werk Pilgermission St. Chrischona nahe stehende Brunnen-Verlag meint, etwas Gutes zu tun und auf der Erfolgswelle schwimmen zu können, indem er dieses Buch übersetzt hat und in Deutschland und der Schweiz verkauft. Warnende Stimmen, wie die von Albert Mohler, Rektor des *Southern Baptist Theological Seminary* in Louisville, Kentucky, stießen offensichtlich auf taube Ohren:

> Wenn du Universalismus annimmst und den Unterschied zwischen der Gemeinde und der Welt auslöschst, brauchst du keine Gemeinde, keinen Christus und kein Kreuz. Das ist die Tragödie eines gerichtslosen »Mainstream Liberalismus«, und es ist auch Rob Bells Tragödie in diesem Buch.[36]

Die christliche Mission erhielt im evangelikalen Raum unmittelbar nach dem Zweiten Weltkrieg unterschwellig einen neuen Inhalt; seit dem Jahr 2000 machen die Neoevangelikalen keinen Hehl mehr aus ihrer eigentlichen Einstellung. Im Folgenden werden wir sehen: Unter der Leitung von Billy Graham bekam das, was man unter Evangelikalen als christliche Mission ansah, in spektakulärer Weise auf Großveranstaltungen in den Vereinigten Staaten (Wheaton, 1966), Deutschland (Berlin, 1966) und der Schweiz (Lausanne, 1974) neue Konturen.

5.3 Lausanner Bewegung

Eine fast unmerkliche, in ihrer Langzeitwirkung jedoch drastische Veränderung im evangelikalen Denken stellte sich in den 1960er Jahren ein. Ausschlaggebend waren zwei Ereignisse, die 1966 statt-

---

[35] Rob Bell, *Das letzte Wort hat die Liebe*: Himmel und Hölle und das Schicksal jedes Menschen, der je gelebt hat (Gießen: Brunnen-Verlag, 2011). Originaltitel auf Englisch: *Love Wins* (HarperOne, 2011); https://www.robbell.com/lovewins.
[36] Zitiert in Wolfgang Bühne, »Wer hat das letzte Wort?«, *fest und treu*, Heft 2/2011, 13-15. http://www.clv-server.de/pdf/fut/211/fut211%20Rezension.pdf.

fanden: erstens der »Congress on the Church's Worldwide Mission«
(»Kongress über die weltweite Mission der Kirche«) in Wheaton, Illinois, und zweitens der »World Congress on Evangelism« (»Weltkon-
gress über Evangelisation«) in Berlin. Auf dem Wheaton-Kongress
hielt Horace L. Fenton die Hauptansprache zum Thema »Mission
und soziales Anliegen«. Darin deutete Fenton an, dass es unbiblisch
sei, Evangelisation und soziales Engagement als zwei verschiedene
Aufgaben der Kirche anzusehen.[37] Die Wheaton-Deklaration hielt
sich diesbezüglich noch etwas zurück; sie nahm die Evangelikalen
jedoch in die Pflicht, »Gottes Interesse an sozialer Gerechtigkeit und
menschlicher Wohlfahrt neu aufzuzeigen« und »sich offen und stand-
haft für Gleichheit der Rassen, menschliche Freiheit und alle Formen
der sozialen Gerechtigkeit in aller Welt einzusetzen.«[38]

Der Berliner Kongress 1966 hielt größtenteils an der klassischen
Definition der Mission fest. Arthur Johnston, ein ehemals an der
Trinity Evangelical Divinity School lehrender Missiologe, bemerkte in
seinem Buch *The Battle for World Evangelism* (»Die Schlacht um die
Weltevangelisation«), dass »Berlin in den theologischen Erwägungen
dem sozialen Druck der 1960er Jahre nur ansatzweise nachgab«[39].
Der Berlin-Kongress verwahrte sich gegen die Vorstellung, dass das
Kultur-Mandat Teil der Mission sei. Die Kongressteilnehmer waren
fest davon überzeugt, dass die Evangelisation die eigentliche Mission
der Kirche sei.[40]

Die Zeitspanne zwischen dem Berliner Kongress 1966 und dem
1974 folgenden »International Congress on World Evangelisation«
in Lausanne, Schweiz, war eine entscheidende Übergangsphase. Das
evangelikale Denken in Bezug auf das Verständnis von »Mission«
hatte sich geändert. Die *Billy Graham Assoziation* hatte diese Konferenz organisiert und viele evangelikale Theologen und Missiologen
eingeladen. Die meisten Teilnehmer kamen aus westlichen Ländern;

---

[37] Horace L. Fenton, Jr., »Mission – and Social Concern,« in *The Church's Worldwide
Mission*, Harold Lindsell, ed. (Waco, TX: Word Books, 1966) 193-203. Siehe auch
»Evangelism and Social Responsibility: From Wheaton '66 to Wheaton '83,«
Transformation: An International Journal of Holistic Mission Studies, July/September
1985 2: 27-34.

[38] »Wheaton Declaration« in Harold Lindsell, *The Church's Worldwide Mission* (Word
Books, 1966) 235.

[39] Arthur Johnston, *The Battle for World Evangelisation* (Wheaton, IL: Tyndale, 1978)
221.

[40] Ebd.

eine kleinere Zahl Christen aus den traditionellen Missionsländern
gesellten sich dazu. Arthur Johnston meint dazu:»Die sich während
dieser Periode ausbildende Krise im Christentum kann theologisch
auf einen Punkt gebracht werden; in der Zeitspanne zwischen Berlin
1966 und Lausanne 1974 definierte die Kirche ihre Mission.«[41] Die
»jungen Evangelikalen« traten mit ihren Demonstrationen für Zivil-
rechte und Verbrennungen militärischer Einberufungsbescheide in
Erscheinung. Radikale Bewegungen der Jüngerschaft gründeten ihre
Kommunen und Zeitschriften. Das »Kultur-Mandat« wurde in den
Mittelpunkt gestellt. Unter den Evangelikalen entwickelte sich ein
kollektives Bewusstsein für soziale Belange. Zur Zeit des Lausanner
Kongresses war eine beachtliche Anzahl evangelikaler Leiter bereit,
mit einer revidierten Definition der Mission an die Öffentlichkeit zu
treten.

Eine Schlüsselrolle nahm John R. W. Stott[42] ein, Rektor der *All
Souls Kirche*[43] in Langham Place, London. Er hatte einen großen Einfluss in der Ausgestaltung der neoevangelikalen Sicht. Stott hatte in
Berlin in drei Plenarsitzungen den Missionsbefehl biblisch beleuch-
tet. Damals hielt er noch an der klassischen Definition der Mission
fest. Er argumentierte, dass »der kirchliche Missionsbefehl nicht die
Umgestaltung der Gesellschaft einschloss, sondern die Verkündigung des Evangeliums bedeutete.«[44] Stott bestätigte 1975 in einem
seiner Bücher selbst, dass er 1966 so dachte.[45]

Ein knappes Jahrzehnt später äußerte sich Stott in anderer Weise.[46] Er war einer der maßgeblichen Autoren der Lausanner Verpflichtung, die in Artikel 5 Folgendes proklamiert:»Dennoch bekräftigen wir, dass Evangelisation und soziale wie politische Betätigung
gleichermaßen zu unserer Pflicht als Christen gehören. Denn beide
sind notwendige Ausdrucksformen unserer Lehre von Gott und dem

---

[41] Ebd., 227.
[42] http://de.wikipedia.org/wiki/John_Stott; http://www.johnstottministries.org; http://
www.langhampartnership.org/john-stott/biography/ John R. W. Stott ist am 27. Juli
2011 verstorben.
[43] http://www.allsouls.org/Groups/106349/All_Souls_site.aspx.
[44] John R. W. Stott,»The Great Commission,« in Carl F. H. Henry & W. Stanley
Mooneyham, eds., *One Race, One Gospel, One Task* (Minneapolis: World Wide
Publications, 1967) Vol. 1, 50.
[45] John R. W. Stott, *Christian Mission in the Modern World* (Downers Grove, IL:
InterVarsity Press, 1975) 23.
[46] Ebd.

Menschen, unserer Liebe zum Nächsten und unserem Gehorsam gegenüber Jesus Christus.«[47] Obgleich das Wort »Pflicht« anstatt »Mission« an dieser Stelle erscheint, verstanden die meisten Interpreten der Lausanner Verpflichtung diese Begriffe im Nachhinein wie Synonyme und setzten sie gleich. Stott sagte, dass das Wort »Mission« sowohl die Evangelisation als auch die soziale Verantwortung einschließe, denn beide seien authentische Ausprägungen der Liebe, die sich danach sehnt, dem in Not geratenen Menschen zu helfen.[48] Zur Zeit des Lausanner Kongresses hatte also eine ansehnliche Anzahl Evangelikaler im Prinzip die Position akzeptiert, die die ökumenisch eingestellten Liberalen Jahrzehnte zuvor im »Hocking Report« angenommen hatten: die Mission der Kirche schließe sowohl das kulturelle als auch das evangelistische Mandat ein. Sie waren jedoch in ihrer Strategie vorsichtig, weil sie wussten, dass sie sich bei der völligen Übernahme der unbiblischen Schlussfolgerungen ökumenischer Missiologen keinen taktischen Fehler erlauben konnten.[49] Ihr Vorgehen in kleinen Etappen war ein kalkulierter Schachzug, um nicht von vornherein zu verraten, welches Ziel ihnen erstrebenswert erschien. Nur so konnte die Opposition der Evangelikalen, die auf die Priorität der Evangelisation pochten, effektiv in Grenzen gehalten und schließlich überwunden werden.

Dieser historische Hintergrund gibt Antwort auf die Frage, warum C. Peter Wagner neue Lehren in die Welt setzen konnte, ohne unter den Evangelikalen auf großen Widerstand zu stoßen. Er sah kein Problem darin, die Kirche als eine Organisation zu betrachten, unter deren Dach auch kommerzielle Geschäfte getrieben werden können. Es erklärt auch, warum Rick Warren mit Bill Gates und Bono[50] zusammenarbeiten kann, um die AIDS-Epidemie zu bekämpfen und die Kirche für die UN-Millennium-Entwicklungsziele[51] einzuspannen – all dies geschieht in Erfüllung seines globalen P.E.A.C.E.-Plans. In der Tat ist dies eine Umkehrung dessen, was man traditionell unter christlicher Mission verstanden hat. Jetzt wird

---

[47] http://www.lausannerbewegung.de/data/files/content.publikationen/55.pdf.
[48] Ebd., 35.
[49] Siehe ebd., 89-91.
[50] http://de.wikipedia.org/wiki/Bono; Falk Madeja, »Bono von U2 – ein Steuerflüchtling im Kampf für das Gute«, taz vom 28. Februar 2009; http://blogs.taz.de/meineguete/2009/02/28/bono_von_u2_-_ein_steuerfluechtling_im_kampf_fuer_das_gute.
[51] Auf Englisch: »UN Millennium Development Goals«.

auch verständlich, warum evangelikale Leiter ohne jegliche Gewissensbisse mit den elitären Humanisten des »Aspen Institute«[52] zusammenarbeiten können, um Weltpolitik zu betreiben. Vor diesem Hintergrund wird verständlich, warum der Missionsbefehl unter den Neoevangelikalen nun auch die Bewahrung der Umwelt beinhaltet. In einem Artikel, der die Aufgabe der *Evangelical Fellowship of Mission Agencies*[53], kurz EFMA, vorstellt, lesen wir Folgendes:

> EFMA existiert, um die große Aufgabe der Bewahrung der Umwelt zu erfüllen, so dass sie gute und üppige Frucht trägt und zu Gottes Verherrlichung unter allen Völkern beiträgt. Zu diesem Zweck arbeitet die Gesellschaft eng mit Mitgliedern zusammen, um die gegenseitige Effektivität zu erhöhen und die Kapazität zu mehren, damit das Königreich Christi vergrößert wird. EFMA arbeitet auf breiter Grundlage innerhalb der Missionsgesellschaften, die sich Christus und der Schrift gegenüber verpflichtet fühlen und Gottes Gebot, die Nationen zu Jüngern zu machen, gehorsam sind.

Darüber hinaus propagieren die Vorkämpfer der »Emergent Church« neue Lehren, wie zum Beispiel der »Erweiterung des synergistischen Königreichs« und der »Co-Evolution«.[54] Die Ähnlichkeiten zu den Ansichten der New-Age-Bewegung sind kaum zu übersehen.

Um die Fusion von Kirche und Geschäftswelt zu ermöglichen und dieser Initiative eine theologische – oder besser gesagt »missiologische« – Begründung zu geben, definierte C. Peter Wagner schon vor einigen Jahren den griechischen Begriff *ekklesia* neu. Das griechische Wort bedeutet eigentlich »Herausgerufene« oder »Kirche«. Gemäß Wagners neuer Definition versteht man darunter eine »Kirche am Marktplatz«.[55]

---

[52] http://www.aspeninstitute.org.

[53] Zu Deutsch: »Evangelikale Gemeinschaft von Missionsgesellschaften«, http://efma.gospelcom.net.

[54] Die Irrlehren der »Emergent Church« werden wir in einem späteren Teil dieses Buches näher betrachten.

[55] »The Agenda & Teaching of the New Apostolic Reformation,« Mitschrift der Ansprache von C. Peter Wagner, Arise Prophetic Conference, Gateway Church, San Jose, CA, 10-10-2004. Und ebenso http://www.marketplaceleaders.org/articles_view. asp?articleid=5682&columnid=743, C. Peter Wagners Vorwort im Os Hillmans Buch *Faith@Work Movement*. Os Hillman ist eine Schlüsselperson in der Transformation der Geschäftswelt.

5.4 Kirche am Marktplatz

Die Begriffe »Erweckung«, »Reformation« und »Transformation« bezeichnen konkrete Pläne, die Ambitionen des Dominionismus – also eine weltweite Herrschaft der Christen in Politik, Wirtschaft und Kultur – zu verwirklichen:»Das Erfüllen des Missionsbefehls« bedeutet nicht mehr vorrangig die Ausbreitung des christlichen Glaubens durch die Verkündigung der biblischen Heilsbotschaft, sondern die sozial-politische Transformation aller Nationen unter dem Motto »das Reich Gottes zu bauen«. Das »Jüngermachen aller Nationen« laut Matthäus 28,18-20 wird betont. Nur durch eine absichtliche Verdrehung der ursprünglichen Bedeutung dieser Aussage Jesu kommt man zu einer dominionistischen Interpretation. Man behauptet, der auferstandene Herr habe seinen Jüngern befohlen, Menschen in aller Welt mittels psychologischer Manipulation oder politischem Druck zu zwingen, an ihn als den Messias zu glauben.

Die traditionelle Methode, Menschen für Jesus Christus zu gewinnen, bestand darin, dass einzelne Christen anderen die Heilsbotschaft anhand der Bibel erklärten. Dies konnte zum Beispiel im Einzelgespräch, Hauskreis oder Gottesdienst und bei evangelistischen Veranstaltungen geschehen. Nun verwirft man dieses individuelle Vorgehen als Zeitverschwendung, unpraktikabel und ineffektiv. An seine Stelle tritt ein auf ganze Städte, Regionen und Nationen fixierter Aktivismus, der auf die Errichtung einer theokratischen Weltherrschaft abzielt. Der Gründer von *Campus für Christus*[56], Bill Bright, und der Direktor des *U.S. Center for World Mission* (»US-Zentrums für Weltmission)[57], Ralph Winter, waren jahrzehntelang die Schlüsselpersonen der dominionistischen Bewegung. Ihnen schloss sich eine große Zahl einflussreicher Evangelikaler an. In unserer Zeit stehen Tim Keller[58], Bill Hybels[59] und Rick Warren an der Spitze dieser Bewegung. In Deutschland setzen sich besonders Johannes Reimer[60], Tobias Faix[61] und Hartmut Steeb[62] für den

---

[56] Campus Crusade: http://www.ccci.org; Campus für Christus Deutschland: http://www.campus-d.de; Campus für Christus Schweiz: http://www.cfc.ch.
[57] http://www.uscwm.org.
[58] http://www.redeemer.com; http://de.wikipedia.org/wiki/Timothy_Keller.
[59] http://www.willowcreek.org/teachingpastors.
[60] http://www.reimer-ministries.com, siehe auch den Artikel »Emergente Nebelkerzentaktik um Johannes Reimer«, http://narjesus.wordpress.com/2011/08/15/emergente-nebelkerzentaktik-um-johannes-reimer.

dem europäischen Kontext angepassten Dominionismus ein. In der Schweiz sind es vor allem Reinhold Scharnowski[63], Fritz Peyer-Müller[64], Roland Hardmeier[65] und Heinz und Martin Strupler.[66] Ich möchte jedoch festhalten, dass es gewisse Unterschiede in der Positionierung dieser einzelnen christlichen Leiter im nuancenreichen Spektrum des Dominionismus gibt. Keineswegs beabsichtige ich, alle namentlich genannten Personen über einen Kamm zu scheren. Es ist durchaus möglich, dass der eine oder andere bestimmte Aspekte des Dominionismus verwirft, während er andere besonders befürwortet. Etwaige Dementi der aufgeführten Personen müssen vor dem Hintergrund dieser Tatsache überprüft werden. So ist zum Beispiel bekannt, dass sich Johannes Reimer dagegen ausspricht, der Emergent-Church-Bewegung anzugehören. Aber ist er deshalb kein Dominionist?

Internationale Firmen suchen in aller Welt neue Absatzmärkte für ihre Erzeugnisse. Um ihren Profit zu steigern, scheuen sie sich nicht, christliche Missionswerke für ihre kommerziellen Zwecke einzuspannen. Unter dem Vorwand, die Verbreitung des Evangeliums in

---

[61] http://toby-faix.blogspot.com; http://mbs-akademie.de/main.php?navi=dozenten& do=Details&id=2; http://mbs-akademie.de/mentoring.html.

[62] http://www.ead.de/die-allianz/struktur/mitarbeiter/hartmut-steeb.html.

[63] http://reinhold.typepad.com.

[64] http://www.igw.edu/ueber-uns/menschen/mitarbeiter/Fritz-Peyer.

[65] Roland Hardmeier ist Dozent am Institut für Gemeindebau und Weltmission Zürich. http://www.roland-hardmeier.ch/RHA/Uber_mich.html; Laudatio, gehalten an der Jahreskonferenz der AfeM vom 8. – 9. Jan. 2010, Bad Liebenzell, anlässlich der Verleihung des George-W.-Peters-Preises an Dr. Roland Hardmeier für sein Buch»Kirche ist Mission. Auf dem Weg zu einem ganzheitlichen Missionsverständnis«; http://www.igw.edu/bilder/Newsmeldungen/Laudatio%20Afem%20Roland% 20Hardmeier%20100108.pdf; R. Hardmeier, »Evangelikal – Radikal – Sozialkritisch. Zur Theologie der radikalen Evangelikalen. Eine kritische Würdigung,« Diss., Master of Theology, University of South Africa, Supervisor: Johannes Reimer, May 2006; http://uir.unisa.ac.za/bitstream/handle/10500/763/dissertation.pdf? sequence=1; R. Hardmeier, »Das ganze Evangelium für eine heilsbedürftige Welt,« Diss., Doctor of Theology, University of South Africa, Supervisor: Johannes Reimer, June 2008; http://uir.unisa.ac.za/bitstream/handle/10500/2415/ thesis.pdf?sequence=1.

[66] Heinz Strupler: http://www.iequip.ch/node/8 , http://www.istl.ch/mitarbeiter Martin Strupler: http://www.iequip.ch/node/8; http://www.youngleaders.ch/node/ 135. Es wäre nötig, ein ganzes Buch über den Dominionismus in Deutschland und der Schweiz zu schreiben. Die oben genannten Personen sind nur die bekanntesten Befürworter eines »radikalen Evangelikalismus« (Siehe Roland Hardmeier, »Evangelikal – Radikal – Sozialkritisch. Zur Theologie der radikalen Evangelikalen. Eine kritische Würdigung«).

unterentwickelten Dritte-Welt-Ländern zu unterstützen, engagieren sie Missionare, um die anfänglichen bürokratischen Hürden zu überspringen und verwertbare demographische und geopolitische Daten zu sammeln. Hinter der Fassade der Einführung christlicher Werte geht es diesen Firmen in erster Linie um billige Importe wertvoller Rohstoffe und Abnehmer teurer Fertigprodukte. Dies geschieht alles unter dem Motto der Förderung des »Königreiches Gottes«. Wie nicht anders erwartet, spielt Pastor Rick Warren auch hier mit seinem P.E.A.C.E.-Plan und anderen Initiativen eine Vorreiterrolle.

Um das rein geschäftliche Treiben in eine spirituelle Aura zu hüllen, wurde der »Globale Gebetstag« (GGT) organisiert. 45.000 Christen versammelten sich im März 2001 zum gemeinsamen Beten in Kapstadt und ein Jahr später in acht weiteren Städten. Graham Power, ein südafrikanischer Geschäftsmann, initiierte diese Großveranstaltung in seinem Heimatland.[67] Als Nächstes wurde eine Strategie entwickelt, um die Mission »Transformation Afrika« in alle Welt zu tragen. Während eines afrikanischen Gipfeltreffens im Jahre 2002 setzte der »International Prayer Counsel« (»Internationale Gebetsrat«) den Prozess in Gang, der drei Jahre später im »Globalen Gebetstag« seinen Höhepunkt fand. Als Vorbereitung auf diese weltweite Veranstaltung führten die gleichen Organisatoren Anfang Mai 2004 einen »Tag der Buße und des Gebets für Afrika« durch, an dem sich schätzungsweise 22 Millionen Christen aus 56 afrikanischen Ländern beteiligten. Am Pfingstsonntag, dem 15. Mai 2005, vereinten sich Christen aus 156 Nationen zum gemeinsamen Gebet. Rick Warren stellte sich den Initiatoren des »Globalen Gebetstags« zur Seite. Gemeinsam traten sie für die Verbreitung der »Geistlichen Kriegführung« mit Hilfe vieler »Gebetszellen« ein. Diese Veranstaltung findet seitdem jährlich statt, um den Dominionismus in allen Ländern der Erde zu verwirklichen.[68]

Anlässlich eines Banketts der »International Coalition of Workplace Ministries« (»Internationalen Koalition der Dienste am Arbeitsplatz«, ICWM) im Oktober 2004 rief Dale Neill, der Präsident der »International Christian Chamber of Commerce« (»Internationalen christlichen Kommerzkammer«), die Kirchen auf, über ihren Auftrag nachzudenken:

---

[67] http://www.gdopusa.com/what-is-the-gdop/story.
[68] http://www.gdopusa.com.

Die Kirche muss über die Botschaft des »Evangeliums der Rettung« hinauswachsen und verstehen, dass nur dann, wenn wir beginnen, die Prinzipien des »Evangeliums des Königreiches« zu implementieren, wir wirklich anfangen werden, Veränderungen im Leben und in den Städten und Nationen festzustellen. In dieser Sache fehlt der Kirche das [richtige] Verständnis [...] Die Kirche muss reifer werden [...][69]

Die Absicht dieses Aufrufs spiegelt sich in einer Publikation des Missionswerks *Disciple Nations Alliance* (»Jünger-Nationen-Allianz«) mit dem Untertitel »Jenseits des Heils« wider:

Gottes Anliegen geht über die Errettung von individuellen Menschen hinaus. Sein Erlösungsplan umschließt das Heilwerden und die Transformation ganzer Nationen [...] Nationen werden in der Nachfolge Jesu unterwiesen, indem die Kirche das unsichtbare Königreich sichtbar macht. Dies geschieht dann, wenn man inmitten der Kultur dem Wort Gottes treu und gehorsam ist – in jedem Gebiet des Lebens und in jedem Bereich der Gesellschaft, einschließlich der Familie, der politischen Gemeinde, der Künste, der Wissenschaften, der Medien, des Gesetzes, der Regierung, der Schulen oder der Firmen [...][70]

Die Verquickung der Geschäftsinteressen internationaler Konzerne mit christlicher Mission ist voll im Gange. In einer am 1. Dezember 2005 veröffentlichten Medienmitteilung der *Regent University* (Pat Robertson) berichtet Ken Miller, dass die »Living Stones Foundation Charitable Trust«, eine Wohltätigkeits-Stiftung von Ken Eldred, mit einer in fünf Jahresraten aufgeteilten Schenkung von einer Million Dollar die Gründung und Förderung eines »Regent University Center for Entrepreneurship« (»Zentrum für Unternehmertum der Re-

---

[69] Ansprache des Präsidenten der »International Christian Chamber of Commerce« zum Anlass der »International Coalition of Workplace Ministries Banquet«, Okt. 2004. Weitere Informationen über die ICCC finden sich unter http://www.icccreg.net/pages.asp?pageid=20404. Diese Organisation scheint einen großen Einfluss auf die Transformation der Geschäftswelt auszuüben. Sie vertritt die irrsinnige Meinung, dass es möglich sei, »auf Erden unter der Reglementierung des Königreichs Gottes im Hier und Jetzt zu leben.«

[70] *Disciple Nations Alliance* (DNA) »Online Course« [Internetkurs]; http://www.disciplenations.org.

gent Universität«, RCE) finanziert.[71] In der Medienmitteilung heißt es weiter:

> Die Mission des RCEs dient dem Zweck, die ökonomische und geistliche Situation benachteiligter Völker der Erde mittels eines kommerziellen, auf christlichen Werten beruhenden Unternehmertums zu verbessern. Seine Zielsetzung ist es, die geistliche, soziale, politische und ökonomische Wiederbelebung von Kommunen, Regionen und Nationen zu unterstützen. [...] RCE wird seinen Anteil an der Förderung der »Geschäftsmissions«-Bewegung [*Business As Mission*] leisten, die Firmen als christliche Werke einrichtet, um Milliarden von Menschen, die in Armut und geistlicher Dunkelheit leben, zu helfen. RCE wird Informationsmaterial über die biblische und historische Grundlage dieser Bewegung veröffentlichen und verteilen. [...] RCE wird auch rigorose akademische Bewertungen der Geschäftspläne und Programme vornehmen, um die effektivsten Projekte zu finden. Erfahrene Investoren, Stiftungen und Regierungsämter bekommen dann Einblicke in die Finanzierungsmöglichkeiten dieser Projekte. [...] Ein drittes Ziel der RCE wird sein, Ausbildungsprogramme, Lehrmaterial und Handbücher zu entwickeln und zu verteilen, die spezifisch auf die Bedürfnisse der Völker und das kulturelle Umfeld zugeschnitten sind. RCE wird mit den Regierungen der Entwicklungsländer kooperieren und sich gegebenenfalls um politische Änderungen bemühen, damit sich neue Firmen und Programme etablieren können. [...] RCE beteiligt sich an Projekten in Sambia, Kenia, Ruanda, Nepal und der Ukraine.[72]

Laut der Webseite *Parakletos*[73] ist Ken Eldred Gründer und Direktor einer mit ungefähr 100 Millionen Dollar dotierten öffentlichen Stiftung mit dem Namen *Living Stones Foundation*[74], die die christliche Wohlfahrt in aller Welt unterstützt. Sein Interesse gilt gemeinnützigen Projekten und Dienstleistungen christlicher Organisationen, denen er als Vorstandsmitglied oder unabhängiger Ratgeber dient. Er

---

[71] http://www.regent.edu/news/eldred_donation_rce.html.
[72] Ebd.
[73] http://www.parakletos.com/ken_eldred.htm.
[74] http://www.lsfoundation.org.

war Empfänger des Hoover-Stipendiats an der *Stanford University*[75] (Stanford, Kalifornien) und ist Vorstandsmitglied im Exekutivkomitee der *Regent University*[76] (Virginia Beach, Virginia). Dr. David Yonggi Cho[77] ernannte ihn ehrenhalber zum Ältesten der *Yoido Full Gospel Church*[78] in Seoul, Südkorea, die die weltgrößte Kirche mit mehr als 750.000 Mitgliedern ist, außerdem leitet Eldred im Silicon Valley, Kalifornien, einen wöchentlichen Bibelkurs für Geschäftsführer, den er vor mehr als zehn Jahren angefangen hat.

Neben einigen einflussreichen Geschäftsleuten und dem Sprecher des Repräsentantenhauses in Washington D.C., J. Dennis Hastert, empfahlen auch bekannte christliche Leiter Eldreds Buch *God is at Work*[79]. Ein enger Mitarbeiter Eldreds ist der Gründer der *The Sentinel Group*, George Otis, Jr.[80], der in seinem sehr populären Video »Transformations«[81] eine radikale Form der geistlichen Kriegsführung und der »Neuen Apostolischen Reformation« befürwortete, um das »Königreich auf Erden« herbeizuführen.[82] Dabei versuchten Eldred und Otis die Vorgabe des »Dreibeinigen Stuhlmodells« des Sozialphilosophen Peter Drucker zu verwirklichen: die Interessen des Staates, der Kirche und der Geschäftswelt werden miteinander verbunden, wie dies aus dem folgenden Zitat ersichtlich wird:

Die *Living Stones Foundation* (LSF) stellt finanzielle Ressourcen zur Verfügung, um Projekte zu fördern, die darauf abzielen, Königreichs-Werke soweit zu unterstützen, bis sie auf eigenen Beinen stehen können; der Erfolg strategischer Finanzierung besteht darin, das Wohl des ganzen Leibes Christi zu mehren. Als maßgeblicher Initiator ist Ken für das Zustandekommen der Transformations-Partnerschaft der *Luis Palau Evangelistic Association*, der *Sentinel Group* und der *CitiReach* verantwortlich. Zusammen mit

[75] http://www.stanford.edu.
[76] http://www.regent.edu.
[77] http://de.wikipedia.org/wiki/David_Yonggi_Cho.
[78] http://english.fgtv.com.
[79] http://www.godisatwork.org/endorsements.html: Bob Buford, Pat Roberston, Ed Silvoso, Luis Palau, Jack Deere, etc.
[80] http://www.glowtorch.org.
[81] http://revivalworks.com; http://www.amazon.com/Transformations-VHS-George-Otis-Jr/dp/1930612001; http://www.youtube.com/watch?v=Exn5YfAXdig.
[82] http://glowtorch.org/JourneytoTransformation/WhatDoesTransformationLookLike/tabid/2567/Default.aspx.

der LSF bieten sie Dienstleistungen an Orten wie Fiji an. [...] Dies ist ein neues und begeisterndes Dienstmodell, das die Kirchenleitung, die Geschäftswelt, die Regierung und das Bildungswesen umschließt und deren diverse Möglichkeiten ausschöpft, um eine kontinuierliche Transformation der Städte und der Nation aufrechtzuerhalten.[83]

In einem Rundschreiben der »International Coalition of Workplace Ministries«[84] (ICWM) wurde auf einen am 5. Januar 2006 stattfindenden »Runden Tisch mit Leitern« des ICWM[85] hingewiesen und ins »Founders Inn« auf dem Campus der *Regent University* in Virginia Beach, Virginia, eingeladen. Das angekündigte Thema dieser Veranstaltung deutete auf das vermeintliche Anliegen der Organisatoren hin, sich stets dafür einzusetzen, dass die gesellschaftlichen Bereiche der Kirche und des Staates nie miteinander verknüpft würden, wie es traditionell in den Vereinigten Staaten seit den Jahren nach der Revolution praktiziert wurde. Dass sich hinter dieser Veranstaltung jedoch mehr verbarg, ja, sogar gerade das Gegenteil dessen angestrebt wurde, was als augenscheinlicher Grund vorgegeben wurde, zeigte sich im Nachhinein recht deutlich. Diese Konferenz diente dem Zweck, mit Hilfe des Transformations-Modells ein Netzwerk von Kirchen und Staatsorganen zu gründen. Aus dem Rundschreiben geht weiter hervor, dass man beabsichtigte, Gläubige an die Zentren der Macht wie »den Obersten Gerichtshof, Time Warner, CNN, das Oval Office, Universitäten, lokale Regierungen und *Fortune 100*-Firmen«[86] zu stellen. Die Organisatoren dieser Veranstaltung schlossen ihren Aufruf mit den zuversichtlichen Worten, dass man bald den Anfang der gesellschaftlichen und kulturellen Veränderung sehen würde.

Der Leiter des Missionswerks *Harvest Evangelism*[87], Ed Silvoso, äußerte in einem Interview Folgendes:

[83] http://www.lsfoundation.org/about. Der englische Text der Selbstdarstellung auf der Webseite der »Living Stones Foundation« wurde mittlerweile etwas modifiziert. Die Kernaussage ist aber die gleiche geblieben.
[84] http://www.marketplaceleaders.org/icwm.
[85] ICWM Workplace Leaders Roundtable; zu Deutsch: »Runder Tisch der Arbeitsplatz-Leiter« der Internationalen Koalition von Arbeitsplatz-Diensten. Der engl. Originaltext des Rundschreibens kann im Internet nicht mehr eingesehen werden.
[86] *Fortune 100*-Firmen sind die einhundert größten Konzerne Amerikas.
[87] http://www.harvestevan.org.

Was wir brauchen, ist eine Veränderung des Herzens. Das Herz der Nation ist der Marktplatz – die Vereinigung der Geschäftswelt, des Bildungswesens und der Regierung, dies sind die drei Arterien, durch die ihr Leben fließt. Wenn wir Gottes Macht und Gegenwart in die Geschäftswelt hineinbringen, werden wir eine Veränderung der Nationen beobachten. [...] Um einen Menschen zu verändern, muss zuerst sein Herz verändert werden. Diese Methode ist natürlich typisch für das Ziel, das Missionsgesellschaften anstreben. Meine Idee ist aber viel radikaler. Städte können in ihrer Beschaffenheit verändert werden. Länder können erlöst werden. Ganze Kulturen können zum »Heil« geführt werden. Das Land selbst kann gesunden.

Und solch eine wundervolle Veränderung wird hauptsächlich über eine Schiene herbeigeführt: Gottes Wirken durch das Geschäftemachen. [...] Das erste Anzeichen einer wahren Erweckung wird sich in der Geschäftswelt einstellen.[88]

John Cragin vertritt die Idee einer »Geschäfts-Missions-Firma«. Seine Äußerungen sind ein gutes Beispiel dafür, wie Peter Druckers Ideologie des »Dreibeinigen Stuhlmodells« die Zielsetzung der christlichen Mission beeinflusste und umformte. Er sagte:

Um ihren Zweck zu erfüllen, muss die »Geschäfts-Missions-Firma« in jene Unternehmungen investieren, die im Einklang stehen mit der Erfüllung des Missionsbefehls und der Präsenz der Firma in strategisch auserlesenen Märkten. Sie muss die Maßstäbe für Evangelisation und Jüngerschulung festlegen, Resultate bewerten und die Effektivität der investierten Dollar auf Grundlage einer Marktanalyse beurteilen. Der Einflussbereich einer Firma und der eines jeden Gruppenmitglieds sind spezifische Marktsegmente, auf die man sich zwecks größter Einflussnahme konzentriert. Jede Sparte der Firma, die nicht den Normen gemäß produziert, wird zurechtgestutzt. Eine Axt wird an die Wurzel der Bereiche gelegt, die nicht produzieren.[89]

---

[88] *Business Reform* Interview with Ed Silvoso of Harvest Evangelism, »The Heart of A Nation,« (01/07/05). Ed Silvoso gehört der »Mission as Transformation« und der »Neuen Apostolischen Reformation« an. Er ist einer der Bahnbrecher globaler Reformen in der Geschäftswelt.

Unter tatkräftiger Beihilfe der kommerzialisierten Missionswerke (engl. *Marketplace Ministries*) schreitet die Ausweitung der geschäftlichen Interessen unaufhaltsam voran. Gegenüber Kritikern wird behauptet, dass eine nachhaltige Wirtschaftsentwicklung (engl. *sustainable development*) und der Freihandel angestrebt werde, ohne darauf hinzuweisen oder sich selbst bewusst zu sein, dass das eine im Gegensatz zum anderen steht. Was die wenigsten wissen: Die Dominionisten benutzen gern Entwicklungsprojekte, um ihre Ziele zu erreichen. Eines der einflussreichsten kommerzialisierten Missionswerke ist *Transform World Connections*[90] mit Sitz in Singapur; es setzt die Ziele des Dominionismus wirkungsvoll um.[91] Firmen stellen für die »christliche Mission« bereitwillig Finanzen zur Verfügung, um sich in der neuen Landschaft des anglo-amerikanischen Neo-Kolonialismus zurechtzufinden.

Momentan zeichnet sich eine explosionsartige Ausweitung der Beziehungen zwischen christlichen Werken, Missionsgesellschaften und internationalen Firmen ab. »Big Business« und die Kirche reichen sich als gleichwertige Partner die Hände, um das »Königreich Gottes« aufzurichten. Diese »Christlichen Werke des Marktplatzes« sprießen überall wie Pilze aus dem Boden.[92] Warum auch nicht, fragt

---

[89] John Cragin, Kap. 15, »The Busines of Missions – The Mission of Business« (»Das Geschäft der Mission – Die Mission des Geschäfts«). Tetsunao Yamamori & Kenneth A. Eldred, eds., *On Kingdom Business: Transforming Missions Through Entrepreneurial Strategies* (Crossway, 2003); zu Deutsch: »Im Auftrag des Königtumsgeschäfts: die Veränderung der Mission durch unternehmerische Strategie«.

[90] http://www.transform-world.net.

[91] »MISSION: *Transform World Connections* unterstützt Gruppen von ›dienenden Katalysatoren‹, die sich in Gottes Missionsauftrag der Transformation engagieren und verbindet sie dazu in beratender Weise mit Menschen und Kommunikationsressourcen. Durch die Motivation der gesamten Kirche soll der Leib ausgerüstet werden, die Nationen durch Gebet und Zusammenarbeit zu segnen, damit alle Nationen erlöst, wiederhergestellt und umgestaltet werden, indem Kulturen zunehmend das Wertesystem des Königreichs Gottes widerspiegeln.« http://www.transform-world.net/new/ContactUs/tabid/83/Default.aspx.

[92] Einige dieser Organisationen sind: Advancing Churches in Missions Commitment – Business as Mission; Bridge Builders International; Business as Mission Resource Centre – Youth With A Mission; Business Professional Network; Centre for Entrepreneurship and Economic Development; Christian Transformation Resource Centre; Christian Missionary Fellowship International; EC Institute; Ethnic International / Ethnic US; Equip; Evangelistic Commerce; Fellowship of Companies for Christ International – Christ@Work; Global Disciples Network – Creative Access Associates; Global Hand; Global Opportunities; IMPACT Center; Integra Venture; Intent; International Christian Chamber of Commerce; InterVarsity Ministry in Daily Life; Jubilee Action; Leaders GIFTS; Marketplace

sich jetzt der eine oder andere. Warum sollte es nachteilig sein, wenn man neben dem Erretten von Seelen auch noch einen enormen Profit einstreicht?

Die Bibel spricht ganz offen über das Hereinbrechen massiver Irrlehren über die Kirche Jesu Christi in der Endzeit, die vor allem daran zu erkennen sind, dass sie unter anderem das Erwirtschaften von Geld mit den Interessen der Kirche verbinden (1. Tim. 6,5.10; Tit. 1,11; 2. Petr. 2,3.14). Zum Beispiel verdeutlicht Offenbarung 18,3.11.15.23 in bemerkenswerter Weise die endzeitliche Verquickung babylonischer Macht- und Geschäftseliten mit spiritueller Verführung. Babylons »Kaufleute waren die Großen der Erde« (Vers 23). Die Sturmwolken einer unheiligen Allianz des Geschäfte machenden Dominionismus scheinen sich über uns zusammenzubrauen. Doch auch ein anderes Bild taucht vor unserem inneren Auge auf: der Peitsche schwingende Jesus, der gleich zweimal, am Anfang und am Ende seines irdischen Dienstes, die Geldwechsler aus dem Tempel hinausjagte (Joh. 2,14-15; Matth. 21,12-17).

Psalm 119, der das Wort Gottes preist, ist wohl der Psalm, der am wenigsten Freunde in neoevangelikalen Kreisen findet. Für Gläubige ist er eine der wunderbarsten Quellen, um gesunde geistliche Nahrung zu schöpfen. In unserer Zeit der geistlichen Verführung müssen Gläubige den Herrn mit ganzem Herzen suchen und sich mit aufrichtigem Begehren alleine auf das Wort Gottes verlassen. In Vers 33 heißt es: »Lehre mich, Herr, den Weg deiner Satzungen, so will ich ihn innehalten bis ans Ende.« Matthew Pooles schreibt in seinem Kommentar dazu: »Dass ich durchhalte und bewahrt bleibe, denn der Abfall vollzieht sich, weil ein richtiges Verständnis fehlt.« In Vers 36 bittet der Psalmist den Herrn, ihm zu helfen, die richtigen Prioritäten zu setzen: »Neige mein Herz deinen Zeugnissen zu und nicht zur Gewinnsucht.« Matthew Poole[93] bemerkt zum Begriff »Gewinnsucht« Folgendes – und in einem gewissen Sinne könnte man darin die Motivation und das Ziel aller marktorientierten Evangelisation sehen:

Leaders; Marketplace Ministries Worldwide; Mennonite Economic Development Associates; OPEN Networkers; Partners Worldwide; Scruples; Strategic Christian Services; Tentmakernet; Tentmakers International Exchange; Transformational Business Network; World Partners.

[93] Matthew Poole, ein englischer Theologe, lebte von 1624–1679. http://www.matthewpoole.net; http://libguides.calvin.edu/content.php?pid=47579&sid=442938.

Zu deinen Zeugnissen, zur Liebe und Ausübung von ihnen. Nicht zur Gewinnsucht, nicht zur ungebührlichen Liebe und dem Begehren nach Reichtum: diese besondere Begierde erwähnt er zum einen deshalb, weil sich diese weit ausgebreitet hat und universal ist, und es gibt kaum einen Menschen, der nicht reich zu sein begehrt, ob nun aufgrund seiner Liebe zum Reichtum oder unter dem Vorspielen falscher Tatsachen oder um dem Stolz zu frönen oder dem Luxus oder irgendeiner anderen Lust, und zum anderen, weil diese Begierde den Zeugnissen Gottes am meisten entgegensteht und am häufigsten den Menschen vom Annehmen und Nutznießen des Wortes Gottes abhält (siehe Matth. 13,22; Luk. 16,14) und ferner, weil diese Begierde am verderblichsten ist, eben die Wurzel allen Übels (1. Tim 6,10) und viel Unheil bei den Fürsten und Regenten anrichtet, wie es bei David der Fall war, und deshalb ihnen besonders verboten wurde (Ex. 28,21).

Wenn man die rosenkreuzerische »Zweite Reformation«[94] mit ihrem Streben nach materiellem Wohlstand, Vereinigung aller Kirchen und der »christlichen« Herrschaft über die Welt ablehnt, kommt man nicht auf den Gedanken, dass das zukünftige »Königreich Gottes« in dieser Zeit der Gnade etwas mit dem Christus der Bibel zu tun hat, noch für ihn durch die Forcierung des Welthandels errichtet wird. Eigentlich hat diese rein menschliche Initiative der »Kirche am Marktplatz« überhaupt nichts mit Christus zu tun, jedoch umso mehr mit dem Zeitgeist des maßlosen Konsums und der Habgier, der sich mittlerweile über weite Strecken der Erde ausgebreitet hat und nun zu einem großen Crescendo ansetzt. Um die Kommerzialisierung der christlichen Mission dennoch als etwas äußerst Wünschenswertes zu rechtfertigen, wendet man sich einer neuen Wissenschaft zu: der Futurologie.

---

[94] Als Urheber der Rosenkreuzer-Bewegung und zugleich als Vorbote der Aufklärung und Vorläufer des Pietismus gilt der protestantische Theologe Johann Valentin Andreae (siehe Wikipedia). »Die ersten Rosenkreuzerschriften wurden 1614 anonym gedruckt. Darin enthalten war eine Übersetzung von Christoph Besold (einem bekannten Professor aus Tübingen und einem Freund von Andreae) des 26. Kapitels [der politischen Satire] *Ragguagli di Parnaso* von Traiano Boccalini (entstanden 1612-1613) mit dem Titel *Allgemeine Generalreformation der ganzen weiten Welt.* Dieses Kapitel ruft zu einer zweiten Reformation und einer neuen Gesellschaft auf Grundlage christlicher Nächstenliebe auf.« http://findarticles.com/p/articles/mi_6979/is_3-4_68/ai_n57398982/; siehe auch http://de.wikipedia.org/wiki/Rosenkreuzer.

Futurologie

Der Dominionismus ist eine Form der »Futurologie«. Befürworter der »Futurologie« glauben, dass der Mensch seine eigene Zukunft gestalten kann. Dieser Glaube setzt voraus, dass der gegenwärtige Zustand der Welt von menschlicher Hand manipuliert werden muss, um die begehrten Veränderungen herbeizuführen. Dieser Typus der »Futurologie« kann kurz und bündig so definiert werden: Die versuchsweise Voraussage und Analyse zukünftiger Ereignisse der menschlichen Geschichte.[1] Hier steckt mehr dahinter, als man auf den ersten Blick erkennen kann. Eine zentrale Vorstellung der Futurologie beruht auf der Idee, dass alternative Realitäten der Zukunft theoretisch entworfen werden können und dass Menschen neue Zukunftsszenarien mittels »Voraussicht« und »Imagination« (engl. *visioning*) tatsächlich materiell hervorbringen können. Man versteht dies sowohl im pragmatischen als auch im esoterischen Sinne.

Im Lauf der vergangenen fünfzig Jahre kamen bei zahlreichen Anlässen auserlesene Philosophen, Wissenschaftler, Soziologen, Psychologen, Volkswirtschaftler, Pastoren, Geschäftsleute und Regierungsbeamte zusammen, um öffentlich über die Zukunft des Planeten zu diskutieren. Alle sahen zukünftige Schreckensszenarien voraus und untermauerten ihre Meinungen mit ihren eigenen Kalkulationen, Spekulationen und politischen Ideologien. Um das mit Angst erwartete Auftreten weltweiter Krisen abzuwenden, begannen diese Führungspersönlichkeiten eine Vielzahl von Fokusgruppen, Konzilen, Konventen, strategischen Planungssitzungen und anderen futurologischen Zusammenkünften einzuberufen. Alle daran beteiligten Interessensgruppen waren darauf bedacht, sich eine ganz neue Zukunft der Menschheit vorzustellen, sie im Einzelnen umzugestalten oder neu zu schaffen. Daraus erwuchsen unzählige Sozialdirektiven, Regierungsprogramme, strategische Pläne und »*vision statements*«. Neoevangelikale Leiter stellten sich

---

[1] Siehe http://de.wikipedia.org/wiki/Futurologie; etwas ausführlicher auf Englisch: http://en.wikipedia.org/wiki/Futurology.

zur Verfügung, um die Rhetorik und Techniken der Futurologen in die Kirchen einzuschleusen.

Alle Zukunftsszenarien teilten das gemeinsame Ideal, dass die Menschen endlich zu einem bis dahin nie erreichten Konsens kommen könnten und Harmonie und Einheit entstehen würden. Die entscheidende Voraussetzung war, dass jeder an der Erfüllung dieser idealistischen Pläne mitarbeiten würde. Die einzigen, die angeblich dem Erscheinen dieser allzu begehrenswerten utopischen Gesellschaft des 21. Jahrhunderts im Wege standen, waren die christlichen Fundamentalisten. Zielstrebig ging man ans Werk, diese »im ewigen Gestern lebenden Leute« zu identifizieren und sie einer Gehirnwäsche zu unterziehen, die man euphemistisch »psychologische Sinnesänderung« nannte.

Marilyn Ferguson[2], die bekannte Esoterikerin und Autorin des Buches *Die sanfte Verschwörung*[3], beschreibt das futurologische Weltbild mit einigen Kernsätzen in ihrem Buch:

Zum ersten Mal in der Geschichte hat die Menschheit die Kontrollhebel der Veränderung in die Hand genommen – und versteht, wie sich die Transformation vollzieht. Wir leben in der Veränderung der Veränderung, der Zeit, in der wir uns absichtlich an der Natur ausrichten können, um uns selbst und unsere zusammenbrechenden Institutionen rapide neu gestalten zu können.

Das Paradigma der »sanften [*aquarian*] Verschwörung« sieht die Menschheit in der Natur eingebettet. Sie fördert das autonome Individuum in einer dezentralisierten Gesellschaft. Sie nimmt uns als Verwalter der inneren wie äußeren Ressourcen wahr. Sie sagt uns, wir seien keine Opfer, keine Bauern, nicht begrenzt durch Umstände und Fremdbestimmung. Als Erben evolutionärer Reichtümer sind wir fähig zu träumen, zu erfinden und zu experimentieren im Blick auf das, was wir bisher nur undeutlich erkannt haben.

---

[2] »Marilyn Ferguson, 70, New Age Author«, *The New York Times*, 5. November 2008; http://query.nytimes.com/gst/fullpage.html?res=9B0CE0DB1E3CF936A35752C1 A96E9C8B63

[3] Marilyn Ferguson, *The Aquarian Conspiracy: Personal and Social Transformation in the 1980s* (Los Angeles: J. P. Tarcher, Inc., 1980); deutscher Titel: *Die sanfte Verschwörung. Persönliche und gesellschaftliche Transformation im Zeitalter des Wassermanns.* (Basel: Sphinx, 1982). http://randomhouse.de/author/ author.jsp?per=183951. Für alle folgenden Zitate wurde der englische Originaltext übersetzt.

Die menschliche Natur ist weder gut noch böse, sondern offen für kontinuierliche Transformation und Transzendenz. Sie muss nur sich selbst entdecken. Die neue Perspektive respektiert die Ökologie aller Dinge: Geburt, Tod, Lernen, Gesundheit, Familie, Arbeit, Wissenschaft, Spiritualität, die Künste, die Gesellschaft, Beziehungen und Politik.[4]

Ferguson war maßgeblich beteiligt an der Verbreitung der modernen New-Age-Bewegung und der ihr zugrunde liegenden Theosophie. Sie schrieb, dass es »Legionen von Konspiratoren« gebe, die zu »Revolutionären« wurden, um die »Gesellschaft zu verändern«. Im ersten Kapitel zitiert sie die Philosophin Beatrice Bruteau[5], die einmal Folgendes gesagt hatte:

Wir können es kaum mehr erwarten, dass die Welt sich verändert [...], dass sich die Zeiten wandeln, damit wir uns mit ihr wandeln, dass die Revolution kommt und uns auf ihrem neuen Kurs mitnimmt. Wir selbst sind die Zukunft. Wir sind die Revolution.[6]

Im gleichen Kapitel schreibt Ferguson über ein »1979 stattgefundenes Symposium über die Zukunft der Menschheit«, das sich besonders für die Ziele eines neuen Zeitalters einsetzt:

Unsere erste große Herausforderung ist, einen Konsens darüber zu schaffen, dass fundamentale Veränderung möglich ist – ein Klima hervorzubringen, einen Rahmen zu schaffen, der die Kräfte integrierbar organisiert und koordiniert, die sich heute bemühen, Wachstum auf scheinbar getrennten Wegen zu erreichen. Wir werden eine unwiderstehlich vibrierende Vision schaffen, ein neues Paradigma für konstruktive menschliche Aktion [...] Bis wir den maßgeblichen Kontext errichtet haben, wird das ganze Gerede über die Strategie bedeutungslos sein.[7]

Dieses mystische Weltbild der Futurologie ist zutiefst antibiblisch. Einige der Grundgedanken, die Ferguson in den oben zitieren

---

[4] Ebd., 29.
[5] http://www.spiritualityandpractice.com/teachers/teachers.php?id=281
[6] Marilyn Ferguson, *The Aquarian Conspiracy*, 24-26.
[7] Ebd., 40.

Passagen zum Ausdruck bringt, lehren die folgenden unbiblischen Konzepte:

1.) Der Mensch kann die Souveränität Gottes umgehen, ausschalten oder durchkreuzen.

2.) Der Mensch kann seine eigene Zukunft bzw. sein eigenes Schicksal in die Hand nehmen.

3.) Der Mensch kann die Zivilisation nach Belieben umgestalten.

4.) Der Mensch ist nicht »böse« (sündig).

5.) Der Mensch ist »integraler Teil der Natur« (in die Natur eingebettet).

6.) Der Mensch kann sich naturgemäß weiterentwickeln und seine gegenwärtigen physischen und geistlichen Grenzen überwinden.

Im Folgenden werden wir aufzeigen, wie sich neoevangelikale Leiter schon Ende der 1970er Jahre einer »futurologischen« Weltanschauung öffneten. Mit Fug und Recht können wir behaupten, dass in der Kirche des Westens schon seit Jahrzehnten ein Paradigmenwechsel stattfindet, der auf die Ergebnisse von zwei Konsultationen evangelikaler Leiter zurückzuführen ist, die 1977 und 1979 stattfanden. Die Wirkung, die die zweite Veranstaltung auslöste, war zweifellos von größerer Bedeutung. Im Buch *An Evangelical Agenda: 1984 and beyond* (»Eine Evangelikale Agenda: 1984 und danach«)[8] sind sämtliche »Ansprachen, Entgegnungen und Szenarien« von führenden Zukunftsprognostikern, Missionsdirektoren und neoevangelikalen Akademikern enthalten, die an dieser »Fortlaufenden Konsultation über zukünftige evangelikale Interessen«[9] teilnahmen.

6.1 »Eine Evangelikale Agenda: 1984 und danach«

Die »Fortlaufende Konsultation über zukünftige evangelikale Interessen« vom 11. bis 14. Dezember 1979 im Overland Park, Kansas,[10]

---

[8] Continuing Consultation on Future Evangelical Concerns (1978: Overland Park, Kan.), *An Evangelical Agenda: 1984 and beyond: Addresses, responses, and scenarios from the Continuing Consultation on Future Evangelical Concerns, held in Overland Park, Kansas, December 11-14, 1979 / sponsored by the Billy Graham Center, Wheaton College* (South Pasadena, Calif.: William Carey Library, 1979); http://isbndb.com/d/book/an_evangelical_agenda_1984_and_beyond.html. Das Buch ist nicht in deutscher Übersetzung erhältlich.

[9] Siehe auch im Anhang S. 269: »Vorträge und Resümees« der Konsultation 1979.

war ein entscheidender Meilenstein auf dem Weg zur bereitwilligen Annahme der Futurologie in christlichen Kreisen. Als Herausgeber des Buches zu dieser Tagung *An Evangelical Agenda: 1984 and beyond* (»Eine Evangelikale Agenda: 1984 und danach«) stellte sich die *William Carey Library* des *U.S. Center for World Mission* zur Verfügung. Das *Billy Graham Center* am *Wheaton College* sicherte sich als Veranstalter der Konsultationen die Urheberrechte am Buch. Die Teilnehmer bemühten sich als erstes, die Gesellschaftskrise angemessen zu beschreiben, um anschließend eine Lösung aus vermeintlich christlicher Sicht anzubieten. Dabei beriefen sie sich auf die standardisierte Methode des Change-Managements (Veränderungsmanagements[11]).

Donald Hoke[12] gab zunächst einen thematischen Überblick, danach hielt Leighton Ford die Hauptrede zum Thema »Auf der Suche nach dem Glauben Noahs«. Die Teilnehmer der Konsultation teilten sich anschließend in sieben Gruppen auf. Es wurden Aufsätze und Abhandlungen vorgetragen, über die ein zuvor bestimmter Teilnehmer anschließend eine kurze Rückmeldung gab. Im Vorwort des Buches wird vermerkt, dass diese Antworten nur die wichtigsten Punkte der Vorträge zusammenfassen sollten. Man gab niemandem die Gelegenheit, den Inhalt der kontroversen, ja, zum Teil mit Irrlehren behafteten Aussagen zu hinterfragen. Einige Teilnehmer riefen lediglich zur Vorsicht auf.

Hudson Armerding[13], Vorsitzender der Konsultation und damalige Rektor des *Wheaton College*, deutete in seinem Vorwort auf die gesellschaftliche Krise hin, in der sich die Welt gegen Ende des 20. Jahrhunderts befand. Seine alarmierenden Begriffe machen deutlich, dass er bereits von der wild wuchernden, futurologischen Rhetorik der chaotischen 1970er Jahre infiziert war:

Unser Zeitalter zeichnet sich durch eine wachsende Verunsicherung hinsichtlich der Zukunft aus. Ebenso machen sich auftürmende Ängste persönlicher wie gesellschaftlicher Art bemerkbar. Fragen, wie wir einen nuklearen Holocaust, [...] massive Energieverknappungen, eine weltweite Finanzkrise [...] oder einen überbevölkerten Planeten überleben, werden gestellt.[14]

---

[10] Auf Englisch: »Continuing Consultation on Future Evangelical Concerns«.
[11] http://de.wikipedia.org/wiki/Veränderungsmanagement.
[12] http://www2.wheaton.edu/bgc/archives/memorial/Hoke/DEH02.htm.
[13] http://a2z.my.wheaton.edu/college-presidents/hudson-t--armerding.

Armerding machte die Christen darauf aufmerksam, dass diese Zukunft nichts Gutes bereithielt. Die Christen müssten in einer Gesellschaft mit unterschiedlichen moralischen Ansichten leben. Es bestünde die hohe Wahrscheinlichkeit in einer dem Evangelium feindselig gegenüberstehenden Welt abgelehnt oder sogar verfolgt zu werden. Armerding schlug eine Lösung vor, die im Einklang mit dem Programm der Neoevangelikalen seit den späten 1940er Jahren stand. Der Neoevangelikalismus hatte es schon lange aufgegeben, sich abzugrenzen (Separatismus) und sich allein auf das Wort Gottes zu berufen (Fundamentalismus). Stattdessen suchte man den »Dialog« mit Vertretern aus der Gesellschaft:

> Die Konsultation, die in diesem Buch beschrieben wird, sucht eine Perspektive zu entwickeln, die realistisch, nicht naiv optimistisch oder hoffnungslos pessimistisch ist. Ein Empfinden der Dringlichkeit und ein Gespür für die Wahrheit waren offensichtlich [...] Der wirkliche Test der Effektivität dieser Konsultation liegt in dem Unterschied, den sie in der christlichen Gemeinschaft in der Zukunft herbeiführen wird [...] Wir vertrauen darauf, dass [diese Konsultation] die Vision des Volkes Gottes vergrößert und es befähigt, in diesen kritischen Tagen eine noch effektivere Verwaltung von Zeit und Möglichkeiten auszuüben.[15]

Um einer möglichen Ablehnung oder Verfolgung zu entgehen – Unannehmlichkeiten, die sicherlich im Bereich des Möglichen standen –, tauschten die Neoevangelikalen die Gewissheit zukünftiger Ereignisse aufgrund biblischer Prophetie gegen das optimistische Fantasiegebilde eines neuen Zeitalter aus, wie es in den Lehren der Theosophin Alice Bailey angekündigt wird. Sie wählten bewusst eine luziferische Lösung in ihrem futurologischen Denken, das von irrationaler Angst erfüllt war. Durch die Zusammenarbeit mit heidnischen Theosophen, die durch Meditation über Gott den Sinn des Weltgeschehens erkennen wollen, strebten die Neoevangelikalen einen Synergieeffekt an, damit sie beim Aufbau einer Neuen Weltordnung mitwirken konnten. Die Konsultation brachte nicht nur linksgerichtete Dominionisten in das Lager der Neoevangelikalen, sondern gab

---

[14] *An Evangelical Agenda: 1984 and beyond*, vii.
[15] Ebd., vii-viii.

dem führenden Theosophen seiner Zeit, Willis Harman, eine Plattform, seine Zukunftsvisionen den Christen darzulegen. Der Astronaut Edgar Mitchell[16] lud Willis Harman 1977 ein, die Leitung des parawissenschaftlichen und esoterischen »Instituts für Noetische Wissenschaft« (*Institute of Noetic Sciences*)[17] zu übernehmen. Dort übte Harmann bis kurz vor seinem Tod im Jahr 1996 das Amt des Präsidenten aus. Diese Organisation widmete sich der Aufgabe, einen paradigmatischen Wechsel im Wissenschaftsverständnis herbeizuführen. Sie setzte sich zum Ziel, die Parapsychologie in Gelehrtenkreisen so zu etablieren, als wäre sie eine anerkannte und in ihren Ergebnissen verlässliche Naturwissenschaft. Nur so meinte Harman den Okkultismus kulturfähig machen zu können.

Dass Harman Direktor des »Instituts für Noetische Wissenschaft« war, wurde in der Auflistung seiner Tätigkeiten in dem Buch *An Evangelical Agenda: 1984 and beyond* nicht erwähnt. Verheimlichten die Organisatoren der Konsultation bewusst den direkten Bezug zu Harmans kontroverser Aktivität in der New-Age-Bewegung? Die offizielle Darstellung des »Instituts für Noetische Wissenschaft« wäre manchen Lesern des Buches sicherlich suspekt vorgekommen, wäre ihnen folgende Information bekannt gewesen:

> [Das Institut] fördert Forschung und Bildung in den noetischen Wissenschaften und in dem Bereich des menschlichen Bewusstseins. (Noetische Wissenschaft umfasst verschiedene Möglichkeiten des Erkennens, inklusive des intellektuellen, sinnlich wahrgenommenen und intuitiven Erkennens.) [Das Institut] sucht die Erkenntnis der Natur und die Fähigkeiten des Sinnes [engl. *mind*] und des Bewusstseins zu vergrößern und diese Erkenntnis in der Verbesserung der menschlichen Wohlfahrt und der Lebensqualität anzuwenden. [Das Institut] ermutig wissenschaftliche Forschung über die Korrelation von Sinn und Körper [und] bietet ein Netzwerk der Kommunikation und des Diskurses zwischen Wissenschaftlern und Gelehrten an.[18]

---

[16] http://www.edmitchellapollo14.com; http://de.wikipedia.org/wiki/Edgar_Mitchell.
[17] http://www.noetic.org; http://de.wikipedia.org/wiki/Institute_of_Noetic_Sciences. »Noetisch« bedeutet hier »sinnlich wahrnehmbar« bzw. »intuitiv erkennbar« und darf in diesem Zusammenhang nicht mit demselben Begriff aus der christlichen Seelsorge verwechselt werden.
[18] *Encyclopedia of Associations*, 36. Aufl., 2000.

Nicht alles, was als »Bildung« und »Wissenschaft« bezeichnet wird, entspricht auch der Wahrheit. Dies betrifft besonders die Hinweise auf den »Sinn« [engl. *mind*]. Wenn im Zusammenhang der New-Age-Bewegung vom »Sinn« gesprochen wird, meint man nicht den Verstand, sondern den Geist des Menschen (das religiöse »Organ«). Constance Cumbey[19], eine Anwältin aus Michigan, die die Evangelikalen als erste über die Gefahren der New-Age-Bewegung aufklärte, schrieb:

[Willis] Harmans Einfluss innerhalb der New-Age-Bewegung ist praktisch grenzenlos. Seine Tätigkeiten reichen von der Direktion der mit Geldern der von der *Kettering Foundation* finanzierten Studie »Changing Images of Man« [»Wechselnde Vorstellungen über den Menschen«] bis zur Präsidentschaft des *Institute of Noetic Sciences*. Der ehemalige Astronaut Edgar Mitchell übertrug Harman die Leitung des von ihm gegründeten Instituts. Marilyn Ferguson nahm die Studie *Changing Images of Man* als Grundlage ihres populären Bestsellers *Die sanfte Verschwörung*. Harman beeinflusste auch maßgeblich den notorischen und angsterregenden Bericht *Global 2000* für den amerikanischen Präsidenten Jimmy Carter. Darüber hinaus ist Harman Mitglied der »Planetary Citizens / Planetary Initiative« [»Planetarische Bürger / Planetarische Initiative«], wie auch einer ihrer konstitutiven Organisationen: der *United States Association for the Club of Rome*. Die Mitgliedschaft in dieser Organisation ist strikt limitiert.[20]

Cumbey bemühte sich Anfang der 1980er Jahre, auf den steigenden Einfluss der Theosophen wie Harman in Gesellschaft und Kirche hinzuweisen. Zu jener Zeit war sie die einzige Person, die auf die Gefahren einer Unterwanderung der Kirchen durch New-Age-Denken hinwies und stieß eigenen Angaben zufolge auf harten Widerstand von Seiten neoevangelikaler Leiter. In ihrem Bestseller *Die sanfte Verführung* schrieb sie:

1975 war ein besonderes Jahr für die New-Age-Bewegung. Ihren Anhängern wurde in jenem Jahr von der mittlerweile verstor-

---

[19] http://cumbey.blogspot.com; http://en.wikipedia.org/wiki/Constance_Cumbey
[20] Constance Cumbey, *A Planned Deception* (East Detroit, MI: Pointe Publ., 1986) 39.

benen Alice Bailey erlaubt, an die Öffentlichkeit zu treten und
die New-Age-Botschaft der Welt zu verkünden. Sie befolgten
den Aufruf mit entsprechender *joie de vivre* [d.h. Lebensfreude].
[David] Spangler, Mark Satin und eine Menge anderer New-Age-
Persönlichkeiten und Organisationen lancieren ihr öffentliches
Auftreten.[21]
 New-Age-Befürworter empfangen oft eine Vision von über-
wältigender Schönheit und Herrlichkeit; so glauben sie, diese
zumindest erfahren zu haben. Aufgrund der Großartigkeit dieses
Erlebens meinen sie, mit Gott in Kontakt gekommen zu sein. Gott
wusste, dass wir in diesem Bereich anfällig sind. Deshalb gab er
seinem Volk den weisen Rat, sich nicht mit okkulten Praktiken
einzulassen. Verführung ist das Spiel Satans seit dem Garten
Eden gewesen, und heute ist es nicht anders. Uns wird gesagt, dass
der Antichrist mit großen Zeichen und Wundern auftreten wird –
groß genug, um die Auserwählten zu betören, falls dies möglich
wäre. Viele Pastoren gehören zu denjenigen, die sich oft auf New-
Age-Psychotechnologien einlassen, weil sie die deutlichen Lehren
der Bibel missachten. Sie sind schon Opfer der Verführung lange
vor dem kommenden großen Finale.[22]

Auf der 1979 veranstalteten »Fortlaufenden Konsultation über zukünftige evangelikale Interessen« hielt Willis Harman einen Vortrag
zum Thema »Eine utopische Perspektive der Zukunft«, in dem er eine konzeptionelle Ausweitung der Naturwissenschaft befürwortete,
die die Esoterik einschließt. Die bislang eingenommene rationalisti-
sche Position der Wissenschaftler, die allein auf den Verstand setzt,
sei für viele Zeitgenossen fragwürdig geworden. Die *Evangelikale
Agenda: 1984 und danach* spiegelt seine Gedanken wider:

Bereiche, die einmal tabu waren – im besonderen Schlaf und Träume, Kreativität, Hypnose, unterbewusste Prozesse, psychosoma-
tische Krankheitstheorien und Psychokinese – werden mit neuer
Wissbegier erforscht. Veränderte Bewusstseinszustände, die traditionell mit solchen Begriffen wie Meditation, Kontemplation und

---

[21] Constance Cumbey, *The Hidden Dangers of the Rainbow* (Shreveport, Louisiana: Huntington House Publishers; Revised Edition edition, 1 October 1985) 52-53. Deutsche Ausgabe: *Die sanfte Verführung* (Aßlar: Schulte & Gerth, 1987).
[22] Ebd., 174. http://www.archive.org/details/HiddenDangersOfTheRainbow

»der Gnade des inwendigen Gebets« in Beziehung gebracht wurden, werden mit Hilfe des »Biofeedback Trainings« und anderer Methoden empirisch untersucht.[23]

Harmans Anliegen war, rationale Kriterien und Methoden der Naturwissenschaft mit irrationalen Prinzipien einer subjektiven Betrachtungsweise zu ergänzen. Der vergrößerte Rahmen anerkannter Wissenschaftlichkeit sollte nicht nur »Humanwissenschaften« wie Psychologie und Soziologie einschließen, sondern auch und besonders die Parapsychologie. Harman machte konkrete Vorschläge zu »repräsentativen Modellen« der Bewusstseinsforschung, die ihm als annehmbar erscheinen:

Das unbewusste Wissen ist viel umfangreicher als gewöhnlich angenommen wird und beinhaltet nicht nur alle möglichen Erkenntnisse der »unfreiwilligen« Körperprozesse, die kraft des »Biofeedbacks« ans Licht gebracht werden, sondern auch unbewusste Einsichten in die verschiedenen Bereiche parapsychologischer Phänomene.

Da das Unbewusste in unseren mentalen Prozessen überwiegt, sind Kräfte verfügbar, die mit Ahnungen, Bildern und Suggestionen verbunden sind.

Die Geisteskraft dominiert letztlich über biologische Prozesse.

Die Geisteskraft überbrückt Zeit und Raum (dies kann mittels »Fernsicht« und Vorahnung bewiesen werden). [...]

Die Geisteskraft beherrscht letztlich die physische Welt. Die Psychokinese liefert dazu den Beweis.

Somit erweisen sich die Argumente als ungültig, die eine frühere Generation von Wissenschaftlern ins Feld führte, um fundamentale Religionslehren für imaginär zu erklären.

Deshalb werden wir dazu ermutigt, nachzudenken über die Möglichkeit des Findens einer Lebensbedeutung, über transzendente Zielsetzungen des Einzelnen und der Gesellschaft und über die Bedeutsamkeit des Verlustes der eigenen Geisteskraft, wie auch über Geburt und Leben.[24]

Die so genannte »Wissenschaft des Geistes« ist nichts anderes als ei-

---

[23] *An Evangelical Agenda: 1984 und beyond*, 35.
[24] Ebd., 35-36.

ne Auflistung mystischer New-Age-Methoden, die in den 1960er Jahren die westliche Welt überfluteten. Eine große Anzahl Gurus und Sekten ist seitdem in Europa und Amerika ansässig geworden, um ihre neuen Wege der okkulten Wirklichkeitswahrnehmung bekannt zu machen. Es genügt, nur einige zu nennen: Außersinnliche Wahrnehmung (ESP), Transzendentale Meditation, veränderter Bewusstseinszustand, Drogen-induzierte (LSD) Halluzinationen, Psycho-Technologien und Visualisierung. Marilyn Ferguson beschreibt eine »offene Verschwörung unter den Wissenschaftlern, die metaphysische Wirklichkeiten entdeckt haben [...] Sie stellen eine Bruderschaft der Zerstörer von Paradigmen dar, die in die [wissenschaftlichen] Territorien anderer einbrechen, um neue Einsichten zu gewinnen.«[25]

Willis Harman führte die evangelikalen Teilnehmer der »Konsultation über zukünftige evangelikale Interessen« in seine neue Wissenschaft der »Parapsychologie« ein. Um seiner Aufforderung, dieses neue religiöse Paradigma anzunehmen, größeren Nachdruck zu verleihen, sagte er:

Die Wissenschaft wird uns das nötige Wissen geben. Die moderne Gesellschaft wird dank ihrer Wissenschafts- und Technologieentwicklung wahre Kunststücke vollbringen, von denen andere Gesellschaften nur träumen konnten. Doch in puncto Leitwerte und Endziele herrscht immer noch Verwirrung. Die tiefgründigsten Werte und weitreichendsten Ambitionen der Gesellschaften aller Zeiten leiteten sich von tiefen, inneren Einsichten einiger Personengruppen ab – vor allem religiöser Führer, Propheten, Mystiker und Dichter-Philosophen. In einigen visionären Kulturen war es sogar die Mehrheit der erwachsenen Bevölkerung. Das am meisten benötigte Wissen scheint eine Art systematisches Erfassen der inneren Einsichten zu sein, die in der Welt vorhanden sind; die zu erfüllende Bedingung ist nur, dass sie öffentlich für gültig erklärt und weit verbreitet werden, um die Gesellschaft in ihren wichtigen Entscheidungen zu leiten. Doch das offizielle System der Wissensaneignung in der modernen Gesellschaft – die akademische Wissenschaft – tendiert dazu, a priori anzunehmen, dass das sterbliche Gehirn sich diese Erfahrungen am Ende als unwirkliche Phänomene erklärt (beziehungsweise sie wegdiskutiert).

---

[25] Marilyn Ferguson, *The Aquarian Conspiracy*, 152.

Phänomene dieser Art wurden immer aus dem Bereich der empirischen Forschung ausgeschlossen. Die vorherrschende Meinung im westlichen Kulturkreis erklärte die Systematisierung und Konsensbildung der inneren Weisheit für unausführbar.[26]

Willis Harman sprach sich auch für die Gültigkeit der »subjektiven Erfahrung« in der menschlichen Psyche aus, die Gegenstand der wissenschaftlichen Forschung werden könnte. Die Parapsychologie befände sich auf der Suche nach Wahrheit, die sich auf empirische Fakten stützt und deren Gültigkeitsanspruch öffentlich nachprüfbar ist.

Harman forderte die leitenden Neoevangelikalen auf der Konsultation in Kansas auf, den – wie ihm schien – unzeitgemäßen »Krieg zwischen Wissenschaft und Religion« zu überdenken:

Diese neue »noetische« Wissenschaft würde den scheinbaren Widerspruch zwischen dem experimentellen Erkennen der Hindus, Moslems und Christen beseitigen. Zum ersten Mal in der Geschichte nehmen wir eine Menge empirisch nachprüfbarer Erfahrungen über das Innenleben des Menschen in Augenschein, deren Erforschung mittels steigender finanzieller Zuwendungen vorangetrieben wird – dies beträfe besonders die »ewige Weisheit«[27] der großen religiösen Traditionen und der gnostischen Gruppen. Es bestünde zum ersten Mal die Hoffnung, dass dieses geheime Wissen weder geht im Prozess der Dogmatisierung und Institutionalisierung erneut verloren noch zu einer der vielen Variationen des Sektierertums und Okkultismus degeneriert, sondern ein lebendiges Erbe der ganzen Menschheit wird.[28]

In einer Fußnote wird erklärt, dass das Wort »noetisch« den gleichen sprachlichen Ursprung hat wie die Worte Gnosis, Diagnose, Agnostiker und Erkenntnis; es beziehe sich auf das intuitive Erkennen. William James verwendete diesen Begriff in *The Varieties of Religious Experience: A Study in Human Nature*[29] (»Die Varianten religiöser

[26] *An Evangelical Agenda: 1984 und beyond*, 33.
[27] Auf Englisch: »perennial wisdom«; ein Synonym für Mystizismus.
[28] *An Evangelical Agenda: 1984 und beyond*, 37.
[29] William James, *The Varieties of Religious Experience: A Study in Human Nature*

Erfahrung: eine Studie der menschlichen Natur«), um den Mystizismus zu definieren.

Der lehrmäßige Kern des Gnostizismus ist grundsätzlich eine Form des religiösen und philosophischen Mystizismus. Im ersten und zweiten Jahrhundert verbreiteten ihn bestimmte Mysterienkulte und einige frühchristliche Sekten. Die ersten Kirchenväter bekämpften den Gnostizismus vehement als Irrlehre. Seine Befürworter nannte man Gnostiker. Das Wort »Gnosis« leitet sich von den griechischen Begriffen *gnostiko* oder *gnosis* ab (innere mystische Erkenntnis). Gnostiker glauben, dass die subjektive Erkenntnis (»Gnosis«), die im Verstand oder in den Gefühlen fassbar ist, der göttliche Funke in jedem Menschen sei, der entdeckt werden müsse, um als solcher erkannt zu werden. Sie glauben, dass der göttliche Funke ursprünglich aus dem »Bereich des Lichts« kommt und in der menschlichen Seele wohnt, wo ihn das Fleisch, ein Produkt der Dämonen, gefangen hält. Als einziger Ausweg biete sich dem göttlichen Funken die im Inneren des Geistes erfahrbare »Offenbarungserkenntnis« an. Gnostiker glauben, dass man nur dann das wahre Ich erkennen könne, wenn der unbewusste Geist im Menschen dank einer aus dem Lichtbereich kommenden Offenbarung erwacht – und den Gott im Innern erkennt.

In seinem Buch *Die neue religiöse Welle* warnte Francis Schaeffer[30] die Evangelikalen seiner Zeit vor dem eindringenden Gnostizismus:

Wir müssen unbedingt wieder über die neue platonische Super-Spiritualität sprechen, denn [dort, wo man sich ihr öffnet,] schwächt sie das volle biblische Christentum [...] Eines ihrer Merkmale zeigt sich in der falschen Auslegung von 1. Korinther 1 und 2 [...] Die Passage in 1. Korinther lehnt den rudimentären Gnostizismus (eines durch die Erkenntnis vermittelten Heils) und die weltliche Weisheit (humanistisch oder rationalistisch) im Gegensatz zur Erkenntnis, die uns Gott offenbart hat, ab. Paulus verwirft sowohl den autonomen Intellektualismus als auch die

(Cambridge, MA: Harvard University, 1902). http://en.wikipedia.org/wiki/The_Varieties_of_Religious_Experience.
[30] http://de.wikipedia.org/wiki/Francis_Schaeffer; http://www.covenantseminary.edu/academics/institutesinitiatives/francisaschaefferinstitute/; http://www.schaeffer fellows.org/schaefferfellows/Home.html.

autonome Kontemplation. Anders gesagt, es ist die autonome humanistische Weisheit, die der Offenbarung [Gottes], welche hier gemeint ist, gegenübersteht.[31]

Bemerkenswert ist, dass es Willis Harman erlaubt wurde, den leitenden Neoevangelikalen eine alternative Zukunft anzupreisen, die ausgerechnet auf dem Gnostizismus basierte, ohne dabei auf ernsthaften Widerstand zu stoßen. Dass dies möglich war, lag an der bewussten Ausklammerung der Möglichkeit einer Debatte unter den Teilnehmern der »Konsultation«. Der äußere Rahmen dieser Veranstaltung war von den Organisatoren so geschickt gewählt, dass es den anderen unmöglich war, eine gegenteilige Meinung zu bekunden.

Der damalige zweite Vorstandsvorsitzende des *Dallas Theological Seminary*, William Garrison, begnügte sich damit, sich an den vorgegebenen Leitlinien zu orientieren und meldete im Hinblick auf Harmans Vortrag nur wenige Bedenken an. Warnend fügte er seiner Erwiderung allerdings noch hinzu, dass

[...] wir mit Dr. Harmans utopischen und optimistischen Ansichten nicht übereinstimmen können, weil er das Christentum nur als Teil einer großen Synthese ansieht [...] Wir sollten davon ausgehen, dass die Synthese, wie sie Dr. Harman darlegt, eintreffen wird. Doch das Christentum wird in dem Maße synkretistisch, wie es sich daran beteiligt und seine besondere und exklusive Betonung aufgibt, Männer und Frauen zu dem lebendigen Gott zu führen.[32]

Die vorgegebenen Umgangsregeln darüber, wie man sich während der Konsultation den Referenten gegenüber zu verhalten habe, stützten sich nicht auf das Prinzip der »Höflichkeit«, sondern auf psychosoziale Techniken der Gruppenmanipulation. Man übte bewusst Gruppenzwang aus, um sicherzustellen, dass es zu keiner Debatte kommen würde. In den folgenden Jahrzehnten sollte diese höchst

---

[31] Francis A. Schaeffer, *The New Super-Spirituality* (Wheaton, IL: Crossway, 1972). Auf Deutsch erschienen unter dem Titel *Die neue religiöse Welle* (Neuhausen: Hänssler, 1975). Das Zitat ist folgender Ausgabe entnommen: *The Complete Works of Francis A. Schaeffer: A Christian Worldview*, 2nd edition, Volume 3: *A Christian View of Spirituality* (Wheaton, IL: Crossway, 1982) 391-392. Die Passage wurde aus dem englischen Original übersetzt.

[32] *An Evangelical Agenda: 1984 und beyond*, 40-41.

zweifelhafte Vorgehensweise bei manch anderen wichtigen Konsultationen zur Regel werden. Aufgrund des Fehlens einer effektiven Opposition von Seiten der evangelikalen Leitung konnte sich Willis Harmans virulente Religionsvermischung seitdem in »emergenten« Theologien einnisten. Vielerorts wird sie nun von führenden Evangelikalen verbreitet.

Diese Konsultation von Kansas sollte sich 1979 als ein markanter Umbruch in der Geschichte des Neoevangelikalismus erweisen. Eine Basis für die Bekanntmachung neuer Strategien und Lehren wurde gelegt, die den Gang der Dinge innerhalb der westlichen Christenheit in den nächsten drei Jahrzehnten nachhaltig prägen sollte. Die Neoevangelikalen schauen auf diese Schlüsseljahre mit Stolz zurück. Als eine sich vom Fundamentalismus abspaltende Randgruppe wuchs sie in jener Zeit zu einer mächtigen Bewegung an und begann die amerikanische Gesellschaft, Politik und Kultur zu beeinflussen.

Willis Harmans Vortrag über die Perspektive einer utopischen Zukunft war die Initialzündung zu einer folgenschweren Entwicklung. Sie diente den Theosophen als Startrampe, um massiv in die evangelikale Kirche einzudringen. Eine auf enge Zusammenarbeit angelegte Beziehung zwischen New-Age-Befürwortern und Christen wurde damals angeregt. Zum ersten Mal traten führende Vertreter des modernen Evangelikalismus an die Öffentlichkeit, um ihre Absicht zu bekunden, auf die Ratschläge leitender Repräsentanten der esoterischen Szene zu hören. Die Tür zur Verwirklichung einer gemeinsamen Zukunftsvision wurde aufgestoßen.

Das rapide Anwachsen und die breite Akzeptanz eines mystischen Neoevangelikalismus in der heutigen Zeit ist das Ergebnis des gnostischen Sauerteigs, den Willis Harman einer einflussreichen Gruppe von Neoevangelikalen, die sich 1979 Gedanken über die Zukunft des Christentums machte, untergeschoben hat.

»Metanoia« [griechisch für »Sinnesänderung«] ist ein Lieblingswort der Theosophen. Die weltberühmte New-Age-Schlüsselperson Barbara Marx Hubbard[33] verwendet den Begriff ebenfalls – genau wie Willis Harman und Leonard Sweet[34] – nur mit einer zusätzlichen

---

[33] http://www.barbaramarxhubbard.com/con/; http://www.barbaramarxhubbard.com/con/node/2.

[34] http://www.leonardsweet.com; Leonard Sweet, *Quantum Spirituality* (Dayton, Ohio: Whaleprints, 1991) 93: »Energie-Feuer-Erfahrungen führen uns nur darum in uns selbst, damit wir uns aus uns heraus erstrecken können. Metanoia ist

Bedeutung. Hubbard bedient sich dieses Wortes im Zusammenhang mit dem Aufbau einer alternativen Zukunft für die Menschheit. Vor ein paar Jahren schrieb sie ein Buch über die Vision, wie sie sich »Harmagedon« vorstellt. In *The Revelation: A Message of Hope for the New Millennium* (»Die Offenbarung: eine Hoffnungsbotschaft für das neue Millennium«) wird das dramatisch geschilderte Endgericht Gottes in der Offenbarung Jesu Christi (Offb. 16), wie es der Apostel Johannes niedergeschrieben hat, zu einem »Planetarischen Pfingsten« umgedeutet:

> Dank dieser Erfahrung werden alle Menschen in einem Augenblick verändert werden. Sie stellt eine »Metanoia« der Massen dar, eine spirituelle Erfahrung der menschlichen Rasse, an der jeder teilhaben wird, ein friedvolles Zweites Kommen des Göttlichen in uns [...][35]
> Harmagedon ist, meine herzlich Geliebten, ein schreckliches Drehbuch, das du und ich jetzt neu schreiben werden.[36]
> In Bezug auf diese Frage befinden wir uns in der Schwebe: Entweder stehen wir am Rand einer Zerstörung, die größer sein wird, als sie die Welt je gesehen hat – einer Zerstörung, die den Planeten Erde für immer verunstalten wird und nur wenigen den Freiraum lässt, um weitermachen zu können – oder an der Schwelle zu einer globalen, gemeinsam initiierten Schöpfung, die jedem auf Erden lebenden Menschen deshalb attraktiv erscheinen wird, weil er sich an seiner Evolution zur Göttlichkeit beteiligen kann.[37]

Die Relevanz dieser aus Barbara Marx Hubbards Buch entnommenen Zitate besteht darin, dass der 1979 gehaltenen Vortrag von Willis Harman vor einer Gruppe führender Neoevangelikaler bedeutsame Elemente enthielt, die Hubbards esoterischem Weltbild entnommen waren. Es ist nahezu unmöglich zu entscheiden, was mehr überrascht:

eine de-zentrierende Erfahrung der Verbundenheit und Gemeinschaft. Sie ist keine Übung des Rezitierens dessen, was Jesus letztlich für mich getan hat. Energie-Feuer-Ekstase ist eher etwas Beschwingendes als etwas Ausschweifendes und führt uns buchstäblich aus uns selbst heraus. Das ist die Bedeutung des Wortes ›ekstatisch‹.«

[35] Barbara Marx Hubbard, *The Revelation: A Message of Hope for the New Millennium* (Nataraj Publishing, ²1995) 324.

[36] Ebd., 204.

[37] Ebd., 174.

die Kaltschnäuzigkeit von einflussreichen New-Age-Theosophen, mit
der sie sich in den vergangenen Jahrzehnten bei führenden Evangelikalen Gehör verschafft haben, oder die Naivität der letzteren, die
sich von selbstbekennenden Esoterikern vorbehaltlos beraten ließen.
Anstatt sich bewusst zu werden, wie entgegengesetzt das Gottesver-
ständnis der New-Age-Bewegung und des Christentums ist, verstärk-
ten die Neoevangelikalen sogar seit dem 11. September 2001 ihre
Zusammenarbeit mit Vertretern der Theosophie um ein Vielfaches.
Schließlich möchte man ein gemeinsames Unternehmen zum erfolgreichen Abschluss führen: die Einrichtung einer »Weltagentur der
Spiritualität«.

6.2 Weltagentur der Spiritualität

Jay Gary gehört dem »World Network of Religious Futurists« (»Weltweiten Netzwerk religiöser Futurologen«) an, einer einflussreichen
Organisation mit theosophischer Grundausrichtung.[38] Wie kaum
einem anderen ist es ihm gelungen, neue Theologien zu formulieren,
die begierig von neoevangelikalen Missiologen aufgegriffen und verbreitet werden. Einer dieser einflussreichen Missiologen war bis zu
seinem Tod Ralph Winter, ein Plenarredner auf dem Lausanner Kongress 1974, Professor der Missiologie am *Fuller Theological Seminary*
und Gründer des *U.S. Center for World Mission* (»US-Zentrums für
Weltmission«) in Pasadena, Kalifornien. Gary war für die Abfassung
des von Ralph Winters *U.S. Center for World Mission* herausgegebenen »Perspective-Handbuchs«[39] verantwortlich, das in der Unterweisung einer ganzen Generation von Missionaren in den neuen Theologien und Methoden verwendet wurde. Von 1986 bis 1989 war Gary
Konferenzplaner der Lausanner Bewegung. Vor 1986 arbeitete er als
Pastor für Studenten, Missiologe und Redakteur des *Bimillennial Research Report* (»Forschungsbericht des zweiten Jahrtausends«), einer
von ihm selbst herausgegebenen Zeitschrift.[40]

---

[38] Siehe http://www.wnrf.org/cms/associates.shtml und http://www.wnrf.org/cms/
faq.shtml.
[39] Jay Gary, »Perspectives Marks 30th Anniversary«; http://www.jaygary.com/
perspectives_30thanniversary.shtml; Perspectives Study Program, Institute of
International Studies, 1982-1986: *Perspective on the World Christian Movement: A
Reader*; http://www.perspectives.org; http://www.regent.edu/acad/global/faculty/
gary/home.cfm.
[40] http://www.regent.edu/acad/global/faculty/gary/home.cfm.

Gary verbirgt seinen Dominionismus hinter der Rhetorik der Futurologie. Er ist dafür bekannt, regen Gedankenaustausch zwischen
Theosophen und Christen zu fördern. Sein Anliegen ist, als Professor
für »Strategic Foresight« (»Strategische Voraussicht«) an Pat Robert-
sons *Regent University* die Futurologie unter den Christen Amerikas
zu verbreiten.

Gegen Ende der 1990er Jahre machte sich Jay Gary einen Namen
durch die Veröffentlichung seines Buches *The Star of 2000*.[41] Die
christliche Öffentlichkeit in Amerika wurde auf dieses Buch aufmerksam, als bekannte Evangelikale es über Radio und Fernsehen
ihren Zuhörern aufs Wärmste empfahlen.

Gary lud die prominente New-Age-Schlüsselfigur Robert Muller, den langjährigen Vize-Generalsekretärs der Vereinten Natio-
nen, ein, Ratgeber seiner dem äußeren Anschein nach christlichen
Organisation zu sein.[42] Zudem empfahl Gary in der Ausgabe vom
März/April 1992 des *Bimillennial Research Report* öffentlich ein von
Muller geschriebenes Buch. Eine darin veröffentlichte »Bimillennial
Book List« (»Buchliste der zwei Jahrtausende«) enthielt auch Mullers Buch *Die Geburt einer globalen Zivilisation*.[43] Um das Interesse
seiner Leserschaft zu wecken, gab Gary folgende Empfehlung ab:
Der Inhalt des Buches würde »einen inspirierenden Blick auf unser
globales System werfen, das immer mehr in Erscheinung treten würde, einschließlich der neuen globalen Menschenrechte, der globalen
Vernetzung, des Welteinheitslehrplans [*global core curriculum*] und
der globalen Festlichkeiten des Jahres 2000.«[44]

Wie war es möglich, dass ein neoevangelikaler Missiologe wie Jay
Gary sich mit der berühmten und einflussreichen Schlüsselfigur der
New-Age-Bewegung Robert Muller abgab? Eine schlüssige Antwort
auf diese Frage lässt nicht lange auf sich warten. In seinen Büchern

[41] Jay Gary, *The Star of 2000: Our journey toward hope* (Colorado Springs, CO: Bimillennial Press, 1994); http://www.christianfutures.com/books9.shtml. Gary befürwortet eine Zwitterform des Präterismus unter der Bezeichnung »Transmillennia-
lismus«. http://www.presence.tv ist ein Beispiel dafür, dass ein christliches Werk zu
dem Zweck gegründet wurde, Werbung für eine bestimmte Lehre vom Tausendjährigen Reich zu machen.
[42] Teilweise orientieren sich die folgenden Passagen an Warren B. Smiths Artikel
»Evangelicals and New Agers Together«.
[43] Robert Muller, *The Birth of a Global Civilization* (World Happiness & Cooperation;
1st edition, December 1982). Deutsche Ausgabe: *Die Geburt einer globalen
Zivilisation* (Ergolding: Klima, 1994).
[44] Jay Gary, *Bimillenial Research Report* (Mar/Apr 1992): Colorado Springs, CO.

tritt ein gemeinsames Interesse mit Mullers Werbung für ein neues Zeitalter deutlich in den Vordergrund: die Faszination für das Jahr 2000. Muller tat sich als einflussreicher Befürworter einer Zweitausendjahrfeier hervor, die sich über die ganze Welt erstrecken sollte. Davon hatte Gary gehört, der sich daraufhin bemühte, Muller für seine eigenen Vorbereitungen zum festlichen Anlass des Jahres 2000 zu gewinnen.

Gary gründete 1991 das »Bimillennial Global Interaction Network« (»Globales Interaktionsnetzwerk des Jahres 2000«, B.E.G.I.N.). In einer Broschüre beschreibt er die Zielsetzung von B.E.G.I.N. wie folgt:

[...] ein globales Netzwerk von Gruppen und Personen, die sich gemeinsam darum bemühen, dass das Jahr 2000 als ein planetarisches Jubeljahr von der ganzen menschlichen Familie zelebriert wird.

Robert Muller wurde als einer der drei Leiter der Organisation B.E.G.I.N. aufgeführt und in der Broschüre als »Schlüsselperson« gekennzeichnet. Die beiden anderen waren Jay Gary und Paul Guest. Während Gary als Exekutivdirektor für »Jubilee 2000«[45] zuständig war, leitete Guest die Gruppe »World Association for Celebrating the Year 2000« in England.

Im Anschluss an diese »Schlüsselpersonen« setzte Gary »Schlüsselwörter«, die auf Deutsch Folgendes bedeuten: zweitausendjährig, zukünftige Zivilisation, Vernetzung, Solidarität, global, Jubeljahrfeiern, »mega«. Deutlich erkennbar ist Garys Übernahme von Begriffen, die Muller in seinen Büchern für wichtig erachtete.

Robert Muller, der ehemalige Vize-Generalsekretär der Vereinten Nationen und theosophischer Futurologe,[46] arbeitete oft mit dem evangelikalen Leiter Jay Gary zusammen. Deshalb ist es relevant, die »Zukunftsvision« von Robert Muller näher unter die Lupe zu nehmen. Muller veröffentlichte seine »Vision« in einer Monographie mit dem Titel *Framework for Preparation for the Year 2000: The 21st Century and the Third Millennium*.[47] Dieses Dokument enthält einen

---

[45] http://jaygary.com/talk2000/lt980601.htm.

[46] Janice Weaver, »Esoteric Futures. Robert Muller, The Millennium Maker«; http://www.wnrf.org/cms/print_robertmuller.shtml.

[47] Robert Muller, *Framework for Preparation for the Year 2000: The 21st Century and the Third Millennium* (Schweitzer/Quinnipiac Studies, 2, 1994); zu Deutsch:

»Weltfriedensplan für 2010«,[48] der auch im Internet veröffentlicht ist. Unter den behandelten Themen befinden sich auch »Handlungsempfehlungen der Weltgemeinschaft« und Aussagen zur »Weltlage am Erdentag 2013«.

1993 stellte Muller in Chicago vor dem *Parlament der Weltreligionen* einen Plan von einer »Weltagentur der Spiritualität« vor. Diese sollte mit der UNESCO und mit allen Weltorganisationen zusammenarbeiten. Im Vordergrund sollten der Fortschritt, die fortschreitende Bildung, die »erleuchtete Demokratie« und die Transzendenz stehen. Der Mensch sollte in die Verantwortung genommen werden, eine »umfassende, vorwärts schreitende kosmische Evolution des Planeten Erde« voranzutreiben.[49] Die »Weltagentur der Spiritualität« sollte eine »Weltspiritualitätsuniversität« gründen, um »die Wissenschaft der Spiritualität« zu entwickeln, die auf alle religiösen Praktiken, Feste und Riten in der Welt zurückgeführt werden könne. Die Wissenschaft sollte sowohl eine universale Strategie als auch eine Methodologie der Spiritualität entwerfen. Das Ziel sei die spirituelle Erfüllung der Menschen und ihre Verantwortung der Menschheit und dem Planeten Erde gegenüber.

[Muller wagt zu prophezeien, dass] die Welt in eine neue Periode der vollen, blühenden spirituellen Renaissance eintreten wird, die weit über die interreligiösen Dialoge hinausgehen wird und sich gründet auf einer gemeinsamen Spiritualität, Religiosität aller Religionen und einem gemeinsamen Nenner für alle Menschen: Das Sehnen nach Antworten in Bezug auf die Rätsel des Lebens und des Universums. Die wissenschaftliche Analyse, unsere wechselhafte Geschichte der lokalen Kulturen und nationalen Zersplitterung, die Millennien religiöser Aufspaltung der spirituellen menschlichen Natur, der Erde und des Kosmos müssen jetzt einem Neuen Zeitalter der Universalität, des Holismus [der Ganzheit] und der alles umspannenden Synthese und Synergie den Platz räumen.[50]

»Vorbereitungen für das Jahr 2000: Das 21. Jahrhundert und das Dritte Millennium«; siehe auch »The First Five Hundred Ideas of Two Thousand Ideas for a Better World. A count-up to the year 2000«; (»Die ersten 500 Ideen von 2000 Ideen für eine bessere Welt«) http://robertmuller.org/voladnl/v1adnl.htm.
[48] http://www.goodmorningworld.org/peaceplan.
[49] Robert Muller, *Framework for Preparation for the Year 2000*, 22.
[50] Ebd.

Die weitgehende Übereinstimmung der Zukunftsvision Mullers mit der der Neoevangelikalen unserer Tage ist äußerst besorgniserregend. Mullers enge Freundschaft mit dem mittlerweile verstorbenen Willis Harman, und Harmans strategisches Vordringen in evangelikale Kreise seit der »Konsultation über zukünftige evangelikale Interessen« 1979, gibt Anlass zu vermuten, dass diese Ähnlichkeiten nicht zufällig sind.[51] Das Vokabular der interreligiösen Ökumene wird immer mehr mit den neuen Begriffen des Neoevangelikalismus gefüllt. Mullers Lieblingsbegriffe »Synthese« und »Synergie« werden inhaltlich immer mehr ausgeweitet, sodass auch die Lehren anderer Religionen darin Platz finden. Genau das beabsichtigte Robert Muller, der am 20. September 2010 verstarb. Was er voraussah und worauf er hinarbeitete, ist teilweise eingetroffen. Seine Zukunftspläne werden sicherlich von anderen Theosophen soweit verwirklicht werden, wie es der Errichtung einer »Weltagentur der Spiritualität« förderlich ist.[52] Die Heilige Schrift warnt uns deutlich vor Religionsvermischung. Die Entwicklung nach unten vollzieht sich schrittweise, wenn man sich von einer Irrlehre nicht mehr fernhält. Am Ende steht immer das Menschenopfer. Keineswegs zufällig war Muller – wie auch alle anderen globalen und evangelikalen Futurologen – ein eifriger Befürworter der weltweiten Bevölkerungskontrolle, die als effektivstes Mittel die Abtreibung einschließt. Muller forderte, dass die neue »Weltagentur der Spiritualität« die »Riten« aller Weltreligionen praktizieren sollte. Einige der heidnischen Riten verlangen Menschenopfer. Der Geist der Betörung hat schon viele Christen ergriffen. Hüten wir uns davor! Wenn wir das nicht tun, werden wir bewusst oder unbewusst in die von einflussreichen Instanzen der Weltpolitik angestrebte globale Transformation involviert.

---

[51] Als bestätigenden Literaturhinweis siehe Allan Morrison, *Ökumene – das trojanische Pferd in der Gemeinde* (Dillenburg: Christliche Verlagsgesellschaft, 1994), Orig. *The Trojan Horse in the Temple* (Rushworth, 1993). Siehe auch Robert Mullers vielsagende Buchtitel, die z.T. auf Deutsch erschienen sind: »Die Neuerschaffung der Welt« (Ergolding: Drei Eichen, 1993), »Die Geburt einer globalen Zivilisation« (Ergolding: Klima, 1994) etc.
[52] http://www.robertmuller.org/rm/R1/Home.html

Globale Transformation

7.1 Zweite Protestantische Reformation

Im gegenwärtigen Neoevangelikalismus ist der Begriff »Transformation« in Mode gekommen. Verschiedene Gemeindeverbände und Kirchen behaupten, sich einer Umgestaltung unterziehen zu müssen. Dieses Wort beinhaltet nicht mehr die Vorstellung einer demütigen Heiligung von Christen. Es bezieht sich vielmehr auf das systematische Unternehmen, neben der weltweiten Christenheit auch ganze Städte, Länder und Kulturen einer planmäßigen, radikalen Veränderung zu unterziehen.

Neue Definitionen des Wortes »Transformation« fanden Anfang 1980 Einzug in den modernen Sprachgebrauch. Die Autorin Marilyn Ferguson, die sich als einflussreiche Befürworterin theosophischer Lehren profilierte, wies in ihrem Bestseller *Die sanfte Verschwörung* auf eine vielfache Anwendung dieses Begriffes hin. Ihrer Definition zufolge versteht man darunter hauptsächlich die »Transformation des Bewusstseins«. Synonym verwendet Ferguson Begriffe wie »neues Sehen«, »Bewusstseinserweiterung« und »Paradigmenwechsel«. Transformation ist auch ein essentieller Teil des Teilhardschen Sprungs von »individueller« zu »kollektiver« Evolution.[1] Constance Cumbey, die als Erste die Neoevangelikalen auf die Gefahren von New Age aufmerksam machte, zeigte in ihrer umfassenden Analyse der New-Age-Bewegung deutlich auf, dass die Art der Transformation, wie sie Ferguson vertrat, »ein Euphemismus für dämonische Beeinflussung tieferer Bewusstseinsschichten« sei.[2]

---

[1] Marilyn Ferguson, *Die sanfte Verschwörung. Persönliche und gesellschaftliche Transformation im Zeitalter des Wassermanns* (Basel: Sphinx, 1982; Taschenbuch: München: Knaur, 1984). Die Seitenangaben beziehen sich auf die englische Originalausgabe: *The Aquarian Conspiracy,* 68-72. »Teilhardisch« meint gemäß dem katholischen Evolutions- und New-Age-Philosophen Teilhard de Chardin.

[2] Constance Cumbey, *The Hidden Dangers of the Rainbow: The New Age Movement and Our Coming Age of Barbarism* (Shreveport, Louisiana: Huntington House, 1983) 54-55. Deutsche Ausgabe: *Die sanfte Verführung* (Aßlar: Schulte & Gerth, 1987).

Die systematische Veränderung des reformatorischen Glaubens-
verständnisse wird seit ca. 1950 von führenden Vertretern des Neoevangelikalismus und den von ihnen gegründeten Institutionen, wie
zum Beispiel dem *Fuller Theological Seminary*, angestrebt. Wenn
Christen das Wort »Transformation« hören, nehmen sie an, es sei
ein biblisches Wort aus Römer 12,2: »Gestaltet eure Lebensführung
nicht nach der Weise dieser Weltzeit, sondern wandelt euch um durch
die Erneuerung eures Sinnes, damit ihr ein sicheres Urteil darüber
gewinnt, welches der Wille Gottes sei, nämlich das Gute und Gott
Wohlgefällige und Vollkommene.«
    Traditionell wurde dieses Bibelwort im Sinne der fortschreitenden
Heiligung im Leben eines Gläubigen interpretiert. Zwei Aspekte
sind dabei von besonderer Wichtigkeit: erstens das allmähliche Ab-
sterben des Drangs zum Sündigen und zweitens das Hineinwachsen
in ein Leben der Gerechtigkeit. Vom griechischen Wort für biblische »Transformation« *metamorphoo* wird das deutsche Fremdwort
»Metamorphose« abgeleitet. Man versteht darunter zum Beispiel die
völlige Umwandlung einer Raupe zum Schmetterling. Die biblische
Transformation ist demnach die progressive Heiligung des individuellen Gläubigen.
    Wenn die Gläubigen nun den Ausdruck »Gemeindeerneuerung«
hören, stellen sie sich darunter den Wechsel der Liturgie, des Anbe-
tungsstil oder der Musik vor. In Wirklichkeit ist der Umwandlungsprozess, der von Meinungsmachern der neoevangelikalen Szene angestrebt wird, viel substantieller und tiefgreifender. Zunächst wird
eine revolutionäre Veränderung der Grundlage des Protestantismus
eingeleitet, die anschließend übergreift auf die westliche Gesellschaft
und schließlich im Errichten einer Weltregierung ihren Abschluss
findet. Während man aus strategischen Gründen noch bereit ist, der
traditionellen Definition dieses Begriffes ein Lippenbekenntnis zu
zollen, werden im Hintergrund die Fäden gesponnen, um eine gesellschaftliche, kulturelle und globale Revolution einzuleiten und durchzuführen.
    Eine Übersicht der neuen »Transformations«-Lehren mag zur
Klärung beitragen: Der Begriff »Transformation« taucht vermehrt in
der Beschreibung einer angestrebten »Zweiten Reformation« (auch
»Neue Apostolische Reformation« genannt) auf. In seinem 1979 veröffentlichten Buch *The Emerging Order* schlug Jeremy Rifkin[3] als einer der ersten eine »Zweite Protestantische Reformation« vor.[4] Die

Annahme eines neuen Verständnisses der Schöpfungsgeschichte in Genesis 1 schien ihm dabei unumgänglich zu sein, um das Mandat zur Bewahrung der Schöpfung anstelle des Gebots der Herrschaft über die Erde zu stellen.[5] Craig R. Smith[6], Präsident der »Swiss America Trading Corporation«, nimmt in »Rick Warren's Ministry Toolbox« positiven Bezug auf Rifkins Vorschlag einer neuen Reformation.[7] Im Frühjahr 2005 gab Rick Warren, Pastor der Saddleback-Gemeinde in Kalifornien und Autor des Bestsellers »Leben mit Vision«, den Beginn seines weltweiten P.E.A.C.E.-Plans bekannt und betonte die Notwendigkeit einer »Zweiten Reformation«. Anlass war die Teilnahme der Saddleback-Gemeinde am »Globalen Tag des Gebets«.[8] Am 23. Mai 2005 verkündete Warren auf dem »Pew Forum on Religion & Public Life« (»Kirchenbank-Forum über Religionen, Politik und öffentliches Leben«) weitere Einzelheiten seiner Vorstellung, wie eine »Zweite Reformation« lanciert werden könnte.[9] Führende Evangelikale sprachen sich sofort für diese neue Reformation aus, unter ihnen Ralph Neighbour, Jr.[10], Bill Hamon[11], Luis Bush[12], C. Peter Wagner, Jim Rutz[13], Robert H. Schuller[14] und Donald

---

[3] http://www.foet.org; http://de.wikipedia.org/wiki/Jeremy_Rifkin.

[4] Jeremy Rifkin mit Ted Howard. *The Emerging Order: God in the Age of Scarcity* (G.P. Putnam's Sons: New York, 1979).

[5] Ebd., Introduction, ix-xii.

[6] http://www.swissamerica.com/pres.php.

[7] Rick Warren's Ministry Toolbox, Issue #60, 7/24/2002, »Christian Entrepreneurs Should Finance Kingdom Work,« von Craig R. Smith. http://www.pastors.com/blogs/ministrytoolbox/archive/2001/08/09/Christian-Entrepreneurs-Should-Finance-Kingdom-Work.aspx

[8] Siehe Ministry ToolBox, issue #200, 3/30/2005, »The task before us is enormous, but God is equipping us« (»Die vor uns liegende Aufgabe ist enorm, aber Gott rüstet uns aus«); http://www.pastors.com/blogs/ministrytoolbox/archive/2005/03/30/The-task-before-us-is-enormous_2C00_-but-God-is-equipping-us.aspx.

[9] http://pewforum.org/events/index.php?EventID=80: »Der dritte Trend, dessen man sich bewusst sein sollte, besteht in den Zeichen der möglichen geistlichen Erweckung in Amerika. Ihr wisst, dass wir in der Geschichte Amerikas zwei Große Erweckungen hatten und die nächste ist sein über hundert Jahren überfällig. Wenn es eine zweite Reformation der Kirche gibt und eine dritte geistliche Erweckung in der Welt oder in Amerika, dann werden sie durch zwei Worte kommen – Klein-Gruppen.«

[10] http://neighbourgrams.blogspot.com; http://www.touchusa.org.

[11] http://www.christianinternational.com.

[12] http://en.wikipedia.org/wiki/Luis_Bush.

[13] http://jimrutz.wordpress.com.

[14] http://www.crystalcathedral.org/about/rhs.php;   http://de.wikipedia.org/wiki/
Robert_Schuller; http://www.hourofpower.org.

Miller[15]. Auf dem Willow-Creek-Leitungskongress in Bremen[16] im November 2006 wiederholte Warren in seiner Ansprache vor rund 5.500 Teilnehmern die Wichtigkeit einer »Zweiten Reformation«.[17] Die Pastoren der St.-Matthäus-Kirche in Bremen befassten sich schon seit 1998 mit Warrens Buch *Kirche mit Vision*. Die Ältesten dieser lutherischen Kirche reisten im Frühjahr 2001 in die USA und besuchten die *Willow Creek Community Church* bei Chicago sowie Rick Warrens Saddleback-Gemeinde in Kalifornien. Nach und nach setzten sie in den folgenden Jahren die amerikanischen Konzepte der evangelikalen Transformation in Bremen um. Später halfen sie mit, Warrens Programm »Leben mit Vision« breitflächig bekannt zu machen.[18]

Das persönliche Element wird zwar aus dieser »Transformation« nicht ausgeklammert, tritt aber in den Hintergrund, die Veränderung von ganzen Volksgruppen wird zum eigentlichen Ziel erhoben. Ein Beispiel mag genügen: Das 2003 von Luis Bush in der Zeitschrift *Mission Frontiers* herausgegebene »World Inquiry Compendium V« (»Welt-Untersuchungs-Kompendium 5«) beschreibt die Transformation folgendermaßen:

Die Definition der Transformation beinhaltet die Vorstellung einer radikalen Änderung im persönlichen Leben. Geschieht dies auf materieller, sozialer und geistlicher Ebene, entdecken wir unsere wahre Identität als im Ebenbild Gottes erschaffene, menschliche Wesen wieder. Wir werden unserer wahren Berufung als produktive Verwalter gerecht, indem wir uns treu um das Wohl unserer Welt und ihrer Völker sorgen.[19]

Der Erfüllung dieser »Transformation« liegt eine aktive »Missions«-Strategie zugrunde, die, »um allen Anforderungen Genüge zu tun«,

[15] http://dornsife.usc.edu/cf/faculty-and-staff/faculty.cfm?pid=1003537&CFID=239 2474&CFTOKEN=56877859.
[16] »Willow Creek Leitungskongress in Bremen – Insgesamt 6.500 Teilnehmer«; http://www.ead.de/nachrichten/nachrichten/einzelansicht/article/willow-creek-leitungs-kongress-in-bremen-insgesamt-6500-teilnehmer.html. Der Kongress wurde auch per Satellit nach Winterthur (Schweiz) und Linz (Österreich) übertragen.
[17] http://www.pro-medienmagazin.de/gesellschaft.html?&news[action]=detail&news[id]=1690.
[18] http://ww.matthaeus.net/matthaeus/special/Artikel-Aufatmen.pdf.
[19] Luis Bush, »World Inquiry Compendium V: City-Based Action Plans Unveiled«, in *Mission Frontiers* (US Center for World Mission), 2003, 6.

politische, soziale und kulturelle Reformen auf globaler Ebene einleitet. [20] Um diese ehrgeizigen Ziele erreichen zu können, greift man auf eine pragmatische Philosophie zurück: Der angeblich gute Zweck heiligt die zweifelhaften Mittel, die zu dessen Erfüllung verwendet werden. Ausgeklügelte psycho-soziale Vermarktungstechniken werden verwendet, um diese »Transformation« zu unterstützen. Dazu zählt zum Beispiel das »Pyro-Marketing« (»Feuer-Marketing«), das von Rick Warren in exzellenter Weise angewendet wird. [21] Moderne statistische Messungs- und Bewertungsmethoden werden herangezogen, um die »Effektivität« der Transformation anhand von Kriterien zu bewerten, die von Menschen vorgegeben werden. Dieses Gedankengut ist der »Total Quality Management«-Theorie[22] entnommen.

Eine Fülle komplizierter geistlicher Tätigkeiten, die angeblich die »Transformation« auf Erden wie im Himmel auslösen[23], erhalten neue Bezeichnungen, denen neue Methoden und Lehren zugrunde gelegt werden. Darunter befinden sich auf der strategischen Ebene die Geistliche Kriegsführung, die Identifikationsbuße, die Gebetsevangelisation, das Beten vor Ort, die Gebetsmärsche, die geistliche Kartographie, das Labyrinth, die spirituelle Formation und eine Vielzahl anderer, neu konzipierter Lehren, aus denen sich eine entsprechende Aktivität ableitet. [24] – Nichts dergleichen findet sich in der Bibel.

Kirchenstrukturen sollen hierarchisch umgestaltet werden, ähnlich dem Netzwerk-Marketing. Zwischen dem Gläubigen und Gott müssen laut Transformations-Strategen neue Strukturen der Autorität und Verantwortlichkeit aufgerichtet werden. Irreführende Werbeslogans des Modells der »Zellgemeinde«[25] berufen sich auf eine Rückkehr zum ursprünglichen Leitbild des Neuen Testaments, wo sich die Gemeinden in Privathäusern getroffen haben. In Wirklichkeit

[20] Ebd.
[21] http://edbrenegar.typepad.com/universityofwom/2005/07/the_suppression.html.
[22] http://de.wikipedia.org/wiki/Total-Quality-Management.
[23] http://www.glowtorch.org/JourneytoTransformation/WhatDoesTransformation
LookLike/tabid/2567/Default.aspx.
[24] Eine unvollständige Liste findet man auf der archivierten Seite des *AD 2000 United Prayer Track* (C. Peter Wagner). http://209.85.129.132/search?q=cache:EwPzOet-QEUoJ:www.ad2000.org/re00623.htm+%22city+transformation%22%22luis+bus h%22&hl=en.
[25] Siehe Larry Stockstill, *Zellgemeinde – Gemeinde der Zukunft* (Asslar: Gerth Medien, 1999). Laut www.zellgemeinde.de ist eine Zellgemeinde »eine Gemeinde, in der die ›normalen‹ Mitglieder die ganze Arbeit tun« und »Die Zellgruppe ist Gemeinde ›zum Anfassen‹«.

ist es – zumindest in vielen Fällen – das Modell einer von oben nach unten straff durchorganisierten hierarchischen Autoritäts- und Kontrollinstanz, die mit der Sammlung, Speicherung und Auswertung von persönlichen Daten effektiv durchgeführt werden kann. Ausdruck findet diese Formierung einer ekklesiologischen Hierarchie, ähnlich dem römisch-katholischen Hierarchiesystem, zum Beispiel in den Kleingruppen-Konzepten »G12«[26], »Shepherding Groups« und »House2House«[27]. Die Kirchen, die bei der »Transformation« mitmachen, werden einem unaufhörlichen und sich stets steigernden Umwälzungsprozess unterzogen.[28] Man verweist auf den Wunsch nach einem nie endenden Erneuerungsvorgang in christlichen Versammlungen und nennt es dann »Erweckung«.[29] Die Befürworter der Transformation behaupten, dass sich die Kirchen dieser radikalen und umfassenden »Transformation« unbedingt unterziehen müssten, wenn sie den Missionsbefehl erfüllen wollten. Deshalb steht die moderne evangelikale Missionsbewegung in enger Verbindung mit der geforderten Transformation.[30] Es wird weiter behauptet, dass dieser Transformationsprozess erst dann vollständig vollzogen sei, wenn »Gottes Königreich auf Erden« wie im Himmel aufgerichtet sein wird. Dieses Ziel sei dann erreicht, wenn die Kirche in völliger Vollkommenheit dastehen würde.[31]

---

[26] http://g12life.de/uber-uns/unsere-vision;   http://www.g12media.tv/en/g12/30-was-ist-g12; http://www.efg-hohenstaufenstr.de/downloads/texte/g12_oder_gott.html.

[27] http://www.site.house2house.com/about-us.

[28] Siehe Rick Joyner, »Prepare the Way«, 8. August 2005. http://www.elijahlist.com/ words/display_word_pf.html?ID=3306.

[29] Siehe die Beschreibung von Rick Warren auf der Webseite der »Templeton Foundation«: »Peter Drucker, der Dekan des amerikanischen Managements, nennt Rick ›den Erfinder der unaufhörlichen Erweckung‹ und Saddlebacks Großkirchenmodel ›das bedeutsamste soziologische Phänomen der zweiten Hälfte des [20.] Jahrhunderts.‹« http://www.templeton.org/powerofpurpose/judges_warren.html.

[30] Siehe Stan Guthrie, *Missions in the Third Millennium* (Milton Keynes: Paternoster Press, 2000). http://books.google.ch/books?id=AA8mLYAKFGEC; weitere Beispiele sind: http://www.transformationmissions.com; http://gbo.faithsite.com/content.asp?CID=78746; http://209.85.129.132/search?q=cache:Pe9dkmmRPJAJ:www.crossroad.to/Excerpts/world-christian-movement/transformation.htm+%22t om+white%22%22luis+bush%22transformation&hl=en; http://www.bpnews.net/bpnews.asp?ID=24695;http://www.ocms.ac.uk/transformation/;http://www.sgtinfo.com/vision-values.

[31] C. Peter Wagner, »Transform Society!« *Global Prayer News*, Vol. 6, No. 3, Jul-Sept 2005: »Warum kam Jesus? Er kam mit seinem Reich, nämlich dem Reich Gottes, um in das Reich Satans einzufallen, damit über Gottes Schöpfung die Herrschaft wiedererlangt wird, die im Garten Eden verloren ging. Der Heilige Geist spricht jetzt zu

Die neoevangelikale Lehre der Transformation integriert die esoterische Theosophie, die gleichbedeutend ist mit »New Age«, in das
Christentum. Es entsteht der Zwitter eines neuen »Christentums«,
das sich als das einzig biblische versteht und sich im Englischen
»Emergent Christianity« (»in Erscheinung tretendes Christentum«)[32]
nennt. Leonard Sweet,[33] ein unter Neoevangelikalen sehr populärer
Theologe, verfasste in seinem 1991 veröffentlichten Buch *Quantum
Spirituality: A Postmodern Apologetics* (etwa »Quanten-Spiritualität:
eine postmoderne Apologetik«) ein Konzept der transformationellen
Ökumene:

> Eine in Zusammenarbeit mit anderen durchgeführte weltweite
> Evangelisation, die sich von globalen Idealen leiten lässt, ist fähig,
> über die eigenen Grenzen hinweg mit Hindus, Buddhisten, Sikhs,
> Moslems zu sprechen – auch mit Menschen von anderen, so ge-
> nannten »neuen«, religiösen Traditionen – ohne die Anmaßung
> der Überlegenheit und Macht. Es wird eine entkolonialisierte
> Theologie für Christen vonnöten sein, um die Echtheit des Glau-
> bens anderer wertzuschätzen. Wir müssen das Gute, Schöne und
> Wahre an ihrem Glauben erkennen und zelebrieren, ohne irgend-
> welche Illusionen zu haben, dass wir im Tiefsten alle an das Glei-
> che glauben.[34]

Sweet schärft den Gläubigen ein, sie seien dank einer Vielfalt von
»transformierender« Aktivität Mitschöpfer und Miterlöser bei der
Erneuerung der Erde.

Die gegenseitige Einflussnahme von evangelikalen Dominionisten und New-Age-Theosophen hat mittlerweile beträchtliche Ausmaße angenommen. Seit den späten 1970er Jahren trafen sich die

---

den Gemeinden und sagt, dass Gottes Volk das tun muss, was zur Transformation
der Gesellschaft dient, Segment um Segment, bis Gottes Reich auf Erden so gesehen
wird, wie es im Himmel ist«.

[32] Phyllis Tickle – Embracing Emergence Christianity: http://www.youtube.com/
watch?v=M80l9rZaqVE.

[33] http://www.leonardsweet.com.

[34] Leonard Sweet, *Quantum Spirituality: A Postmodern Apologetic* (Dayton, Ohio:
Whaleprints, 1991). Lange Zeit konnte man dieses Buch als PDF Datei von Leonard
Sweets Webseite (http://www.leonardsweet.com/Quantum/) herunterladen. Dies ist
mittlerweile nicht mehr möglich. Seitenzahlen fehlen in der PDF Version des Buchs,
die dem Autor vorliegt.

Dominionisten mit den Theosophen hinter verschlossenen Türen, um über die Möglichkeit einer zukünftigen Zusammenarbeit zu beraten. Ihnen war eine gemeinsame Basis wichtig. Beide Gruppierungen bemühen sich um eine »Christus«-Gestalt, die die Probleme der Welt lösen wird. Darüber hinaus setzen sie sich für die Verwirklichung von utopischen Plänen in einer zukünftigen Welt ein, die im Frieden leben soll. Im Laufe der vergangenen Jahrzehnte übernahmen die Theosophen die Schlagwörter der Dominionisten und diese wiederum die Slogans der theosophischen *New Group of World Servers*.[35] Gemeinsam entwickeln sie eine auf ihre globalen Ziele ausgerichtete Königreichs-Theologie. Die schrecklichen Ereignisse vom 11. September 2001 in den USA gaben dieser Aktivität ganz neuen Auftrieb.

Die New-Age-Schlüsselfigur Marilyn Ferguson gab 2005 ihr Erfolgsrezept preis, wie eine gesellschaftliche Transformation herbeigeführt werden kann. In ihrem Buch *Aquarius NOW* (auf Deutsch unter dem Titel *Die sanfte Revolution* erschienen) schrieb sie:

> Wir können diese Situation zu unseren Gunsten drehen, wenn wir nur lernen, eine einheitliche Rasse zu werden, in dem wir alle Unterschiede über Bord werfen und die Truppen zusammen rufen [...] Wir können diese Situation zu unseren Gunsten drehen, wenn wir darauf bedacht sind, die Ausformung der Zukunft als ein gemeinschaftliches Projekt anzusehen. Wir gestalten unsere Zukunftsvorstellungen in Übereinstimmung mit den Ereignissen und im Einklang mit den Bedürfnissen und Hoffnungen der Menschen nah und fern.[36]

Der Leitgedanke hinter der Vernetzung war, die menschliche Evolution schneller in Gang zu setzen. Den Theosophen war dies ein großes Anliegen. Ein Blick in ihre Literatur genügt, um davon überzeugt zu werden. Im Besonderen wird dieses Thema in den vielen Büchern erörtert, die von den Führungskräften dieser luziferischen Sekte über das neue Weltzeitalter und die neue Weltordnung geschrieben wur-

---

[35] Auf Deutsch: »Neue Gruppe von Weltendienern«. http://www.ngws.org, eine von der Theosophin Alice Bailey gegründete Organisation.

[36] Marilyn Ferguson, *Aquarius NOW. Radical Common Sense and Reclaiming Our Personal Sovereignty* (Newburyport, MA: Red Wheel/Weiser Books, 2005) 190. Dt. Titel: »Die sanfte Revolution« (München: Kösel, 2007).

den. Die New-Age-Bewegung, die alle Lebensbereiche systematisch
vernetzt, hat sich in das Bewusstsein vieler Christen eingeschlichen,
indem ihre wichtigsten Konzepte von verschiedenen »wissenschaftlichen« Fachgebieten wie Soziologie, Psychologie, Marketing und Medizin aufgegriffen wurden.

In ihrem Bestseller *Die sanfte Verschwörung* widmet Marilyn
Ferguson ein Kapitel[37] der evolutionistisch-philosophischen »Allgemeinen Systemtheorie«. Diese Philosophie legte das Fundament zur
Vernetzung. Ferguson geht von der grundlegenden Voraussetzung
aus, dass sich die Menschheit zu einer Rasse der höheren Ordnung
entwickelt. Der Einzelne müsse sich um seine eigene Evolution nicht
nur bemühen, sondern sie auch beschleunigen. Dazu stünden ihm
verschiedene Mechanismen zur Verfügung:

1.) Entwicklung veränderter Bewusstseinszustände mittels Meditation und Visualisierung etc., die den Verstand bzw. das Gehirn für
okkulte Einflüsse empfänglich macht.
2.) Entwicklung einer »System«-Perspektive; dies geschieht beispielsweise dann, wenn man die ganze Welt als einen einzigen großen
Organismus betrachtet.
3.) Umsetzung von lokalen Vernetzungsprojekten, um alle Nationen
als Teil des menschlichen Organismus zu vereinigen.
4.) Veränderung der biologischen Natur des Menschen: »Die Evolution kann dadurch beschleunigt werden, wenn man bestimmte
genetische Mechanismen ins Spiel bringt ...«[38]
5.) Die Einrichtung einer Weltregierung unter dem Vorzeichen, den
Frieden auf Erden zu erwirken.

Ferguson stellt heraus, wie wichtig die Netzwerke für die Förderung
dieses evolutionären Sprungs der Menschheit sind:

Die in aller Welt operierenden Kleingruppen und Netzwerke sind
vergleichbar mit den vernetzten Nervensträngen im Gehirn. Genauso wie nur wenige Zellen nötig sind, um einen bestimmten Effekt im Gehirn zu erzielen, indem sie die Vorgänge aller anderen

---

[37] Marilyn Ferguson, *Die sanfte Verschwörung*, Kap. 6: »Befreiende Erkenntnis: Neues
von den Grenzgebieten der Wissenschaft«.
[38] Marilyn Ferguson, *Aquarius NOW*, 160.

Zellen koordinieren, können diese miteinander kooperierenden Individuen helfen, den nötige Zusammenhang und die Ordnung herzustellen, um eine große Transformation zu bewirken. Bewegungen, Netzwerke und Publikationen bringen Menschen in aller Welt zusammen, um sich für eine gemeinsame Sache einzusetzen, Ideen der Transformation zu benennen, Gedanken der Hoffnung zu verbreiten; und dies geschieht alles ohne die Unterstützung von Seiten der Regierungen. Die Transformation beschränkt sich nicht auf irgendein einziges Land [...] Aurelio Peccei, der Gründer des *Club of Rome*, sieht in solchen Gruppen »die Hefe der Veränderung [...] Unzählig viele spontane Menschengruppen entstehen hier und dort; sie sind vergleichbar mit den Antikörpern in einem kranken Organismus.« Der Organisator einer Friedensgruppe erzählte von seiner Entdeckung dieser Netzwerke und ihrem Sinn für »die immanente Welttransformation«. Viele kluge, kreative Denker haben sich über Landesgrenzen hinweg verbunden, um auf intellektueller Ebene die Fäden zusammenzuziehen, damit die neue Vision für unseren Planeten Wirklichkeit wird [...][39]

Donald Keys, der Redenschreiber des ehemaligen UN-Generalsekretärs U Thant[40], weitete die evolutionäre Idee der Vernetzung Mitte der 1980er Jahre weiter aus; und zwar zu einer Zeit, als die meisten Leiter der Theosophen offen über die Entwicklung einer Weltregierung sprachen. Keys war selbst maßgeblich an der Errichtung einer internationalen Gemeinschaft beteiligt, weil er durch seine Mitgliedschaften in verschiedenen internationalen Organisationen Einfluss hatte. Unter anderem war er Mitglied in »Trust-World Goodwill«[41], »United World Federalists«[42], »Planetary Citizens«[43] und »The International Center for Integrative Studies«. Die New-Age-Kritikerin Constance Cumbey dokumentierte Keys Rolle als Befürworter der luziferischen Theosophie in ihrem Buch *A Planned*

[39] Ebd., 409-410.
[40] http://de.wikipedia.org/wiki/U_Thant.
[41] http://www.lucistrust.org/en/service_activities/world_goodwill.
[42] Gegenwärtig heißt diese Organisation »Citizens for Global Solutions«, nachdem sie 1969 in »World Federalists, U.S.A.« und Mitte der 1970-er Jahren in »World Federalist Association« umbenannt worden war. http://en.wikipedia.org/wiki/Citizens_for_Global_Solutions.
[43] http://www.planetarycitizens.org/home.html.

Deception[44] (»Eine geplante Verführung«) von 1985. Vor allem in
Kapitel 16, wo es um die Vernetzung als globale Vision geht, zitiert
sie Keys:

> Ich möchte nun fortfahren und über die Frage der Veränderung
> des menschlichen Bewusstseins nachdenken. Wir stehen vor der
> Schwierigkeit, dass es eine große Anzahl von Menschen gibt, die
> sich auf vielen verschiedenen Stufen der Entwicklung befinden.
> Deshalb leben wir in einer befremdlichen und unregierbaren
> Welt. Es gibt immer noch solche, die dem triebhaften Stadium des
> menschlichen Wachstums zu entkommen versuchen. Eine weitere
> große Gruppe bewegt sich auf das menschliche Stadium der Ent-
> fremdung von der individuellen Existenz zu und richtet ihren Sinn
> auf die Bedürfnisse und das Wohlergehen anderer aus [...] Eine
> weitere, kleinere Gruppe konzentriert sich auf das Transpersonale
> oder, besser ausgedrückt, Spirituelle, das bedeutet, dass sie ihren
> Blick über das menschliche Dasein hinaus werfen. [...]
> Wir unterliegen den Gesetzen des Wachstums und der Entwick-
> lung; auf jeder Stufe des Wachstums werden Menschen befähigt,
> den Prozess zu beschleunigen, um den für sie passenden, nächsten
> Schritt zu tun. Im Gehen der nächsten Schritte liegt die Hoffnung
> der Zukunft und die Hoffnung des Friedens auf diesem Planeten;
> innere Prozesse spiegeln sich in der äußeren Welt wider.
> Wir benötigen eine kritische Menge von Menschen, die mitein-
> ander verbunden und auf das gleiche Ziel ausgerichtet sind. Es be-
> steht eine Wechselbeziehung zwischen der Ganzheit der Erde und
> der Ganzheit der Menschen. Wir sind Zellen in diesem planetari-
> schen Wesen, und wir werden uns als Zellen der Beziehung zum
> Ganzen bewusst. Wir befinden uns in einem Übergangsstadium
> des Bewusstseins. Es ist der notwendige nächste philosophische
> Schritt der Menschheit als Ganzes.[45]

Im Herbst 2001 erschien auf dem amerikanischen Buchmarkt eine
Zusammenstellung von Aufsätzen unter dem Titel *From the Ashes:*

---

[44] Constance Cumbey, *A Planned Deception: The Staging of a New Age »Messiah«*
(Pointe Pubs, [1985] 1986). http://www.archive.org/details/APlannedDeception-
StagingOfANewAgeMessiahleMessie.

[45] Donald Keys, »Integral People for a Whole Planet,« *The Beacon*, May/June 1985,
Lucis Trust (ursprünglich Lucifer Publishing Co.).

A Spiritual Response to the Attack on America.[46] Der Herausgeber war die ökumenische »e-Gesellschaft« Beliefnet[47]. Eine Vielzahl »religiöser Leiter« und »außergewöhnlicher Bürger« legten darin ihre Meinung dar, wieso die tragischen Ereignisse des 11. Septembers 2001 stattgefunden haben. Ihr Anliegen war, fragenden Menschen eine geistliche Antwort zu geben sowie die richtige Lehre aus dem Geschehenen zu ziehen. Der aus dem Verkauf des Buches gewonnene Erlös sollte den von diesem schrecklichen Ereignis hart getroffenen Familien zu Gute kommen, die Angehörige in den zusammengestürzten Hochhäusern des *World Trade Centers* in New York verloren hatten. Eine Anzahl christlicher Leiter als auch bekannte New-Age-Größen ließen sich vom Verlag überreden, an diesem Projekt mitzuarbeiten. So kam es, dass unter anderem Billy Graham, Charles Colson[48], Bill Hybels[49], Max Lucado[50], Bruce Wilkinson[51], und Rick Warren in den Seiten dieses Buches neben den Dalai Lama[52], der bekennenden Hexe Starhawk[53] und dem populären Pantheisten Neale Donald Walsch[54] gestellt wurden, um ihren geistlichen Rat anzubieten.

Nicht genug damit, dass sich christliche Leiter dazu hergaben, mit den obersten Vertretern der New-Age-Bewegung ein gemeinsames Projekt zu unternehmen, sie wurden auch noch obendrein von diesen in der Ernsthaftigkeit ihres christlichen Glaubens hinterfragt. In einem der ersten Beiträge forderte Neale Donald Walsch die christlichen Pastoren und religiösen Leiter der Welt auf, im Licht der Ereignisse des 11. Septembers das neue Evangelium, dass »wir alle eins seien«, anzunehmen. Walsch berief sich auf den New-Age-Glauben, dass Gott in jedem und allem gegenwärtig sei:

[46] Neale Donald Walsch, Desmond Mpilo Tutu, Thom Hartmann, Michael Hull, *From the Ashes: A Spiritual Response to the Attack on America* (Emmaus, PA: Rodale Books, October 2001); zu Deutsch:»Aus der Asche: eine geistliche Antwort auf den Angriff auf Amerika«.
[47] http://www.beliefnet.com.
[48] http://de.wikipedia.org/wiki/Charles_Colson;   http://www.colsoncenter.org/wfp-home.
[49] http://www.willowcreek.org/teachingpastors.
[50] http://www.maxlucado.com.
[51] http://www.brucewilkinson.com/About/tabid/293/Default.aspx.
[52] http://www.dalailama.com; http://de.wikipedia.org/wiki/Dalai_Lama.
[53] http://www.starhawk.org; http://de.wikipedia.org/wiki/Starhawk.
[54] http://www.nealedonaldwalsch.com;   http://de.wikipedia.org/wiki/Neale_Donald_Walsch.

Wir müssen uns verändern. Wir müssen unsere Glaubensvorstellungen, die unser Verhalten grundlegend steuern, verändern. Wir müssen eine andere Wirklichkeit schaffen, eine neue Gesellschaft aufbauen [...] wir müssen dies mit neuen geistlichen Wahrheiten vollbringen. Wir müssen ein neues Evangelium verkündigen, dessen heilende Botschaft in zwei Sätzen zusammenfasst ist:»Wir sind alle eins. Unser Weg ist nicht besser, sondern nur anders.« Diese zwölf Worte umfassende Botschaft könnte alles über Nacht verändern, wenn sie von jedem Rednerpult und jeder Kanzel, von jedem Podium und jeder Plattform verkündigt würde.

Walsch wusste offensichtlich, wie geistlich attraktiv die Idee des Friedens und der Einheit in den Ohren einer angsterfüllten Menschheit klingen würde, die sich besorgt fragte, wann die nächste Katastrophe über sie hereinbrechen würde. Es gab wohl kaum eine günstigere Zeit, die New-Age-Lehre der geistlichen Einheit einer perplexen und verletzten Welt mitzuteilen.

Es ist ratsam, sich immer wieder vor Augen zu führen, dass der gegenwärtige Paradigmenwechsel in der Christenheit viel umfassender und tiefgreifender abläuft, als es noch vor wenigen Jahren für möglich gehalten wurde. Hinter dem aufpolierten christlichen Image des Neoevangelikalismus verbirgt sich ein ganz anderes Gesicht. Tatsächlich befolgen die Dominionisten aller Schattierungen die einzelnen Schritte eines ausgeklügelten Plans der globalen Transformation und sozialen Restrukturierung in allen Bereichen der Gesellschaft. Die seit mehr als einem halben Jahrhundert in Gang gesetzte Transformation des evangelikalen Christentums legt eine erstaunliche Bereitschaft an den Tag, das reformatorische Glaubensverständnis zu verwerfen. Das Neue an dieser Initiative ist, dass sich in jüngster Zeit die Zahl ihrer Befürworter unter den Evangelikalen weltweit, auch besonders in Deutschland und in der Schweiz, fast exponentiell vergrößert hat. Sicherlich sind viele dieser Befürworter Mitläufer der einen oder anderen Bewegung innerhalb des Evangelikalismus, die ihnen in Form von Organisationen wie *Willow Creek*[55], *Evangelische Allianz*[56], *Gesellschaft für Bildung und Forschung in Europa (GBFE)*[57],

---

[55] http://www.willowcreek.de.

[56] http://www.ead.de und http://www.each.ch.

[57] http://gbfe.org; die GBFE ist eigentlich weniger eine eigenständige Organisation, als vielmehr ein »international und interkulturell ausgerichtetes Netzwerk von

Akademie für christliche Führungskräfte[58], *Lausanner Bewegung*[59],
Focusuisse[60], *Hope for Europe*[61] und dergleichen begegnet, ohne dass
sie oft wirklich wissen, wohin die Reise geht. Dennoch ist diese allgemeine Unkenntnis vieler über die Details der nun mit großer Über-
zeugung an die Öffentlichkeit herangetragenen Absichtserklärung
der kirchlichen und gesellschaftlichen Transformation – beschöni-
gend als das »Bauen des Königreich Gottes auf Erden« bezeichnet –
kaum noch zu verstehen, denn übersehen oder missdeuten kann man
die Zielsetzung eigentlich nicht mehr. Die evangelikale Christenheit
öffnet sich nicht nur religiösen Strömungen, die aus der Quelle des
»New Age« schöpfen, sondern ist darum bemüht, eine weltweite Umwälzung der wichtigsten gesellschaftlichen Bereiche einzuleiten, die
letztlich auf eine politische Machtergreifung im großen Stile hinausläuft.

Um den gewünschten Paradigmenwechsel einzuleiten, bedien-
ten sich die Evangelikalen psycho-sozialer Methoden, statistischer
Forschung, sozial-ökonomischer Entwicklungsinitiativen, Marktfor-
schung, strategischer Planung, Leistungsbewertung, Datensammlung und -überwachung und technischer Hilfe. Im Hinblick auf die
globale Ausdehnung streben sie vorteilhafte Beziehungen zu nationalen Regierungen und internationalen Organisationen, Firmen und
philanthropischen Stiftungen an. Eine wichtige Initiative, die diese

christlichen Bildungseinrichtungen«, zu dem folgende christliche Werke gehören:
Akademie für christliche Führungskräfte, http://www.acf.de; Biblisch-Theologische
Akademie Wiedenest, http://www.wiedenest.de; Ignis – Akademie für Christliche
Psychologie, http://www.ignis.de; Institut für Gemeindeaufbau und Weltmission,
http://www.igw.edu; Marburger Bildungs- und Studienzentrum, http://www.m-b-
s.org; *Neues Leben Seminar,* http://seminar.neues-leben.de; Theologisches Seminar
Adelshofen, http://www.lza.de/theologisches-seminar/master/index.htm; Therapeu-
tische Seelsorge Institut, http://www.ts-institut.de. In wieweit diese Werke Teilaspekte des Dominionismus befürworten und fördern, muss jeweils im Einzelfall
untersucht werden. Das Marburger Bildungs- und Studienzentrum sticht aber mit
seinem Studiengang »Gesellschaftstransformation« – http://www.gesellschaftstran
sformation.de – als Förderer des Dominionismus deutlich hervor. Bezeichnend ist
auch, dass Johannes Reimer als 1. Vorsitzender der GBFE gute Beziehungen zu
den dem GBFE-Netzwerk angeschlossenen Werken unterhält und diese, soweit ihm
möglich, für seine Vision »wie Gemeinde gerade heute mitten in der Welt leben und
sie verändern kann« beeinflusst. Siehe Johannes Reimer, *Die Welt umarmen* (Fran-
cke-Buchhandlung, 2009); http://www.reimer-ministries.com/die-welt-umarmen.
[58] http://www.acfschweiz.ch.
[59] http://www.lausannerbewegung.de.
[60] http://www.focusuisse.ch; www.lebenshilfe-net.ch/index.php/D/print/239/15765.
[61] http://hfe.org.

rasche Übereinstimmung begünstigte, ist die Lehre von der »Sphären-Souveränität« mit dem Ziel, ein weltweites »Königreich Gottes« zu fördern.

7.2 Sieben »Sphären« in der Gesellschaft

War es reiner Zufall, dass die Missionsleiter von *Jugend mit einer Mission*, Loren Cunningham, und von *Campus für Christus*, Bill Bright, fast identische geistliche Visionen hatten, in denen Gott ihnen neue Wege aufschloss, um alle Nationen unter die Herrschaft Gottes zu bringen? Teilte Gott ihnen wirklich »gesellschaftliche Kategorien« mit, die den »sieben Sphären des kirchlichen Einflusses« entsprechen würden? Oder könnte man vielleicht vermuten, dass sich beide die wesentlichen Eckpunkte der Lehren von Abraham Kuyper[62] zu eigen gemacht haben? Die letzte Möglichkeit mag wahrscheinlicher sein, denn Kuyper ist für die Verbreitung des modernen Konzepts der »Sphären- Souveränität« bekannt geworden. Als Bill Bright am *Princeton Theological Seminary* studierte, kam er sicherlich mit den Lehren Kuypers in Berührung, denn dort wurde das *Abraham Kuyper Center for Public Theology* (»Abraham-Kuyper-Zentrum für VolksTheologie«)[63] eingerichtet.

Kuypers Theologie der »Sphären« wurde im Lauf der vergangenen hundert Jahre ständig überarbeitet, um sie dem jeweiligen geschichtlichen und kulturellen Kontext anzupassen. Als der Neoevangelikalismus aufkam, veränderte sich das bisherige Verständnis der Theologen von Kirche und Staat; man kann sogar von einem Paradigmenwechsel sprechen. Die Grundlage dafür war Kuypers Theologie der Sphären.

In der Fachliteratur wird dieser Umschwung für das Aufkommen des »Dominionismus« verantwortlich gemacht. Wir greifen einige Aussagen von Loren Cunningham auf, die gut belegen, wie Evangelikale Kuypers Ideen in ihre Missionslehre integriert haben. Bekannte Begriffe erhalten einen neuen Inhalt. Besonders deutlich wird der Einfluss des Dominionismus, wenn mit »christlicher Unterweisung der Gläubigen« nunmehr die Veränderung von kulturellen, politischen und ökonomischen Systemen gemeint ist. Cunningham nennt

[62] Aussprache: »keuper«. http://de.wikipedia.org/wiki/Abraham_Kuyper.
[63] http://libweb.ptsem.edu/collections/kuyper/about.aspx?menu=298&subText=470.

in seinem Buch *Siegreich – auf Gottes Art* deutlich das Ziel des Domi-
ninonismus:»Diese sieben Sphären des Einflusses werden uns helfen,
Kulturen für Christus umzugestalten.«[64] Er beschreibt präzise, wie
die Nationen unter die Herrschaft der Kirche kommen würden:

Jesus hat uns befohlen, hinzugehen und alle Nationen zu Jüngern
zu machen. In der Vergangenheit sind wir als Missionare in Länder gegangen, verkündeten das Evangelium und unterwiesen die
Menschen im Lesen und Schreiben. Wir haben uns nicht daran
beteiligt, die jeweiligen Landesregierungen in Politik und Wirtschaft zu unterrichten. Wir haben dies den Marxisten überlassen.
In den Ländern der Dritten Welt nahmen sich die Kommunisten
die jungen Männer vor, die in Missionsschulen ausgebildet worden
waren, und lehrten sie die Kunst des Regierens.

Gott sagt uns jetzt aber:»Ich weiß mehr als irgendjemand anderes, wie man ein Land regiert. Ich weiß mehr als du über die
Landwirtschaft und Fischerei. Ich weiß mehr über dein Geschäft
und über Ausbildung. Ich weiß, wie man am besten kommuniziert
und die Massenmedien einsetzt. Ich möchte dich meine Prinzipien
lehren, sodass du anderen zeigen kannst, alles zu befolgen, was ich
geboten habe. So werden wir eine große Ernte an Seelen einfah-
ren. Ich habe dich berufen und möchte, dass du Erfolg haben wirst.
Du musst mir nur gehorsam sein.«

Jesus hat verheißen, die Erde den Sanftmütigen, den Barfüßi-
gen zu geben; und denen, die ihre Rechte an ihn abgetreten haben.
Er möchte von uns, dass wir die Nationen der Erde als sein Erbe
ansehen. Er verheißt uns, dass wir alles gewinnen werden, wenn
wir alles aufgeben.[65]

Das Konzept der»Sphären« kann nicht isoliert von Kuypers Konzept
der»allgemeinen Gnade« betrachtet werden. Das Internet-Lexikon
Wikipedia definiert die»Sphären-Souveränität« wie folgt:

Die Bedeutung der»Sphären-Souveränität« im Neocalvinismus
ist, dass jede Lebenssphäre ihre eigenen Verantwortungsbereiche

---

[64] Loren Cunningham, *Winning God's Way* (YWAM, 1988), 134. Dt. Titel: *Siegreich –
auf Gottes Art* (Wuppertal: One Way, 1996).
[65] Ebd., 132.

und Autorität oder Kompetenz besitzt und auf gleicher Ebene mit anderen Lebenssphären steht. Unter »Sphären-Souveränität« versteht man, dass Gott eine neue Ordnung geschaffen hat und alles unter der Sphäre göttlicher Kontrolle steht. Diese umschließt das Bildungswesen, die Kirche, den Staat, die Landwirtschaft, die Wirtschaft, die Familie und die bildenden Künste. Es wird darauf bestanden, dass geschaffene Grenzen und historische Differenzen bejaht und respektiert werden.[66]

Der auf Wikipedia veröffentlichte Artikel zeigt, dass sich Kuypers Sphären-Lehre im Neocalvinismus[67] verankerte. Der Artikel fasst die Glaubenspositionen dieser modernen Bewegung gut zusammen. In der Selbstdarstellung dieser Bewegung wird immer wieder Bezug auf das Buch von Chuck Colson und Nancy Pearcey *How Now Shall We Live*[68] genommen. Auf dem Weblog des katholischen *Acton Institute* wird Richard Mouw, Rektor des *Fuller Theological Seminary*, auch als ein Befürworter des Neocalvinismus erwähnt.[69]Mouw schrieb auch eine Biographie über Abraham Kuyper.[70] Im *Fuller Theological Seminary*, blühten die Lehren des Neocalvinismus, besonders die »Sphären-Souveränitäts«-Lehre, auf und wurden über einige Jahrzehnte hinweg grundsätzlich neu gestaltet. Generationen

[66] http://en.wikipedia.org/wiki/Sphere_sovereignty.
[67] http://en.wikipedia.org/wiki/Neo-Calvinism;   http://www.wrf.ca/comment/article. cfm?ID=184;   http://friendofkuyper.blogspot.com/2006/09/neo-calvinism-yes-no-maybe.html.
[68] Chuck Colson & Nancy Pearcey, *How Now Shall We Live* (Tyndale, 1999). Zu Deutsch:»Wie sollen wir nun leben?«.
[69] http://www.acton.org/publical/randl/print_review.php?id=411.
[70] Richard J. Mouw, *Abraham Kuyper: A Short and Personal Introduction* (Grand Rapids, Mich.: William B. Eerdmans Pub., 2011). In der Buchbeschreibung des Verlages heißt es:»Richard Mouw wurde in den turbulenten 1960er Jahren erstmals auf Abraham Kuypers Schriften über die Gesellschaft aufmerksam. Als er darum rang, die richtige christliche Position zu wichtigen gesellschaftlichen Themen wie der Bürgerrechtsbewegung und dem Vietnamkrieg zu finden, entdeckte Mouw Kuypers Vorlesungen über den Calvinismus – und damit eine kräftige Vision eines aktiven christlichen Engagements in der Öffentlichkeit, die ihn seither geleitet hat. In dieser ›kurzen und persönlichen Einführung‹ stellt Mouw vor, was Kuypers Hauptgedanken über christliches kulturelles Jüngermachen waren, einschließlich seiner Sicht der Sphären-Souveränität, die Antithese, allgemeine Gnade etc. Mouw wendet Kuypers Gedanken auf Themen des 21. Jahrhunderts an wie religiösen und kulturellen Pluralismus, Technologie und die Herausforderung des Islam. Dabei erwägt er Möglichkeiten, Kuypers Gedanken zu aktualisieren – und manchmal sogar zu korrigieren.« http://www.eerdmans.com/shop/product.asp?p_key=9780802866035.

evangelikaler Studenten sind mit dieser neuen Form des Neocalvinismus im Vorlesungssaal indoktriniert worden. Das *Fuller Theological Seminary* spielte in der Verbreitung dieser Bewegung eine wesentliche Rolle. Ein Theologe, der die kritischen Aspekte des Neocalvinismus zur Sprache brachte, ist David Engelsma. Er ist Professor für Dogmatik und Altes Testament an der theologischen Hochschule der *Protestant Reformed Church* in Grandville, Michigan. In einer Debatte mit Richard Mouw äußerte er 2003, dass das Problem hauptsächlich in Kuypers Konzept der »allgemeinen Gnade« liegt. Im Folgenden werden wir einige Punkte von Engelsmas Kritik aufgreifen. Engelsma sagte:

Die Weltsicht der allgemeinen Gnade, die sich Abraham Kuyper vor etwas weniger als einhundert Jahren erträumt hat, geht davon aus, dass Gott neben seiner Absicht, eine Kirche durch Jesus Christus zum Heil zu führen, mit dieser Schöpfung und Geschichte ein anderes Ziel verfolgte, nämlich die Entwicklung einer guten, frommen und Gott verherrlichenden Kultur. Gott verwirklichte diesen kulturellen Zweck mit der Schöpfung und Geschichte, indem er den nicht wiedergeborenen, ungläubigen Menschen eine bestimmte Gnade verlieh. Diese allgemeine, kulturelle Gnade Gottes bewirkt Wunder in den Gottlosen. Sie hält ihre sündigen Neigungen zurück, sodass sie nicht völlig verdorben sind, wie sie es sonst wären. Sie befähigt diese gottlosen, ohne Christus lebenden Männer und Frauen, im alltäglichen Leben Dinge zu tun, die wahrhaft gut und gottgefällig sind. Die Bösen werden dadurch befähigt, eine Kultur zu errichten – eine in einer Gesellschaft oder Nation sich ausgestaltende, umfassende Lebensweise –, die Gott verherrlicht [...]

Die Weltsicht der allgemeinen Gnade betört diejenigen, die ihren Dunst einatmen, mit der freudigen Erwartung eines irdischen Triumphes des Königreiches Gottes mittels der Gründung einer guten, frommen Kultur in der Geschichte. Charles Colson meint, dass eine Zusammenarbeit der Evangelikalen mit den Katholiken im Errichten einer Kultur, die von einem biblischen Weltbild ausgeht, immer noch – dank der allgemeinen Gnade – die Kulturkämpfe gewinnen und die Gesellschaft erlösen könne. Trotz eines weitverbreiteten Pessimismus, der davon ausgeht, dass die

Evangelikalen den Kulturkampf verloren hätten, ist Colson optimistisch [...][71]

Engelsma stellte heraus, dass Kuyper zunächst nicht an die Existenz eines Tausendjährigen Reiches glaubte.[72] Durch den Einfluss der Weltsicht der allgemeinen Gnade habe er seine Meinung geändert. Er vertrat nun die Ansicht, dass sich die Welt kontinuierlich verbessern würde. Dieser positive Zustand entspreche dem Tausendjährigen Reich.[73] Engelsma erläuterte, wohin aus Sicht der Neocalvinisten eine Zusammenarbeit von Gläubigen mit Ungläubigem führen würde:

> Die Zusammenarbeit der Gläubigen mit Ungläubigem im Errichten einer guten Kultur kraft allgemeiner Gnade würde in der »Christianisierung« der Nationen, wenn nicht der ganzen Welt enden. Die Aufgabe der Kirche als Organismus dürfe nicht weniger als die Transformation der menschlichen Gesellschaft sein, indem sie in Einklang gebracht wird mit den Prinzipien des christlichen Glaubens. [...] Kuyper zielt darauf ab, [...] die »Christianisierung« der Gesellschaft zu fördern [...] die »Christianisierung« der Gesellschaft würde beinhalten, dass alle Aspekte des menschlichen Lebens in Übereinstimmung mit christlichen Prinzipien gebracht werden müssen.[74]

Der presbyterianische Theologe William Dennison vertritt in einem Artikel der *Evangelical Theological Society* die These, dass der von Abraham Kuyper ins Leben gerufene niederländische Neocalvinismus das Ziel verfolgte, die von der Aufklärung geprägte Kultur umzugestalten und sie unter die Herrschaft Jesu Christi zu stellen. Kuypers Weltsicht der allgemeinen Gnade sei in Wirklichkeit aber selber mehr ein Kind der Aufklärung und des Modernismus gewesen als eine Bewegung, die darauf abzielte, den historischen, orthodoxen Calvinismus zu bewahren.

---

[71] David J. Engelsma, *The Reformed Worldview on Behalf of a Godly Culture*; http://www.prca.org/prtj/apr2005.htm.

[72] Jemand, der nicht an die Existenz eines buchstäblichen Tausendjährigen Reiches glaubt, wird als Amillennialist bezeichnet.

[73] Jemand, der meint, dass sich die Welt kontinuierlich verbessert, wird als Postmillennialist bezeichnet. Dieser erwartete positive Weltzustand wird mit dem Tausendjährigen Reich gleichgesetzt.

[74] David J. Engelsma, *The Reformed Worldview on Behalf of a Godly Culture*; a.a.O.

Im Gegensatz zu Kuypers Lehre und zum Neocalvinismus betrachtet der reformierte Glaube das irdische Leben unter dem Vorzeichen der »Wolke von Zeugen« in Hebräer 11,13-16:

> Im Glauben sind diese alle gestorben, ohne die Erfüllung der Verheißungen erlangt zu haben; nur von ferne haben sie diese gesehen und freudig begrüßt und bekannt, dass sie nur Fremdlinge und Gäste auf der Erde seien; denn wer ein solches Bekenntnis ablegt, gibt dadurch zu erkennen, dass er ein Vaterland sucht. Hätten sie nun dabei an jenes Vaterland gedacht, aus dem sie ausgewandert waren, so hätten sie Zeit zur Rückkehr dorthin gehabt; so aber tragen sie nach einem besseren Vaterland Verlangen, nämlich nach dem himmlischen. Daher schämt sich auch Gott ihrer nicht, ihr Gott genannt zu werden; er hat ihnen ja bereits eine Stadt als Wohnung bereitet.

Wir dürfen nie vergessen, dass unser Leben eine Pilgerschaft zur himmlischen Stadt ist, wie aktiv wir auch im irdischen Leben sein mögen.

Die Weltsicht der allgemeinen Gnade ignorierte diese Wahrheit über das Leben als Christ. Diese Weltsicht erhebt das Ziel der »Christianisierung« der Gesellschaft – des Errichtens einer großartigen und guten Kultur und der Verbesserung der Welt als eine Art Königreich Gottes – zur obersten Pflicht des Christen. Sie tendiert dazu, dass man sein Herz an das diesseitige Leben hängt. Sie bewirkt, dass das Ziel des christlichen Lebens auf kulturelle Errungenschaften ausgerichtet wird.

Der Neo-Kuyperianismus hat weite Teile des Christentums für sich vereinnahmt. Er wirkt wie Sauerteig. Es ist dabei nicht einmal nötig, dass er sich direkt mit dem Neocalvinismus verbindet. Diese Bewegung kann auch mühelos das Anliegen der »Emergent Church« aufgreifen, die eine kulturelle Transformation anstrebt. Vincent Bacote und Daniel Pylman beschreiben die Lehre vom Zusammenwirken des menschlichen Willens und der göttlichen Gnade in ihrem Artikel »Eine neo-kuyperianische Unterstützung der Emergent Church«:

> Wenn sich die Emergent Church wirklich kulturell engagiert als Ausdruck des missionarischen Christentums, wie kann dies theologisch begründet werden? Dies ist die Stelle, an der sich die

Interessen des Neocalvinismus mit denen der Emergent Church überkreuzen. Die Lehre der allgemeinen Gnade offeriert der Emergent Church eine wichtige theologische Begründung für ein christliches Engagement in jedem Gesellschaftsbereich […] Müssen der Emergent Church angehörige Christen gleichzeitig Neocalvinisten werden, um diese Lehre anzunehmen? Auch wenn dies sicherlich nicht schlecht wäre, muss unsere Antwort »Nein« lauten. Obgleich die allgemeine Gnade aus einer reformierten Umgebung hervortritt, findet die Wahrheit, die in ihr zum Ausdruck kommt ihre Freunde in einem breiten Traditionsspektrum, so auch in der neu entstandenen Gesellschaft der Emergent Church. Im Weiteren zielt das neo-kuyperianische Projekt darauf ab, den Einfluss Kuypers über die Mauern der reformierten Welt hinaus zu verbreiten.[75]

Zwei Punkte treten deutlich hervor: *Erstens*: Die Lehre der »Sphären-Souveränität« hat die zwei Gründer der prominentesten und größten evangelikalen Missionsgesellschaften, Loren Cunningham und Bill Bright, stark beeinflusst und dadurch die moderne Missionsbewegung von Grund auf verändert. Ohne Übertreibung kann man sogar sagen, dass die gesamte evangelikale Welt dadurch nachhaltig beeinflusst wurde.[76] Von einer ursprünglichen Fokussierung auf die Verkündigung des Evangeliums ging man dazu über, die Kultur, Politik und Wirtschaft der Nationen zu verändern, indem man innerhalb dieser gesellschaftlichen »Sphären« zu wirken begann, um sie radikal umzugestalten. Was auch immer die ursprüngliche Absicht Kuypers gewesen sein mag, die Folge war, dass das biblische Evangelium des ewigen Heils in ein irdisches »Evangelium des Königreiches« umgewandelt wurde. An die Stelle des Evangeliums ist eine Irrlehre, der Dominionismus, getreten.

Die beiden Missionsleiter, Cunningham und Bright, sowie der selbsternannte Apostel C. Peter Wagner verwenden anstelle des Begriffs »Sphären« die Bezeichnung »Berge«. Wagner schreibt dazu Folgendes:

---

[75] Vincent Bacote und Daniel Pylman, »A Neo-Kuyperian Assist to the Emergent Church«, http://www.vanguardchurch.com/a_neo-kuyperian_assist_to_the_emergent_church.htm.

[76] Siehe Richard Mouw, *He Shines in All That's Fair: Culture and Common Grace* (Eerdmans, 2002).

Meines Erachtens ist es unmöglich, auf der praktischen Ebene eine gemeinsame Aktion zu beginnen, die zur sozialen Transformation führt, ohne die sieben Berge oder, wie ich es gerne nenne, die die Kultur bestimmenden Einflüsse [*molders of culture*] in Betracht zu ziehen. [...] Es sind sieben an der Zahl: Religion, Familie, Kommerz, Künste und Unterhaltung, Regierung, Bildungswesen und Massenmedien.[77]

Diese »Sphären«, die nun »Berge« genannt werden, umschreiben die hauptsächlichen Aktionsbereiche des Dominionismus in der Gesellschaft.

Zweitens: Der neo-kuyperianische Einfluss ist deutlich in den »Sphären- Dokumenten« der *Coalition on Revival* (»Koalition für Erweckung«, COR)[78] zu erkennen. Diese Organisation hat sich in den 1980er Jahren besonders in der Verbreitung des Dominionismus hervorgetan, ist aber mittlerweile in den Hintergrund getreten. Ende der 1990er Jahre gab es Anzeichen einer Neubelebung dieser Initiative unter dem Namen »Church Council Steering Committee« (»Kirchenrats-Steuerungs-Komitee«)[79]. An ihre Stelle trat die »Worldview (Weltanschauungs)«-Bewegung[80], deren Ziele identisch sind mit denen des klassischen Rekonstruktionismus.[81] Die Lehren Abraham Kuypers und seine Theorie der »Sphären-Souveränität« stehen oft Pate für die größenwahnsinnig anmutenden Pläne der patriotischen Dominionisten Amerikas.[82]

[77] C. Peter Wagner, *Dominion! How Kingdom Action Can Change the World* (Royal Oak, MI: Chosen Books, 2008) 144.
[78] http://www.reformation.net.
[79] http://www.publiceye.org/ifas/fw/9911/corupdate.html.
[80] Siehe David J. Engelsma, »The Reformed Worldview on Behalf of a Godly Culture«; http://www.prca.org/prtj/apr2005.htm.
[81] »Christian Reconstructionism ist eine von Rousas John Rushdoony in den 1960ern initiierte neocalvinistische religiöse Bewegung in den Vereinigten Staaten. Sie wird der religiösen Rechten zugeordnet und hat gemäß Rushdoony das kulturelle Mandat, ihre religiöse Herrschaft auf die gesamte Erde auszudehnen und die göttliche Autorität in allen Aspekten des Lebens zu etablieren. Dabei soll das Zivilrecht so gestaltet werden, dass es die Menschen dazu ermutigt, Jesus als ihren Heilsbringer zu akzeptieren und aus biblischer Sicht unmoralisches Verhalten bestrafen. Für Homosexualität fordern Rushdoony und andere führende Vertreter des Rekonstruktionismus aufgrund ihrer Interpretation der Bibel die Anwendung der Todesstrafe. Wegen der radikalen Ansichten wird der Christian Reconstructionism sowohl von säkularer wie auch von christlicher Seite heftig kritisiert.« http://de.wikipedia.org/wiki/Christian_Reconstructionism; siehe auch http://www.frc.org/get.cfm?i=WT01G1
[82] http://www.lgmarshall.org/Reformed/kuyper_lecturescalvinism.html.

7.3 Patriotischer Dominionismus

In Amerika meinen viele Evangelikale, von denen die wenigsten Rekonstruktionisten sind, das Königreich Gottes durch politischen Aktivismus in ihrem Land einführen zu können. Über die christlichen Medien wurde ihnen in den vergangenen drei Jahrzehnten eingeschärft, dass sie in einer christlichen Nation leben, die nur zu ihren Wurzeln zurückkehren müsse. Fast jeder amerikanische Evangelikale ist in der einen oder anderen Form von diesem übersteigerten Nationalstolz beseelt. Die linksgerichtete Zeitschrift *Mother Jones* stellte die Ausgabe vom Dezember 2005 unter das Thema des patriotischen Dominionismus. Sie veröffentlichte einen Artikel über die *National Christian Foundation* (»Nationale Christliche Stiftung«)[83], eine Wohltätigkeitsstiftung, die mit neo-konservativen Organisationen verbunden ist. Der Artikel beleuchtete, dass die personellen und finanziellen Querverbindungen zwischen Neo-Konservativen und Neo-Evangelikalen eng verwoben sind.[84] Der Internetdienst Mediatransparency.org recherchierte die finanzielle Verquickung patriotischer Dominionisten und neo-konservativer Gruppen.[85] Aus den Informationen geht hervor, dass seit mehr als fünfzig Jahren Beziehungen zwischen diesen beiden Bewegungen bestehen; zusätzlich gibt es Kontakte zu offensichtlich antisemitischen Organisationen. Die Neo-Konservativen behaupten, die öffentliche Moral aufrechtzuerhalten, um sich bei den Christen beliebt zu machen. Besonders unter den Neoevangelikalen stoßen sie auf große Sympathien. Mit vereinten Kräften beeinflussen sie die Politik in Washington.

Jay Grimstead[86], der Gründer der *Coalition on Revival*[87], ist ein führender Kopf des patriotischen Dominionismus. Seit seinen frühen Anfängen gelang es der COR, die Hauptakteure der vier

[83] http://www.nationalchristian.com.
[84] Michael Reynolds, »Rendering Unto God,« *Mother Jones*, Dec. 2005, 43. http://www.motherjones.com/news/feature/2005/12/rendering_unto_god.html. Weitere Artikel finden sich unter: http://www.motherjones.com/search/category_religion.html.
[85] Eric Alterman, »Neoconning the Media: A Very Short History of Neoconservatism,« 04/22/2005; http://www.mediatransparency.org/story.php?storyID=2.
[86] http://65.175.91.69/Reformation_net/Pages/Jay_Grimstead.htm und http://www.angelfire.com/ca4/cor. Mittlerweile gibt es drei Videos im Internet über Grimsteads Beitrag zur DVD »God's Law and Society«: www.youtube.de, Suchbegriff »Second American Revolution: Jay Grimstead«.
[87] http://65.175.91.69/Reformation_net/default.htm.

dominionistischen Sonderlehren zusammenzubringen, inklusive der Rekonstruktionisten, um den radikalen Dominionismus zu fördern. Grimstead schrieb im Mai 1993 einen aufschlussreichen Brief an die leitende Ratsversammlung der COR. Wir zitieren einige Punkte daraus:

1.) Im ersten Jahrhundert A.D. wurde das Königreich Gottes eingeführt, der König in seinem Amt eingesetzt und bevollmächtigt. Wir müssen nicht auf das zweite Kommen des Königs warten, um das Königreich hier auf Erden zu beginnen. [...]
4.) Alle Menschen auf Erden, ob Juden oder Nicht-Juden, Gläubige oder Nicht-Gläubige, private Personen oder Staatsdiener, sind nun verpflichtet, ihre Knie vor diesem König Jesus zu beugen, ihn als Herrn mit ihren Zungen zu bekennen und sich seiner Herrschaft in jedem Bereich ihres Lebens in Gedanken, Worten und Taten unterzuordnen.
5.) Dem Missionsbefehl von Matthäus 28,18-20 zufolge ist die biblische Evangelisation nicht wirklich erfüllt, wenn dem Evangelisierten nicht auch die Botschaft von der Herrschaft Christi (gemäß Punkt 4) mitgeteilt wird, damit er weiß: Ein Versuch, vor dem König Jesus Neutralität zu wahren, ist Sünde und Hochverrat im Universum.[88]

Die politisch orientierten Vertreter der *Coalition on Revival* gingen in den 1980er Jahren in den USA in die Öffentlichkeit und proklamierten eine »christliche Weltanschauung«. In insgesamt 17 Bereichen des Lebens sollte sich diese Weltanschauung konkret auswirken. Die COR nannte die Bereiche »Sphären«; zu diesen zählten zum Beispiel die Bildung, das Gesundheitswesen, die Familie, die Künste, die Wissenschaften, die Gesetzgebung, die Medien, die Regierung und die Wirtschaft.[89] Politisch links eingestellte Gruppierungen schäumten vor Wut, weil die konkreten Empfehlungen über ein rein philoso-

---

[88] Brief von Jay Grimstead an den Leitungsrat der COR vom Mai 1993, dokumentiert z. B. unter http://www.holysmoke.org/hs00/fascism.htm, eine nicht-christliche Webseite. Vgl. http://apprising.org/2011/01/26/what-is-dominionism.
[89] »The 17 Worldview Documents offer Christian leaders concise and comprehensive biblical principles of how to apply the truth of the Bible to all spheres of life and ministry. These non-negotiable biblical truths have been boiled down to short, creed-like statements of affirmation and denial.« http://65.175.91.69/Reformation_net/Pages/COR_Docs_Worldview_Docs.htm.

phisches Grundsatzpapier hinausgingen. Die COR empfahl allen Christen, deren vorgeschlagenen Maßnahmen in der Gesellschaft einzubringen. Dabei hoben sie besonders den Missionsauftrag hervor, der allerdings nicht mehr dem biblischen Wortlaut entsprach, sondern von den Dominionisten umgedeutet wurde und sich auf die Verbesserung der Lebensumstände auf dieser Welt bezog. In den folgenden Jahren verlor die *Coalition on Revival* zwar ihre Bedeutung, die Fokussierung auf die Sphären nahm aber überraschenderweise nicht ab. Andere hatten diese Rolle übernommen und erfüllten zielstrebig die Anweisungen der Dominionisten. Viele Missionsgesellschaften setzten sich zum Ziel, alle Bereiche der Gesellschaft mit dem dominionistischen Gedankengut zu durchdringen. Sie gingen strategische Partnerschaften mit nationalen und internationalen Regierungsinstanzen, Firmen, Nichtregierungsorganisationen, humanitären Hilfsorganisationen und anderen Institutionen ein, um ihre »Königreichs«-Vorstellungen in den Sphären einzelner Länder rund um den Globus zu verwirklichen.

Ein einflussreicher Kämpfer für die Transformation ist Dennis Peacocke. Ihm gelang es, Mitglied sowohl im Leitungsgremium der COR als auch in der »International Coalition of Apostles« zu sein.[90] Peacocke bewegt sich frei und offen in den unterschiedlichen dominionistischen Vereinigungen. Sein erklärtes Ziel ist die radikale Veränderung der politischen und sozialen Strukturen der Gesellschaft.[91] In den vergangenen zwanzig Jahren hat sich Dennis Peacocke als Brückenbauer zwischen den charismatischen und patriotischen Dominionisten Amerikas hervorgetan. Er nimmt für sich in Anspruch, zur »apostolischen« Führungsriege in C. Peter Wagners »Neuer Apostolischen Reformation« zu gehören. Wie ein versierter Geschäftsmann vermarktet er seine Initiativen so geschickt, dass er von Dominionisten verschiedenster Prägung als Repräsentationsfigur angesehen wird.

Peacocke unterhält enge Beziehungen zum Magazin *Business Report*[92]. Regelmäßig führt er seine »Strategic Life Training«-

---

[90] »International Coalition of Apostles«; http://www.apostlesnet.net/index.asp?action +introduction. »ICA dient den apostolischen Leitern, die sich im Bau des Königreichs engagieren [...]«.

[91] Strategic Christian Services (Dennis Peacocke), »Co-Managing the Earth: The Foundational Work of the Christian Marketplace Ministry,« http://www.strategicc hristianservices.org/0903article.asp.

[92] http://www.iol.co.za/business.

Kurse[93] (»Strategische Lebenstrainingskurse«, SLT) durch, um die dominionistische Weltanschauung zu propagieren. Seine Aktivitäten erstrecken sich auch auf den Unterhalt einer »Business Leadership School« (»Manager-Schule«), die das »Königreichs«-Modell in die Geschäftswelt hineinträgt. Peacocke pflegt strategische Beziehungen zu internationalen Organisationen, die seine Version des Dominionismus in ihrem Einflussbereich verbreiten und ihn meist jährlich zu Konferenzen als Hauptredner einladen. Als »SLT Schweiz« wird der schweizerische Zweig des Martin-Bucer-Seminars angegeben.[94]

Am meisten überrascht, dass Dennis Peacocke in den Reihen der *Coalition on Revival* Anerkennung fand, ohne dass man seine Rolle als selbstdesignierter »Apostel« öffentlich beargwöhnt. Ein Grund dafür mag Peacockes enormer Erfolg gewesen sein, die theonomischen[95] Lehren Jay Grimsteads einem breiten Spektrum des etablierten Evangelikalismus schmackhaft gemacht zu haben, ohne sich den Makel der offiziellen Zugehörigkeit zu den fürchterlich zerstrittenen Rekonstruktionisten aufzubürden. Peacocke schloss sich nie offiziell dem vom Vater des Rekonstruktionismus, Rousas Rushdooney,[96] geleiteten *Chalcedon Institute* an (heute *Chalcedon Foundation*, benannt nach dem Konzil zu Chalcedon 451 n. Chr.). Dennoch stieg er im letzten Jahrzehnt zum effektivsten Propagandisten der Theonomie auf.

Damit die Theonomie Eingang und Akzeptanz in christlichen Kreisen findet, ist es nötig, die gängige Eschatologie zu überwinden. Trotz der großen Popularität der »Left Behind«-Romanserie[97] in Amerika und auch Deutschland und der Schweiz gewinnt das

---

[93] http://www.strategiclifetraining.com.

[94] http://www.strategiclifetraining.com/home/links/; http://www.schweiz.bucer.eu.

[95] Der an sich positiv und biblisch definierbare Begriff »Theonomie« (von griech. *theos*, Gott, und *nomos*, Gesetz, also »Gottesgesetzgebung« im Gegensatz zu »Autonomie«) wurde von amerikanischen Rekonstruktionisten (z. B. Rousas J. Rushdooney) seit den 1960er Jahren im neo-puritanischen Sinne umdefiniert. Theonomie meint hier eine durch Menschen ausgeübte (mittelbare) politische Gottesherrschaft, im Gegensatz zur biblischen Erwartung der unmittelbaren Gottesherrschaft (Theokratie) durch Christus nach seiner Wiederkunft.

[96] Rousas J. Rushdooney verstarb am 8. Februar 2001. Siehe Gary North, »R. J. Rushdoony, R.I.P.«; http://www.lewrockwell.com/north/north33.html; Gary North war Rushdoonys Schwiegersohn, spaltete sich aber nach einem Streit mit Rushdoony von der »Chalcedon«-Gruppe ab und gründete die »Tyler«-Gruppe. Siehe auch http://en.wikipedia.org/wiki/Rousas_John_Rushdooney.

[97] Auf Deutsch ist die Reihe unter dem Haupttitel »Finale – Die letzten Tage der Erde« erschienen. http://de.wikipedia.org/wiki/Left_Behind.

»Königtumsmandat« allmählich auch unter Dispensationalisten an Boden. Die prämillenialistische Eschatologie des Dispensationalismus wird durch verschiedene Mischformen des Postmillennialismus ersetzt. Eine ähnliche Entwicklung ist unter den meist amillennialistischen Reformierten zu beobachten. Dies geschieht u. a. dadurch, dass man sich ausschließlich auf das gemeinsame politische Ziel konzentriert, wie es Frederick Clarkson deutlich im folgenden Artikelauszug anspricht:

Eine Minorität der Evangelikalen sind Postmillennialisten, die glauben, dass es nötig sei, das Königtum Gottes im Hier und Jetzt zu errichten, bevor Jesus wiederkehren kann. Den Postmillennialisten zufolge kommt Jesus deshalb erst dann wieder, wenn die Welt vollkommen christianisiert sei. Seine Wiederkunft kröne demnach die tausendjährige Weltherrschaft der Christen. Diese Eschatologie zwingt die Evangelikalen geradezu, sich in der Politik zu engagieren; ihnen kommt eine Schlüsselrolle im Etablieren der christlichen Herrschaft zu. Die COR suchte einen Konsens herbeizuführen und unterbreitete den Vorschlag, sich nicht über verschiedene Ansichten der Eschatologie zu streiten. Gleichzeitig wurde empfohlen, das Königreich Gottes soweit zu bauen, wie es vor Jesus Wiederkunft möglich sei.[98]

Der Dominionismus beruft sich immer auf eine noble Sache oder eine wohlklingende Ideologie. Dennis Peacocke beginnt sein Seminar »Discipling Our Nation« (»Unsere Nation zu Jüngern machen«) mit einem Aufruf an die patriotischen Gefühle und politischen Ambitionen seiner Landsleute. Das Anliegen, die USA wieder zu ihren christlichen Wurzeln zurückzuführen, lockt viele amerikanische Patrioten an, um an dieser Veranstaltung teilzunehmen. Es dauert aber nicht lange, bis Peacocke seine Botschaft ändert. Das Ziel, aus Amerika wieder ein sittsames Land zu machen, wird plötzlich eingebettet in das dominionistische Mandat, alle Nationen in eine christliche Weltordnung zu integrieren. Um das eigentliche Ziel einer sozialpolitischen Transformation zu empfehlen, die alle Länder umschließt, lenkt er die Aufmerksamkeit seiner Zuhörer

---

[98] Frederick Clarkson, »Theocratic Dominionism Gains Influence«, *The Public Eye Magazine*, Vol. VIII, Nr. 1 & 2, März/Juni 1994, Teil 2 einer 4-teiligen Serie.

auf die Nationen. Die Seminarteilnehmer werden plötzlich mit der moralischen Verpflichtung konfrontiert, dass es den Christen geboten sei, ein internationales Königreich Gottes zu erbauen. Peacocke geht es hauptsächlich darum, alle gesellschaftsrelevanten Bereiche in der Welt nach Vorgabe einer theonomischen Weltanschauung zu verändern.

Eine klare Artikulierung der Vorstellungen über das Maß des Möglichen wird bewusst vermieden. Denn man möchte der Kritik von Skeptikern entgehen, die fordern, dass Peacocke und andere Rekonstruktionisten aufhören, sich politisch im Sinne des Dominionismus (und nicht im grundsätzlichen Sinne) zu engagieren, weil dieses Engagement eine alle vernünftigen Normen übersteigende Form unbiblischen Machtstrebens ist.

Dominionisten wie Jay Grimstead und Dennis Peacocke sind interessiert daran, die unterschiedlichsten Gruppierungen im gesamten christlichen Spektrum zusammenzubringen. Anscheinend haben sie keine Gewissenbisse, andere dazu zu überreden, ihre unterschiedlichen Glaubensauffassungen auf einen gemeinsamen Nenner – eben das Errichten des politischen »Gottesreiches auf Erden« – zu reduzieren.

In der Schweiz verbreitet die Unternehmensberatung »Vitaperspektiv«[99] Dennis Peacockes dominionistischen Konzepte in den Bereichen Firmenmanagement und Leiterschulung. Zu diesem Zweck werden teure Selbststudienkurse, Mentoringgruppen und Präsenzwochenenden über die »Schule für Biblische Geschäftsprinzipien«[100] angeboten. Auch die Organisation »profialliance« bietet Seminare der Vitaperspektiv auf ihrem Terminkalender an.[101]

Aus der bewusst vorangetriebenen und zielstrebig durchgeführten Transformation der Gesellschaft entstehen neue politische Verbindungen. Die Leiter der patriotischen Dominionisten in Amerika pflegen enge Beziehungen zu dem koreanischen Sektenführer Sun Myng Moon, der seine eigenen messianischen Ziele verfolgt. An dieser Stelle ist es nicht möglich, die vielen Querverbindungen zwischen Moon und den neoevangelikalen Leiter aufzuzeigen; im Internet sind darüber aber einige Informationen abrufbar. Eine gewisse Vorsicht

---

[99] http://www.vitaperspektiv.ch.
[100] http://www.sbgnet.ch; http://www.sbgnet.ch/sites/default/files/sbg_prospekt.pdf.
[101] http://www.profialliance.ch; 19.-20. November 2011 SBG Basisseminar »Grundprinzipien für Christen in der Arbeits-und Geschäftswelt« mit Dennis Peacocke.

ist dennoch geboten, denn nicht alles, was über dieses Thema gesagt und geschrieben wird, entspricht der Wahrheit.[102] Drei der einflussreichsten Dominionisten in Amerika waren bis vor kurzem James Dobson[103] (Leiter der Organisation *Focus on the Family*), D. James Kennedy[104] (Pastor der *Coral Ridge Presbyterian Church*, Fort Lauderdale, Florida) und Pat Robertson[105] (*The 700 Club; Regent University*). Doch wie kein anderer Pastor einer Megakirche personifiziert nunmehr Rick Warren die ehrgeizigen Ziele der patriotischen Dominionisten, die von einer gigantischen Vision durchdrungenen sind. Die Massenmedien feiern Rick Warren als »Amerikas Pastor«. Es wird zunehmend sichtbar, dass sich die Popularität von Billy Graham auf ihn überträgt. Auf dem Hintergrund der Sachlage, die in diesem Buch aufgezeigt wird, ist dies nicht unbedingt eine Empfehlung.

---

[102] Siehe John W. Kennedys Artikel in *Christianity Today*: »Finance: Moon-Related Funds Filter to Evangelicals«; http://www.christianitytoday.com/ct/1998/february9/8t2082.html.

[103] http://www.focusonthefamily.com/about_us/james-dobson.aspx; http://de.wiki pedia.org/wiki/James_Dobson

[104] http://www.coralridge.org/partnercentral/about-djk.aspx; Kennedy ist am 7. September 2007 verstorben.

[105] http://www.regent.edu/about_us/leadership/chancellor.cfm; http://de.wikipedia.org/wiki/Pat_Robertson.

Rick Warren – Amerikas Pastor

Rick Warren, Hauptpastor der *Saddleback Community Church* in Lake Forest, Kalifornien, hat einen Plan entworfen, um die Sozial-Philosophie von Peter Drucker weltweit umzusetzen. Er nannte den Plan »P.E.A.C.E.«[1] Die Saddleback-Gemeinde veranstaltete eine Konferenz, die sich mit der AIDS-Problematik befasste. In einem Zeitschriftenartikel war dazu Folgendes zu lesen:

Neben ihrer Botschaft des Mitleids sucht die [AIDS-] Konferenz [der Saddleback-Kirche] verschiedene andere Punkte, die sich aus Warrens globalem P.E.A.C.E.-Plan ergeben, zu vermitteln. Warrens Plan basiert auf dem Missionsbefehl »Machet zu Jüngern« (Matth. 28,18-20) und dem obersten Gebot der Liebe zu Gott und der Liebe zum Nächsten (Mk. 12,28-34). Es sollen die so genannten fünf »globalen Giganten« bekämpft werden: geistliche Leere, egozentrische Regierung, extreme Armut, allgegenwärtige Krankheit und Analphabetismus sowie unzureichende Bildung. Um dies zu tun, werden Kirchen gegründet und dienstwillige Leiter ausgerüstet, die die Armen unterstützen, die Kranken versorgen und die Bildung der nächsten Generation sichern.[2]

Rick Warren hat es wie kein anderer geschafft, die öffentliche Übereinstimmung der vier dominionistischen Sonderlehren bzw. Bewegungen[3] zustande zu bringen. Das *Fuller Theological Seminary* verlieh ihm den Doktergrad »D. Min.« – dies ist ein professioneller, aber kein akademischer Titel – für eine Dissertation, die später in Deutschland

---

[1] http://www.thepeaceplan.com. »P.E.A.C.E.« ist ein Akronym für *Promote reconciliation, Equip servant leaders, Assist the poor, Care for the sick, Educate the next generation.* (Nähere Erklärung weiter unten Seite 144)

[2] »Involvement in AIDS crisis urged at Saddleback conference«, Shannon Baker, Baptist Press, 7.12.2005, http://www.sbcbaptistpress.org/bpnews.asp?ID=22230; zu Deutsch: »Auf der Saddleback-Konferenz wird Engagement in der AIDS-Krise gefordert«.

[3] 1.) Neue Apostolische Reformation, 2.) Ganzheitliche Mission, 3.) Globale Transformation und 4.) Emergent Church (vgl. hier Seite 43).

unter dem Buchtitel *Kirche mit Vision* bekannt wurde. Sein Doktor-
vater war der selbsternannte »Apostel« C. Peter Wagner. Als führender Dominionist der »Neuen Apostolischen Reformation« trug
Wagner mehr zur Ausbreitung dieser Irrlehre als irgendein anderer
bei. Warren hat viel von ihm gelernt.

Rick Warren setzt sich mit voller Kraft ein, um Peter Druckers
Modell einer »gesunden Gesellschaft« in Ruanda[4] und Uganda[5]
unter dem Banner der Mission und Entwicklungshilfe einzuführen. Hinter diesem Anliegen steht der grandiose Plan, die Gesellschaft auf dem Kontinent Afrika von Grund auf zu transformieren. Um dies zu bewältigen, startete Warren eine aggressive
Vermarktungskampagne. Es geht ihm dabei um nichts weniger als
der AIDS-Epidemie entgegenzutreten, die Armut abzuschaffen und
den »Missionsbefehl« zu erfüllen. Der Missionsbefehl wird dabei im
dominionistischen Sinn ausgelegt; die Aufgabe ist also, alle wichtigen Gesellschaftsbereiche im Sinne der »Neuen Apostolischen Reformation« umzugestalten – oder wie die Dominionisten sagen »zu
transformieren«. Mit Evangelisation im herkömmlichen Sinn hat das
nicht mehr viel zu tun. Um einflussreiche international anerkannte
Persönlichkeiten für seine Sache zu gewinnen, lässt sich Warren zum
Beispiel mit dem *Aspen Institute*[6] mit Sitz in Aspen, Colorado, ein
sowie mit Rockstars wie Bono[7], mit Katholiken[8], Moslems[9], Bud-

---

[4] »Warren of Rwanda«, *TIME Magainze U.S.*: »Warren talks of turning Rwanda into
›the first purpose-driven nation.‹« («Warren spricht davon, Ruanda in die erste purpose-driven Nation zu machen«; Purpose-driven heißt »auftragsorientiert« oder
»zweck-geleitet« und ist das Motto von Warrens Büchern und Programmen) http://
www.time.com/time/magazine/article/0,9171,1093746,00.html
[5] »Dr. Rick Warren Launches ›Purpose Driven Living‹ In Uganda Campaign: Saddleback Pastor Begins 12-day, Three-country African Visit to Unite Government,
Business and Church Leaders in Discovering National Purpose« (»Dr. Rick Warren
startet ›Purpose Driven Living‹ mit einer Kampagne in Uganda: Der Pastor von
Saddleback beginnt eine 12tägige Afrikareise in drei Länder, um Führungspersonen
aus Regierungen, Wirtschaft und Kirche darin zu vereinen, den nationalen Zweck
zu erkennen«); http://www.rickwarrennews.com/080329_uganda.htm
[6] http://www.aspeninstitute.org. Rick Warren trat als Redner beim »Aspen Ideas Festival« (5.-10. Juli 2005) auf.
[7] »Jesus at G8. Christian advocacy for Africa gains notice at top meetings» («Jesus bei
G8. Christliche Fürsprache für Afrika erlangt Aufmerksamkeit bei Gipfeltreffen.«);
http://www.christianitytoday.com/ct/2005/julyweb-only/33.0.html
[8] Siehe z. B. folgende Video-Predigt des führenden Katholiken Peter Kreeft in der
Saddleback-Gemeinde: »Annual Apologetics Weekend: Who is Jesus? Pt. 3: The
Shocking Life of Jesus; http://www.saddleback.com/mc/m/7996/ (ab der 17. Minute)
[9] Siehe z. B. folgenden Artikel: »Evangelist Warren to Muslims: Let's partner. Under

dhisten[10] und Homosexuellen[11]. Stolz nennt er sein Vorgehen die Verwirklichung der »Zweiten Reformation«, die auf seinem globalen P.E.A.C.E.-Plan gründet. Unter christlicher Flagge gab es bislang kein ehrgeizigeres Aktionsprogramm, um die Bestrebungen Amerikas zu erfüllen, die wirtschaftliche, politische und militärische Vormachtstellung weiter auszubauen und zu konsolidieren. Warren beabsichtigt, die größte »Armee an Freiwilligen« aufzustellen, um seinen P.E.A.C.E.-Plan zu verwirklichen. Ihm schwebt die Zahl von »einer Milliarde Fußsoldaten«[12] vor. Damit ihm dies auch gelingt, schrieb er ein Buch mit dem Titel *Purpose Driven Life*[13], das im deutsch-sprachigen Raum unter dem aussageschwachen Slogan *Leben mit Vision*[14] herausgebracht wurde. Die wenigsten, die sich auf das 40-Tage-Programm dieses Buches eingelassen haben, wissen, welche »Vision« Warren für ihr Leben hat.

8.1 Das Programm »Leben mit Vision«

Der amerikanische Baptistenpastor und Bestsellerautor Rick Warren will bis 2020 eine Milliarde Christen mobilisieren, um eine »Zweite Reformation« einzuleiten. Er rechne mit einer weltweiten geistlichen Erweckung, sagte er bei der Vorstellung seines Planes vor 30.000

---

fire from fellow conservatives, he addresses Islamic Society« (»Evangelist Warren zu Moslems: Lasst uns Partner sein. Er spricht die islamische Gesellschaft an und wird dafür von Mit-Konservativen angegriffen.«); http://www.msnbc.msn.com/id/31741969/ns/us_news-faith/t/evangelist-warren-muslims-lets-partner.

[10] Siehe z.B. Warrens Zustimmung zu buddhistischen Lehren im folgenden Interview: »Dr. Hyman's Interview with Rick Warren for The Daniel Plan«; http://www.rickwarren.com/mc/m/d9ce/ ; http://drhyman.com/dr-hyman-interview-rick-warre-5121.

[11] »Rick Warren says he has gay friends / gay marriage » (»Rick Warren sagt, er habe homosexuelle Freunde«); http://www.youtube.com/watch?v=X1OKujvm11k. Siehe auch die vielen weiteren Aussagen Warrens dazu, die unter den Suchbegriffen »Rick Warren gay« auf youtube.de abgerufen werden können.

[12] Die Abschrift von Rick Warrens Interview in der Sendung *Larry King Live*; http://transcripts.cnn.com/TRANSCRIPTS/0512/02/lkl.01.html.

[13] http://www.purposedrivenlife.com/en-US/Home/home.htm

[14] Einige Beispiele, wie das Programm »Leben mit Vision« jeweils in Deutschland und in der Schweiz umgesetzt wird: http://www.kirche-mit-vision.de/index.php?id=108 , http://www.kirche-mit-vision.de/index.php?id=16; http://www.paulusgemeinde.org/_dta/file/downloads/lebenmitvision.pdf; Heilsarmee in der Schweiz: http://www.heilsarmee.ch/swi/www_SWI_de.nsf/vw-dynamic-arrays/8BB90C4220CF030FC12577FA003F9F4D?openDocument; http://www.40tage.ch/lvm/40_Tage_-_Leben_mit_Vision.html.

Teilnehmern in einem Baseball-Stadion in Anaheim, Kalifornien. Anlass für das Treffen war die 25. Jahresfeier der von Warren gegründeten Saddleback-Gemeinde im Jahr 2005 in Lake Forest bei Los Angeles mit damals mehr als 22.000 Mitgliedern.[15] Nach Angaben des amerikanischen Informationsdienstes *Assist* sagte Warren, er wolle mit seinem »Friedensplan« auch die größten gesellschaftlichen Probleme in den Griff bekommen, mit deren Lösung selbst die Vereinten Nationen überfordert seien. »Unser Ziel ist es, eine Milliarde Fußsoldaten des Reiches Gottes einzuberufen, die dauerhaft das Gesicht der Weltmission verändern werden, indem sie die fünf ›globalen Giganten‹ bekämpfen.«

Warrens Friedensplan ist dabei zugleich ein Akronym (Buchstabenspiel). Das englische Wort für Frieden lautet *Peace*. Das Wort setzt sich aus den Anfangsbuchstaben von »fünf Bausteinen« zusammen, die Bestandteil des Warren-Plans sind: P für Förderung von Versöhnung, E für Schulung von Führungskräften, A für Hilfe für die Armen, C für Fürsorge für die Kranken und E für Ausbildung der nächsten Generation.[16] Warren zählt für das amerikanische Nachrichtenmagazin *Time* zu den 100 einflussreichsten Personen der USA.[17] Von der deutschen Übersetzung seines Buches *Leben mit Vision*[18] sind mehr als 150.000 Exemplare verkauft; von 2002 bis 2007 zirka 30 Millionen in 56 Sprachen weltweit.[19]

Angesichts dieses gigantischen Unternehmens, für dessen Durchführung sich Warren verantwortlich fühlt, fragt man sich, was sich wirklich dahinter verbirgt. Ist es eine von Gott überaus gesegnete Initiative erfolgreicher Gemeindearbeit im südkalifornischen Stil, die sich nun in die Pflicht genommen sieht, nicht nur geistliche Ziele anzustreben, sondern die größten sozialen und politischen Probleme der ganzen Welt in Angriff zu nehmen? Treten wir tatsächlich in ein

---

[15] http://www.saddlebackresources.com/en-US/Resources/ProductDetail.htm?SKU =DS016704; http://www.saddlebackfamily.com/story/7312.html.

[16] Auf Englisch: *P – Promote reconciliation, E – Equip servant leaders, A – Assist the poor, C – Care for the sick, E – Educate the next generation.* Ursprünglich hieß der erste Punkt »Plant churches« (»neue Kirchengemeinden gründen«).

[17] http://www.time.com/time/covers/0,16641,20080818,00.html; http://www.time.com/ time/magazine/article/0,9171,1830390,00.html; siehe auch http://www.time.com/ time/specials/packages/article/0,28804,1993235_1993243,00.html.

[18] Aßlar: Projektion J / Gerth Medien, 2003.

[19] http://abcnews.go.com/print?id=2914953; http://en.wikipedia.org/wiki/The_Purpose_Driven_Life.

neues Zeitalter der geistlichen Erneuerung ein, das sich in geradezu revolutionärer Weise auf alle Bereiche des Gesellschaftslebens einer Weltgemeinschaft auswirkt?

Die suggestive Kraft dieser Vision, die von einer solch charismatischen Persönlichkeit wie Rick Warren ausgeht, ist unbestritten. Es gelingt ihm vielerorts, Gewaltiges zu bewirken. Er weiß nicht nur Massenevangelisationen zu organisieren, sondern stürzt sich auch mitten ins soziale und politische Leben seines Landes, ja der Welt, um Leid und Elend zu mindern. In Deutschland hat sich die überwiegende Mehrzahl der evangelikalen Gemeinden auf das systematische Durchführen des Programms »Leben mit Vision« eingelassen.[20] Dürfen wir es überhaupt wagen, diese allerorts hörbare Proklamation einer »Zweiten Reformation« kritisch unter die Lupe zu nehmen, wenn der immense Erfolg das gewaltige Wirken Gottes offenbar impliziert?

Oberflächlich betrachtet, erweckt das Buch und Programm »Leben mit Vision« von Rick Warren kaum Bedenken. Trotz seiner vielerorts enormen Beliebtheit vermittelt der äußere Schein dieses Modells ein eher konventionelles Konzept. Der Reiz der Sache liegt darin, dass Kirchen in ganz Amerika wie auch in vielen anderen Ländern, u.a. in Deutschland und der Schweiz, ein enormes zahlenmäßiges Wachstum erfahren, wenn sie sich konsequent auf Warrens Marketingstrategie einlassen. Der Erfolg spricht anscheinend für sich selbst. Kirchen, die sich eine gesteigerte Bekanntheit an ihrem Ort versprechen, vermerken das 40 Tage dauernde Programm »Leben mit Vision« in ihrem Veranstaltungskalender. Teilnehmer in sowohl evangelikalen als auch katholischen Kreisen erzählen begeistert davon. Wer könnte angesichts dieser positiven Berichtslage etwas Kritisches an einem so vielversprechenden und zielgerichteten Projekt finden?

Die Methoden, Menschen für Gott zu interessieren, waren von jeher mannigfaltig. Jede Zeitepoche und Kultur entwickelte ihr eigenes Konzept. Solange wie es Warren gelingt, mit seinem Programm

---

[20] Im Internetlexikon Wikipedia heißt es: »Seit 2003 haben mehr als 700 Gemeinden in Deutschland, Österreich und der Schweiz und weltweit etwa 40.000 Gemeinden verschiedenster Konfessionen, Ausprägungen und Denominationen an einer Kampagne zum Buch teilgenommen. Dabei lesen die Mitglieder der teilnehmenden Gemeinden täglich einen Teil des Buches und besprechen sie in Kleingruppen und in den Gottesdiensten. (Stand 2011 lt. deutschem Kampagnenbüro)« http://de.wikipedia.org/wiki/Rick_Warren.

»Leben mit Vision« in die Schlagzeilen der Massenmedien zu kommen, kann ihm doch niemand etwas Schlechtes nachsagen. Eine alle Rahmen sprengende Bekanntheit kann der christlichen Sache – so sagt man – nur gut tun. Andere Gemeinden sollten es der Saddleback-Gemeinde nachmachen, damit dem Christentum wieder eine überragende gesellschaftliche Rolle zukommt.

Darüber hinaus ist jeder Gläubige aufgefordert, sich ein umfassendes Bild davon zu machen, welche Bestimmung Gott seinem Leben gegeben hat. Ein Leben, das zielgerichtet für Jesus eingesetzt wird, erfüllt doch den Sinn, der ihm vom Schöpfer gegeben wurde, sagen die Warren-Anhänger. Deshalb legt Warren großen Wert auf die »Auftragsorientierung« seines Programms – »*purpose driven*«, etwas frei ins Deutsche übersetzt als »Leben mit Vision«. Das Wörterbuch übersetzt das englische Wort *purpose* mit »Absicht, Ziel und Vorsatz«. Der grundsätzliche Gedanke hinter dem Programm »Leben mit Vision« scheint demnach eine »zweckgerichtete Lebensaufgabe«, also die Förderung einer dem Willen Gottes gemäßen Lebenseinstellung und Lebensführung zu sein. Doch es muss mit großem Nachdruck darauf hingewiesen werden, dass dem leider nicht so ist.

Aber es muss deutlich gesagt werden: Die P.E.A.C.E.-Plan-Bewegung ist eine geistliche Verführung. Mit vehementer Wucht überflutet eine völlig entstellte Form des Christentums die evangelikalen Gemeinden der westlichen Welt. In einer Zeit der religiösen Verirrung sollte man eigentlich nichts anderes erwarten. Dennoch überrascht die Bereitwilligkeit vieler Kirchen, sich vorbehaltlos einem geistlichen Trend anzuschließen, der sich unverblümt gegen die traditionelle Auffassung des Christentums stellt. Rick Warren geht es nicht mehr vordergründig darum, Menschen mit der frohen Botschaft des ewigen Heils in Christus zu konfrontieren, sondern sie im Namen Gottes in das globale Netzwerk religiös-orientierter Sozialarbeiter einzuspannen. Das Endziel dieser systematisch koordinierten Aktivität ist die Vereinigung aller Nationen und Religionen im globalen Staatenbund, der eine religionsvermischende und sozialistische Prägung hat.

Das Programm »Leben mit Vision« ist demnach ein gigantisches Täuschungsmanöver. Gleichzeitig ist es das erfolgreichste einer ganzen Reihe anderer Initiativen mit ähnlicher Zielsetzung. In Rick Warren sehen wir nur die Spitze eines massiven Eisbergs. Der Zusammenhang, in dem das Programm »Leben mit Vision« einzuordnen ist, muss in einem viel größeren Rahmen gesehen werden: Die christlichen Gemeinden sollen weltweit einem fundamentalen Veränderungsprozess unterworfen werden. Auf dem gleichen Prinzip der gemeindlichen Umstrukturierung basieren weitere Modelle, zum Beispiel Bill Hybels' *Willow Creek Community Church*[21], Erwin R. McManus' *Mosaic*[22], Mark Driscolls *Mars Hill Church*[23] und Tim Kellers *Redeemer Presbyterian Church*[24]. Weitere Modelle werden in Büchern wie Randy Frazees *The Connecting Church* (»Die verbindende Kirche«)[25], Robert Lewis' *The Church of Irresistible Influence* (»Die Kirche des unwiderstehlichen Einflusses«)[26], Randy Popes *The Prevailing Church* (»Die obsiegende Kirche«)[27] und vielen anderen beschrieben, die zu zahlreich sind, um sie alle einzeln aufzählen zu können.

Hier geht es darum, das gemeinsame Ziel dieser Modelle aufzuzeigen. Dies geht am besten, wenn man sich auf das Programm »Leben mit Vision« der *Saddleback Community Church* beschränkt. Rick Warren übt in der Tat eine Vorreiterrolle aus. Dennoch ist es ratsam, sich stets zu vergegenwärtigen, dass andere Gemeindewachstumsmodelle grundsätzlich der gleichen Gussform entnommen sind. Sie werden empfohlen von Lyle Schaller[28], C. Peter Wagner, Leonard Sweet, Eddie Gibbs[29], Bob Buford, Rolf Hille[30], Helge Stadelmann[31]

---

[21] http://www.willowcreek.org.
[22] http://mosaic.org.
[23] http://marshill.com.
[24] http://www.redeemer.com.
[25] Grand Rapids: Zondervan, 2001.
[26] Grand Rapids: Zondervan, 2001.
[27] Chicago: Moody, 2002; siehe auch Randy Popes *Perimeter Church* in Duluth, Georgia; http://www.perimeter.org.
[28] http://www.ablngdonpress.com/forms/authors.aspx?contributorid=4246.
[29] http://www.fuller.edu/academics/faculty/edmund-gibbs.aspx.
[30] Rolf Hille empfiehlt: »Das Buch von Rick Warren »Kirche mit Vision« eignet sich trotz des amerikanischen Hintergrundes sehr gut für deutsche Leser. Gerade im postkirchlichen Bereich sind wir noch immer sehr durch das »monarchische« Pfarramt geprägt. Es geht darum, ganz neu Teamarbeit einzuüben und so möglichst viele aktive Christen zum Dienst des Gemeindeaufbaus zu motivieren. Hierzu bietet Rick Warren eine Fülle brauchbarer Anregungen. Dennoch ist sein Buch nicht rein pragmatisch geschrieben, sondern zeigt in solider Weise biblische Hintergründe und praktisch-theologische Reflexion.« – Dr. Rolf Hille, bis 2000 Vorsitzender der Deutschen Evangelischen Allianz, Vorsitzender des Arbeitskreises für evangelikale Theologie, Vorsitzender der Theologischen Kommission der Weltweiten Evangelischen Allianz und Rektor des Albrecht-Bengel-Hauses in Tübingen. Dozent am Theologischen Seminar der Liebenzeller Mission. In: *Kirche mit Vision*, Seite 12 – Stimmen zum Buch (Aßlar: Projektion J, 1998).
[31] Helge Stadelmann empfiehlt: »Rick Warren geht vom biblischen Auftrag der

und vielen anderen. Das Muster trägt die unverwechselbaren Kennzeichen der postmodernen »Kirche«. Wenn auch die Markenzeichen der anderen Modelle unterschiedlich benannt sind – und wir haben es tatsächlich wie bei IBM und Toshiba mit eingetragenen Markenzeichen zu tun! –, steckt doch im Kern der gleiche Gedanke dahinter: die gesellschaftliche Transformation. Das Programm »Leben mit Vision« ist das bekannteste Muster dieses globalen Veränderungsprozesses im kirchlichen, sozialen und politischen Bereich.

Das Programm »Leben mit Vision« ist verwurzelt in radikalen Philosophien über das menschliche Wesen und soziale Miteinander. Diese Philosophien zielen darauf ab, den Arbeitsplatz, die Schulen, Regierungen und Kirchen in unserer Gesellschaft von Grund auf zu verändern. Der Teil der »motiviert durchgeführten Zweckbestimmung« eines Rick Warren, die uns an der Oberfläche begegnet und auf dem Kamm einer genialen Marketingwelle schwimmt, ist zum kleinsten gemeinsamen Nenner reduziert worden, damit das Programm eine allumfassende Anziehungskraft entwickelt. Tatsächlich ist die Botschaft einförmig und vorfabriziert – soweit vorbereitet sogar, dass ein x-beliebiger Pastor jederzeit Predigtvorlagen im Stil Warrens von dessen Webseite »Pastors.com« herunterladen kann. Jedenfalls liegt Rick Warren viel daran, über seine Bücher und sonstigen Medien Pastoren weltweit mit seinem äußerst lukrativen und die Massen begeisternden Modell bekannt zu machen. Er tut dies ganz geschickt, indem er sich einer neuen Marketingstrategie, dem so genannten Pyro-Marketing bedient. »Pyro« bedeutet übersetzt »Feuer«: also Feuer- Vermarktung.

In seinem Buch *PyroMarketing*[32] beschreibt Greg Stielstra den phänomenalen Erfolg der Vermarktungskampagne von Rick Warrens Bestseller *Purpose Driven Life*. Stielstra gab seinem Vermark-

Gemeinde aus und landet bei einem überzeugenden Modell von »Kirche für andere«. Dieses Buch [*Kirche mit Vision*] ist randvoll mit übertragbaren Einsichten für gesundes Gemeindewachstum. Der Entwurf der Saddleback-Gemeinde hat alle Stärken des Willow-Creek-Ansatzes zu bieten, führt in seiner Ausgewogenheit aber darüber hinaus. Was hier vorgestellt wird, ist das Modell einer Gemeinde für Kirchendistanzierte, die nicht in den Kinderschuhen des Glaubens stecken bleibt. Dies wird für die nächsten Jahre das wichtigste Buch zum Thema ›evangelistischer Gemeindebau‹ auf dem deutschen Markt werden.« – Prof. Dr. Helge Stadelmann, Rektor der Freien Theologischen Hochschule Gießen (FTH), In: »Kirche mit Vision«, Seite 13 – Stimmen zum Buch (Aßlar: Projektion J, 1998).
[32] Greg Stielstra, *PyroMarketing* (New York, NY: HarperBusiness, 2005).

tungskonzept die Bezeichnung Pyro-Marketing. Wie Analogie zum
Feuer beschreibt sein Konzept: 1.) Sammeln des trockensten Zunders, 2.) Anzünden des Zunders mit einem Streichholz, 3.) Anfachen
der Flammen und 4.) Aufbewahren der glühenden Kohlen.

Greg Stielstra entwickelte eine neue Variante des Netzwerk-Mar-
ketings, die perfekt auf die Zellkirchenstruktur der »Neuen Apostolischen Reformation« zugeschnitten ist. Nun ist es möglich, ein neues
Konzept, eine innovative Idee, einen alternativen Lebensstil, eine
erfundene Lehre oder ein frisches Produkt über die von oben nach
unten verlaufenden Beziehungslinien der Zellkirchen-Pyramide zu
verbreiten. Das Gemisch aus verschiedenen Vermarktungsmetho-
den – das Gütezeichen des Pyro-Marketings – enthält die neusten
medizinischen Erkenntnisse der Stimulierung des Gehirns, moderne Forschungsergebnisse der Soziologie und erprobte Methoden der
politischen Beeinflussung, wie zum Beispiel die Datensammlung der
Unterstützer bis zur nächsten Kampagne.

Im vierten Kapitel erklärt Stielstra die Bedeutung von dem Ausdruck »Halte ein Streichholz daran«:

>»Halte ein Streichholz daran« umfasst die Aufgabe, Menschen
> die Möglichkeit zu geben, mit ihrem Produkt oder Dienst und den
> daraus erwachsenden Nutzen Erfahrungen zu sammeln. [...] Er-
> fahrung erhöht die Hitze der Vermarktung um einiges.
> Eine Erfahrung mit dem Nutzen eines Produktes lässt schnell
> einen potentiellen Käufer zu einem Kunden werden. Lässt man
> sie weg, kann man Menschen jedoch nicht zum Brennen bringen.
> Solange man ihr Interesse nicht so weit steigern kann, dass man zu
> einer kritischen Temperatur gelangt, wird man kein Feuer entfa-
> chen können, egal wie viel Brennmaterial zur Verfügung steht.[33]

In der Werbebranche ist das gewünschte Ergebnis die Ausschüttung
von Dopamin in den Blutkreislauf. Dopamin ist ein Neurotransmit-
ter, eine chemische Substanz im Gehirn, die angenehme Empfindungen hervorruft.

Wie lässt sich die Philosophie beschreiben, die sich hinter »Leben
mit Vision« verbirgt? Was steckt hinter diesem Plan der radikalen
Transformation einer postmodernen »Kirche«, wie sie Warren in

---

[33] Ebd., 109-110.

»Kirche mit Vision« empfiehlt? Worauf zielt die »Zweite Reformation« ab? Als philosophische Grundlage dieses Programms kann eindeutig die »Allgemeine Systemtheorie«[34] identifiziert werden, eine
Synthese aus Evolutionswissenschaft und New Age.

Die offenherzige – ja blauäugige – Akzeptanz der Systemtheorie
an den Seminaren Amerikas, die sich hauptsächlich mit der akademischen Ausbildung zukünftiger Pastoren und Missionare befassen,
nahm in den vergangenen zehn Jahren enorm zu. Es ist ein theologisches Ersatz-Paradigma, das die traditionelle Lehre über das Wesen
des Menschen mit einer neuen evolutionären Weltanschauung ver-
tauscht, in der sich der Mensch selbst transformiert, sich also mittels eigener Kraft in etwas anderes umwandelt. In diesen radikalen
Transformationsprozess nimmt er anschließend auch die übrige Gesellschaft mit hinein. So ist es von den führenden Agenten einer weltweiten Kulturrevolution vorgesehen. Die bekanntesten Exponenten
dieser Theorie dürften die Theosophen gewesen sein, die heute ihr
Dasein am Rande der Gesellschaft längst aufgegeben haben und nun
unter der Bezeichnung New-Age-Bewegung auf sich aufmerksam
machen.

Wesentliche Elemente der Systemtheorie leiten sich von esoterischen Philosophien ab, die in Deutschland im 19. Jahrhundert im Un-
tergrund kursierten. Ludwig von Bertalanfy[35], der Vater der »Allgemeinen Systemtheorie«, legte das ideale Konzept vor, um alle Abläu-
fe im Sozialgefüge so regulieren und verwalten zu können, wie sie auf
natürliche Art und Weise zusammenhängen. Die Systemtheorie wird
angewandt, um die drei wesentlichen Sektoren einer Gesellschaft zu
festigen: den Regierungsapparat, die Wirtschaft und das Sozialwesen. Ein gigantisches Netz verschiedener Gesellschaftssysteme, einschließlich der Kirchen, wird aufgebaut – mit der Absicht, eine homo-
gene Weltgemeinschaft aus der Retorte zu heben. Die theoretische
Grundlage dieses weit gefächerten Netzes bereitete Peter Drucker
vor, der als einer der einflussreichsten Vordenker des Kommunitarismus[36] angesehen werden muss.

Das Programm »Leben mit Vision« geht auf das gleiche Sche-
ma zurück wie das Konzept der Zellgruppen-Gemeinden und das

[34] http://de.wikipedia.org/wiki/Systemtheorie.
[35] http://de.wikipedia.org/wiki/Ludwig_von_Bertalanffy.
[36] In einem folgenden Abschnitt dieses Buches gehen wir ausführlicher auf den Kommunitarismus ein (ab Seite 207).

»missionale«[37] Konzept. Jedem dieser Gemeindewachstumsstrategien steht die Systemtheorie Pate. Das Modell der Zellgruppen-Gemeinde in seiner »apostolischen«[38] Ausprägung findet in charismatischen Kreisen großen Anklang. Neue Lehren werden speziell entwickelt, um diese gemeindliche Umstrukturierung, die radikaler fast nicht vorstellbar ist, zu rechtfertigen. Das »missionale« Konzept nahm seinen Anfang am *Fuller Theological Seminary* und dem *U.S. Center for World Mission* in Pasadena, Kalifornien, und wird von dort aus in alle Welt exportiert. Viele neue Lehren, wie zum Beispiel die »Kontextualisierung« und »geistliche Kartographie« (*spiritual mapping*[39]), tauchen plötzlich auf. Fast permanent werden Missionsgesellschaften und charismatische Gemeinden einem Trommelfeuer »prophetischer« Verlautbarungen ausgesetzt – es sei erinnert an die bizarren Äußerungen in Publikationen wie »The Elijah List«[40] und

[37] Michael Bischoff, ein einflussreicher Befürworter der Emergent-Church-Bewegung in der Schweiz und ehemaliger Studienleiter des Instituts für Gemeindebau und Weltmission in Basel, schrieb über das Konzept »missional«: »Konsumorientiert oder Missional? – Eine ›Missional Church‹ mobilisiert alle ihre Glieder, sich als Gesandte in die Gesellschaft zu verstehen. Sie bevorzugt eine Geh-Struktur und beschränkt darum ihre missionarische Vision nicht auf die Einladung zu einem sonntäglichen Gottesdienst. Sinnbildlich könnte man darum sagen, die Kirche soll ihre Gebäude nicht ins Zentrum setzen, sondern dorthin gehen, wo sich die Menschen befinden, sei es an den Arbeitsplätzen, in den Parks oder in den Cafés und Pubs. Die genaue Struktur und Form einer missionalen Gemeinde ist dabei zweitrangig, allerdings gibt die Mehrheit der aktuellen Vertreter einem mehr organisch [sic] und auf Gemeinschaft ausgerichteten Modell den Vorzug (Stichwort ›Missional Community‹). Die Betonung der Gemeinschaft zeigt, dass wir von Gott nicht allein in diese Sendung gestellt werden, sondern vielmehr als Gemeinschaft, als geistliche Familie. Eine weitere wichtige Eigenschaft betont Dan Kimball, wenn er etwas schematisch die ›Missional Church‹ von der konsum- und programmorientierten Gemeinde unterscheidet.« http://www.igw.edu/bilder/ Newsmeldungen/Vision_Nr.2_08.pdf. Eine Kritik dieses Konzepts würde hier den Rahmen sprengen.
[38] Im Sinne der »Neuen Apostolischen Reformation«; siehe oben.
[39] http://www.globalwarfare.org.ph/contents/tactics_strategies/mapping/mapping.html
[40] http://www.elijahlist.com. Beispiel: »... Wenn die Kirche diesen Entschluss zu fassen beginnt, werden sie mehr als Militärbasen aufgefasst werden und werden den Charakter militärischer Trainingslager annehmen und so effektive geistliche Streitkräfte zurüsten und formieren. Beizeiten wird die Kirche tatsächlich mehr als Militärstreitmacht organisiert sein mit einer Armee, Marine, Luftwaffe etc.« Rick Joyner in »The Warrior Nation – The New Sound of The Church,« TheElijahList, 27.6.2006, http://www.elijahlist.com/words/display_word.html?ID=4224; eine beispielhafte Dokumentation über skurrile »Reinigungspraktiken« für Grundstücke findet sich unter http://www.deceptioninthechurch.com/threefallacies.html, ein aufklärender Artikel ferner unter http://www.letusreason.org/Latrain36.htm.

»Joel News«[41] –, die dem Prozess eine Art »geistliches« Echtheitssiegel verleihen sollen.

Auffallend ist, dass das Programm »Leben mit Vision« die Kirchentransformation in einer anderen Verpackung vermarktet als die bisherigen Gemeindebaumodelle es taten. Das Programm scheint direkt den marktschreierischen Gebaren der Geschäftswelt entnommen zu sein. Durch seinen betont pragmatischen Ansatz, der mit einer dezenten Ausstaffierung von erfahrungsbezogenen Erlebnissen kombiniert ist, spricht es eine breite Bevölkerungsschicht an. »Leben mit Vision« hat sich im Einschleusen der esoterischen »Allgemeinen Systemtheorie« in die postmoderne Gemeindetheologie und -praxis bei Weitem als erfolgreichster Mechanismus erwiesen. Keinesfalls sollte es überraschen, dass das philosophische Fundament der Systemtheorie wesentlicher Teil eines neuen »Gemeinde«-Modells geworden ist. Der evolutionäre Aspekt dieser Theorie stimmt mühelos mit der Vorstellung überein, dass die Braut Christi sich selbst – also in eigener Anstrengung – auf Erden strukturell und geistlich vervollkommnen müsse, bevor Jesus Christus wiederkommen kann.

Die Philosophie der Systeme entspricht Modellen, die im Soft- und Hardware-Bereich der Computerbranche gang und gäbe sind. Diese Modelle werden nun auf die Entwicklung von biologischen Systemen, zum Beispiel auf die organische Evolution, übertragen, die dann wiederum ideelle Vorlagen für das optimale Sozialgefüge darstellen. Infolgedessen werden die Methoden des Computerzeitalters als unabdingbare Bestandteile der Gemeindewachstumsstrategien einer postmodernen Christenheit angesehen und von den evangelikalen Missionaren als besonders wirkungsvolle Mittel verwendet. Nur so meint man der immensen Aufgabe, die Jesus Christus seiner Gemeinde im Missionsbefehl übergeben hat, gerecht zu werden.

In völliger Verkennung historischer Tatsachen wird gelehrt, dass die Kirche in ihrer zweitausendjährigen Geschichte in geradezu sträflicher Weise unwirksam war. Nun aber, da die Christenheit diese hochtechnologischen Werkzeuge zur Hand hat, werde es ihr gelingen, die Errichtung von Gottes Reich auf Erden in bislang unvorstellbarer Weise zu voranzutreiben.

---

[41] Englisch: http://www.joelnews.org/frontpage.htm; deutsch: http://p40308.mittwald server.info.

Ein daraus folgender neuer Pragmatismus macht sich in den evangelikalen Gemeinden breit: Alles Denken und Handeln wird vom Standpunkt des praktischen Nutzens aus beurteilt. Solange eine Aktivität verspricht, »geistliche« Frucht zu wirken, ist diese als Mittel akzeptiert und kann in der Ausbreitung des irdischen Gottesreiches eingesetzt werden. Vom Pragmatismus völlig vereinnahmt, meint man, jede säkulare Marketing- und Organisationsstrategie für den Bau der Gemeinde bedenkenlos in Beschlag nehmen zu können. Das glorreiche Ziel ist ja, dass die Kirchenbänke – oder besser gesagt die gepolsterten Sitzplätze – voll besetzt werden. Dieses Ziel rechtfertigt den Gebrauch selbst der irrsinnigsten Mittel. Die Bibel spricht sich strikt gegen dieses Denken und Handel aus. In Jakobus 4,4 steht: »Ihr gottabtrünnigen Seelen! Wisst ihr nicht, dass die Freundschaft mit der Welt Feindschaft gegen Gott ist? Wer also ein Freund der Welt sein will, erweist sich als Feind Gottes.«

Das Evangelium des Pragmatismus glaubt an den Werbeeffekt ausgeklügelter Marketingtechniken und Organisationsmodelle, die sich auf humanistische Philosophien stützen. Ein Großteil der subtilen Macht der neuen Evangelisationsmethoden, Theologien und Zielsetzungen des Neoevangelikalismus stützt sich auf humanistisch geprägte wissenschaftliche Erkenntnisse über die menschliche Natur. Die Leiter dieser Bewegungen sind in der Kunst der menschlichen Manipulation gut geschult worden.

Soziologen und Psychologen wie Kurt Levin[42] und Abraham Maslow[43] haben sich über Jahrzehnte hinweg der Erforschung dieses Aspekts der menschlichen Persönlichkeit gewidmet. Sie entwickelten Methoden, die so entworfen sind, dass sie Furcht vor Ablehnung, Ausgrenzung, Entfremdung, Spott und Hohn als Druckmittel ausnutzen, um das gewünschte Verhalten erzwingen zu können. Sie führten Experimente durch, die ihnen aufzeigten, dass sich Menschen selbst widerwärtige Verhaltensformen aneigneten, nur um nervenaufreibenden Situationen aus dem Weg zu gehen. Die Wissenschaftler nahmen in Kauf, dass Personen ihren Glauben, ihre Wertvorstellungen und Aktivität preisgaben, damit sie von einer Gruppe akzeptiert wurden. Bereitwillig beugten sie sich dem Gruppenzwang. Der Mensch pflichtet lieber der Mehrheitsmeinung bei,

[42] http://de.wikipedia.org/wiki/Kurt_Lewin.
[43] http://de.wikipedia.org/wiki/Abraham_Maslow.

als sich gegen sie zu stellen. Man fürchtet sich vor der gesellschaftlichen Ausgrenzung.

Die Wissenschaftler kamen zu dem Ergebnis, dass man sich besser arrangieren sollte, um akzeptiert zu werden. Das Gefühl, normal und wie die anderen zu sein und sich dem Maßstab der Gruppe anzupassen, steht ganz oben auf der emotionalen Prioritätenliste. Kontrolle über Einzelne kann somit von einer Gruppe ausgeübt werden. Die Menschen unterstellen sich oft bereitwillig einer manipulierenden Macht, die von außen an sie herantritt, ohne dass sie sich ernsthaft dagegen zur Wehr setzen. Sie können so gezwungen werden, ihren Lebensstil von Grund auf zu verändern.

Die Psychologen in der Werbeindustrie schließen diese Philosophie der Transformation in ihre Methoden der »sanften« Verführungskünste ein. Sie haben gelernt, dass Menschen sich anpassen, wenn ihre Lebensumstände permanent verändert werden. Aldous Huxley deutete schon 1932 in seinem Roman *Brave New World*[44] an, dass sich die emotionalen Grundfesten der menschlichen Persönlichkeit auflösen, wenn machthungrige Despoten die Menschen mit manipulierenden Anweisungen unaufhörlich bombardieren. Aber dies müsse gleichzeitig so geschehen, dass man es als begehrenswerte Veränderungen des Lebens empfindet und den Verführern gegenüberdankbar ist.

Der Umbruch in der akademischen Ausbildung angehender Pastoren und Prediger, der sich über die vergangenen Jahrzehnte vollzogen hat, gibt Aufschluss über die Einfallstore esoterischer Lehren in die Gemeinde. Dozenten verschiedener theologischer Fachrichtungen nehmen immer häufiger Bestandteile humanistischer Psychologie und Soziologie in ihren Unterricht auf. Diesen Geisteswissenschaften entnahmen sie die neuesten Managementtheorien und Manipulationstechniken. Somit nahm der Angleichungsprozess von biblischer Wahrheit mit weltlicher »Weisheit« seinen triumphalen Anfang, wie Paulus es in 1. Korinther 1,20-21 kritisiert. Kirchen, die gern für aufgeschlossen und modern angesehen werden wollten, schoben die klassische Lehre der Absonderung als Auswüchse pietistischer Eigenbrötlerei unsanft zur Seite und verwarfen diese als unpraktisch und

---

[44] *Brave New World* (Chatto & Windus, 1932); deutsche Titel: *Welt – Wohin? Ein Roman der Zukunft* (Leipzig: Insel, 1932); *Wackere neue Welt. Ein Roman der Zukunft* (Zürich: Steinberg, 1950); *Schöne neue Welt. Utopischer Roman* (Berlin: Das neue Berlin, 1978).

unwirksam. Christen beschworen eine Zeit herauf, die es ihnen erlaubte, ihr moralisches Verhalten und äußeres Erscheinungsbild ohne Gewissensbisse den Gepflogenheiten der Welt anzupassen. Der neue Pragmatismus innerhalb der Kirchen fand schnell große Scharen an Befürwortern in den dortigen Kreisen postmoderner Spiritualität. Nur wenige beharrten darauf, dass das historische Christentum stets den schmalen Pfad des Kreuzes – der Demut, Selbstverleugnung und Uneigennützigkeit – betont und sich von jeglicher Weltlichkeit ferngehalten hat. Wer dem historischen Christentum noch folgte, stieß schnell auf völliges Unverständnis. Mancher Pastor wurde sogar als Relikt einer längst überholten Zeit ausgelacht und musste sich eine andere Stelle suchen. Wollte ein junger Pastor Erfolg haben, standen ihm die Erfolgskonzepte der Managementexperten zur Verfügung, die ihm halfen, schnellstmöglich eine »Megakirche« aufzubauen.

Der bedeutende Managementberater Peter Drucker bezeichnete das Aufkommen der pastoralen Großkirche – der »Megakirche« – als »das bedeutsamste soziale Phänomen in der amerikanischen Gesellschaft der vergangenen 30 Jahre«.[45] Er selbst hielt sich für ihren intellektuellen Urheber. Wer ist dieser Peter Drucker, und wie schaffte es ein Wirtschaftswissenschaftler, der besonders für sein sozialpolitisches »Modell des dreibeinigen Stuhls« berühmt geworden ist, einen solch großen Einfluss auf die Kirchen Amerikas ausüben zu können?

8.2 Das Modell des dreibeinigen Stuhls

Durch die Vermittlung Bob Bufords[46], einem erfolgreichen Inhaber eines Fernsehsenders[47] in Tyler, Texas, unterwies Peter Drucker jahrelang Pastoren in der Kunst des effizienten Managements. Drucker

---

[45] »*The most significant sociological phenomenon of the first half of the 20th century was the rise of the corporation. The most significant sociological phenomenon of the second half of the 20th century has been the development of the large pastoral church – of the mega-church. It is the only organization that is actually working in our society*« (»Das bedeutendste soziologische Phänomen der ersten Hälfte des 20. Jahrhunderts war das Aufkommen des Konzerns [der »Mega-Firma«]. Das bedeutendste Phänomen der zweiten Hälfte des 20. Jahrhunderts war die Entwicklung der großen pastoralen Kirche – der Mega-Kirche. Sie ist die einzige Organisation, die in unserer Gesellschaft wirklich funktioniert.«) http://pewforum.org/Christian/Evangelical-Protestant-Churches/Myths-of-the-Modern-Megachurch.aspx.

[46] http://www.activeenergy.net/templates/cusactiveenergy/details.asp?id=29646&PID=207602.

[47] Buford Television, Inc. Bob Buford verkaufte 1999 seine Anteile an der Firma.

und Buford teilten viele gemeinsame Interessen. Drucker, der 2005 verstorben ist, war Bufords Mentor.[48] In Übereinstimmung mit seinem Ziehvater gründete Buford als erster Vorstandsvorsitzender 1990 die *Peter F. Drucker Foundation for Nonprofit Management*[49], die seit 2003 den Namen *Leader to Leader Institute*[50] trägt. In ihren Statuten steht über die Zielsetzung: »Leitern gemeinnütziger Organisationen des sozialen Sektors eine weise Erkenntnis über Leitung und Management mitteilen.«[51] Gegenwärtig ist er der Vorstandsvorsitzende des *The Drucker Institute* an der *Claremont Graduate University*, in Claremont, Kalifornien, wo Peter Drucker 35 Jahre lang als Professor lehrte.[52]

1998 gründete Buford die Organisation »HALF|TIME«[53] (anfänglich unter der Bezeichnung »FaithWorks«[54]), um hochbegabte Personen in der Geschäftswelt zu mobilisieren und zuzurüsten, damit sie ihren Glauben in gute Taten umsetzen. Angeblich hatte ihm Peter Drucker den Anstoß dazu gegeben.[55] Im Vorwort zu Bufords 1994 erschienenen Buch *Half-Time: Changing Your Game Plan from Success to Significance*[56] verglich Drucker Bufords *Leadership Network* (siehe dazu Seite 159) mit einem Katalysator: Wie in der Chemie ein katalysierender Stoff eine Reaktion auslöst oder beeinflusst, so habe diese Organisation die großen, pastoralen Kirchen beeinflusst, damit diese wirkungsvoll tätig werden und ihre Hauptprobleme erkennen konnten. Das Vorwort gibt uns auch Auskunft über Druckers Motivation:

[48] Auf seiner früheren Webseite activeenergy.net veröffentlichte Buford einen bewegenden Nachruf über Drucker:»Gedanken über Peter Drucker – von uns gegangen, aber immer noch da: Peter Drucker, mein großer Freund und Begleiter der vergangenen 30 Jahre, ist von uns gegangen. ... Er war eine so großartige Seele«. Auf der jetzigen Webseite activeenergy.us schreibt Buford in seiner Kurzvorstellung auf der Startseite:»Meine DNA ist von drei treibenden Kräften geprägt: Gott, Peter Drucker und den freundlichen Leuten um mich herum«.
[49] http://www.pfdf.org/about/press-releases/foundation-fact-sheet.html; zu Deutsch: »Peter F. Drucker Stiftung für gemeinnütziges Management«.
[50] http://leadertoleader.org; http://leadertoleader.org/about/faqs.html.
[51] http://leadertoleader.org/about/index.html.
[52] http://www.druckerinstitute.com/link/board.
[53] http://www.halftime.org.
[54] http://www.halftime.org/org_profile.aspx; http://www.trademarkia.com/faithworks-75771223.html.
[55] Vorwort von Peter Durcker in *Half-Time: Changing Your Game Plan from Success to Significance* (Grand Rapids, MI: Zondervan, [1994] 2009); einsehbar unter http://books.google.com/books?id=qy3l9WjMwMoC&pg=PA11&hl=de
[56] Bob Buford, *Half-Time* (Grand Rapids, MI: Zondervan, 2004). Zu Deutsch:»Halb-Zeit: Deinen Spielplan ändern von Erfolg auf Bedeutung«.

Er möchte die Kirchen dazu befähigen, dass sie sich ständig selbst reproduzieren, wie dies keiner der früheren pastoralen Kirche gelungen sei. Er wolle sie auf deren Auftrag als Apostel, Zeugen und zentrale Sozialdienststelle einschwören. Buford fügte bescheiden hinzu:»Ich gebe seinem [d. h. Druckers] Gehirn nichts weiter als die Füße.« Pastor Rick Warren von der Saddleback-Gemeinde schrieb eine glühende Empfehlung für Bufords Buch *Half-Time*:

Bob Buford ist eine dieser seltenen Individuen, der den Sprung von einem Versessensein auf Erfolg zu einer auf Bedeutsamkeit bedachten Lebenseinstellung geschafft hat. Dieses Buch wird Ihnen zeigen, wie Sie die letzte Phase ihres Lebens zur ihrer besten machen. Ich möchte, dass jeder Mann in meiner Kirche diese inspirierende Geschichte liest![57]

Bob Buford pflegt Kontakte zu einer bunten Schar bekannter New-Age-Anhänger. Auf der Webseite des»Leader to Leader Institute« werden zum Beispiel Artikel und Bücher von Margaret Wheatley[58], Stephen Covey[59], Peter Senge[60], Kenneth Blanchard[61] und Joel Barker[62] angeboten, die allesamt Befürworter einer kosmischen Evolution des Menschen sind. Diese Lehre ist Bestandteil des futurologischen und esoterischen Weltbildes. Margaret Wheatley schrieb ein Kapitel in Marianne Williamsons New-Age-Buch *Imagine*.[63] Peter Senge machte sich einen Namen als Experte der»Allgemeinen Systemtheorie« bei der Lösung gesellschaftlicher Probleme. Geschickt integrierte er Druckers Ideen in seine pädagogischen Konzepte. Der Mormone Stephen Covey verbreitete in dem Buch *Sieben Wege zur Effektivität*[64] seine vom New-Age-Mystizismus durchdrungenen Ge-

[57] http://books.google.com/books?id=ypc_JNt_Q6QC&pg=PT1&lpg=PT1&dq.
Max Lucado empfieht das Buch ebenso:»Bob Buford zufolge ist die erste Lebenshälfte eine Suche nach Erfolg, die zweite eine Suche nach Bedeutung. Bob sollte das wissen; er hat die erste hinter sich und zeigt uns die zweite. Sie werden dieses Buch einzigartig, inspirierend und praktisch finden. Lesen Sie es und werden Sie dadurch stark!«.
[58] http://leadertoleader.org/knowledgecenter/leaders.aspx?AuthorID=87.
[59] http://www.pfdf.org/knowledgecenter/publications.aspx?MediaID=496.
[60] http://leadertoleader.org/knowledgecenter/leaders.aspx?AuthorID=54.
[61] http://leadertoleader.org/knowledgecenter/leaders.aspx?AuthorID=116.
[62] http://www.leadertoleader.org/about/press-releases/may18webinar_highlights.html
[63] Marianne Williamson, *Imagine: What America could be in the 21st century* (NAL Trade, 7 November 2001).

danken. Joel Barker rechnet sich zur Elite der New-Age-Vorkämpfer.[65] Kenneth Blanchard[66] ist ein Werbefachmann, der nicht nur engen Kontakt zu Bob Buford, David Jeremiah[67], Bill Hybels und Rick Warren unterhält, sondern auch zu den Ratgebern und Unterstützern des *Hoffman Institute*[68] gehört, das sich darauf spezialisiert, negative Kindheitserfahrungen aufzuarbeiten, um eine »positive Lebenseinstellung« im Sinne des »Human Potential Movements«[69] zu gewinnen.[70] Die Vorstandsmitglieder, Ratgeber und Lehrer des *Hoffman Institute* können ausnahmslos der New-Age-Szene zugerechnet werden.[71]

---

[64] Dt. Sparkassenverlag, 2006; Originaltitel: *Seven Habits of Highly Effective People* (Free Press, 1990); vgl. http://en.wikipedia.org/wiki/The_Seven_Habits_of_Highly_Effective_People.

[65] http://www.joelbarker.com.

[66] Die Ken Blanchard Firma … basiert auf drei simplen Zielen – das Leben der Menschen zu ändern, den Wert des Menschen und seine Effektivität am Arbeitsplatz zu steigern und jeder Organisation, mit der wir zusammenarbeiten, zu helfen, der bevorzugte Anbieter, der bevorzugte Arbeitgeber und die bevorzugte Kapitalanlage zu sein.« http://www.kenblanchard.com/About_Ken_Blanchard_Companies/Company_Profile/History_Founders_Ken_Blanchard_Companies; http://de.wikipedia.org/wiki/Kenneth_H._Blanchard.

[67] http://www.davidjeremiah.org/site/content.aspx?id=58.

[68] http://www.hoffmaninstitute.org.

[69] Eine aufschlussreiche Beschreibung: Pfr. Martin Scheidegger, »Esalen und das *Human Potential Movement*«; http://www.esalen-verband.de/PDF/extern/Esalen_Scheidegger.pdf.

[70] http://www.hoffmaninstitute.org/sections/process/index.html: »Der Hoffmann-Prozess, der vor über 40 Jahren gegründet wurde, macht aufmerksam auf die kontraproduktiven Glaubenssätze, Wahrnehmungen und emotionalen Bedürfnisse, die von den Eltern und anderen, die unsere frühen Lebenserfahrungen geprägt haben, übernommen wurden. Diese Realitätsverzerrungen blockieren unsere Fähigkeit, völlig präsent und offen für die Möglichkeiten des Lebens zu sein. Der Prozess bietet die Gelegenheit und das nötige Werkzeug, damit Sie endlich das hinter sich lassen können, was nicht funktioniert und dann ganz natürlich dazu fortzuschreiten, die primäre kreative Kraft in allen Aspekten Ihres Lebens zu sein.« http://www.hoffmaninstitute.org/sections/process/principles.html: »Das ultimative Ziel des Prozesses ist, allen zu helfen, sich selbst und anderen Vergebung und Akzeptanz zu erweisen. Das erlaubt einen mitfühlenderen Umgang mit den persönlichen Beziehungen und dem Familienleben. Ob Sie den Hoffmann-Prozess nun als Übergangsritual ausüben, als Reise der Selbstfindung oder als einen Weg, um die Geister Ihrer Kindheit abzulegen, werden Sie jedenfalls zweifellos in Zukunft einen Unterschied zu Ihrer Vergangenheit erfahren«.

[71] Nur ein Beispiel für eine Personenbeschreibung aus dem Beratungsgremium (Advisory Council): »Sonia Choquette …: Sonia ist ein Medium in der dritten Generation und praktiziert ihre medialen Fähigkeiten seitdem sie 12 ist. Sie hat Metaphysik in Denver und Paris studiert. Als renommiertes Medium und spirituelle Ratgeberin hilft sie jetzt anderen, selber mediale Kräfte zu entwickeln. Sie tritt regelmäßig

Bob Buford gründete 1984 das »*Leadership Network*«[72] (»Leiterschafts-Netzwerk«) als »Ressourcenbroker«, also jemand, der Informationen verfügbar macht und die Verbindung zwischen Leitern innovativer Kirchen herstellt.[73] Im Wesentlichen stellt das *Leadership Network* eine christliche Organisation an der vordersten Front dar, die sich dafür einsetzt, ein weltweites Beziehungsnetz unter geistlichen Leitern aufzubauen. Ihr besonderes Augenmerk liegt im Einschwören der Christen in der Wirtschaft auf Druckers Philosophie. Über die Jahre erwarb sie sich den zweifelhaften Ruf, stets die »neuesten Mittel und Ressourcen« einzusetzen, um Pastoren und Leiter im Sinne ihres Gründers umzuschulen.

Buford beabsichtigte mit dem »Leadership Training Network« eine junge Generation christlicher Führungskräfte für ein »permanentes Netzwerk« zu gewinnen. In Windeseile bildete sich das *»Young Leaders Network«*, dem sich Geschäfts- und Fachleute sowie Theologen anschlossen, die persönliche Erfahrungen in den Mittelpunkt stellten und zur Grundlage von neuen Lehren machten, die sich dem postmodernen Denken anpassten.[74] Um die Kirche zu transformieren, musste die reformatorische Theologie, die den traditionellen Evangelikalismus geprägt hatte, radikal verändert werden.

In seinen Büchern und Artikeln veröffentlichte Peter Drucker unablässig die Idee von einer globalen Gesellschaft, die nach dem von ihm entworfenen »Modell des dreibeinigen Stuhls« konstituiert werden sollte. In einem Artikel des *Leadership Network* aus dem Jahr 2000 wird erläutert, wie er sich eine »gesunde« Gesellschaft aufgrund seiner Dreiteilung vorstellte:

[Die Peter F. Drucker Stiftung für gemeinnütziges Management], die vor zehn Jahren eingerichtet wurde, um Peter Druckers Beitrag in Management und Führung zu honorieren, glaubt, dass eine gesunde Gesellschaft drei vitale Sektoren benötigt: einen öffent-

im TV und Rundfunk auf und ist Autorin von [zahlreichen, z.T. auch auf Deutsch erschienen] Büchern wie »The Psychic Pathway« und ... »Your Hearts Desire: Creating the Life You Really Want«. http://www.hoffmaninstitute.org/sections/about/advisory.html?reload
[72] http://www.leadnet.org
[73] http://leadnet.org/about/page/mission
[74] Einige beispielhafte Beiträge zum postmodernen Denken von Führungspersonen und Dozenten dieser Bewegung finden sich unter http://old.leadnet.org/epubarchive .asp?id=33&db=archive_explorer

lichen Sektor des effektiven Regierens, einen privaten Sektor der
effektiven Geschäftswelt und einen sozialen Sektor der effektiven
Organisationen des Gemeinwesens einschließlich der religiösen
Organisationen. [Die Stiftung] erfüllt ihre Mission dadurch, dass
sie den Sektor der Sozialorganisationen in der Bereitstellung von
Ausbildungsmöglichkeiten und Ressourcen zu exzellenter Leitung
anspornt.[75]

Peter Drucker legte die philosophische Grundlage für den Dominionismus und war maßgeblich daran beteiligt, einen Aktionsplan zu
entwerfen und umzusetzen, der seinen Vorstellungen entsprechend
am optimalsten dafür geeignet war,»das Königreich Gottes auf Erden« zu verwirklichen. Er schärfte den christlichen Leitern ein, sie
müssten eine ständige Gebietserweiterung des Königreichs Gottes
auf Erden anstreben. Dies geschehe dann, wenn sie die Kontrolle
über drei Bereiche der Gesellschaft erringen: die Übernahme des öffentlichen Sektors des Staates, die Instrumentalisierung des privaten
Sektors der Geschäftswelt und die Partnerschaft mit dem sozialen
Sektor der Gesellschaft – der Kirche und der Wohlfahrtsorgane. Die
Folge wäre eine wesentliche Umgestaltung der kirchlichen Lehre und
Funktion der örtlichen Gemeinde.

Rick Warren stellte sich voll hinter die Umsetzung von Druckers
kommunitaristischem Programm. An oberster Stelle stand die Aufgabe, die Kirche in das »richtige« Fahrwasser zu bringen. Andere
evangelikale Leiter wie Erwin McManus, Brian McLaren und Bill
Hybels[76] ließen sich ebenso von Drucker inspirieren, der auch ihr
persönlicher Mentor war. Dank des *Leadership Network* gelang es
Buford, eine ganze Generation von ehrgeizigen Megakirchen-Pas-
toren Druckers Sozialphilosophie detailliert einzuimpfen. Selbst die
Struktur der Megakirchen geht zurück auf Druckers Modell, das er
ursprünglich für internationale Konzerne entworfen hatte.

Um die ideologischen Wurzeln in Druckers Philosophie zu analysieren, ist es nötig, sich mit dem deutschen Mystizismus des 19. Jahr-

---

[75] Leadership Network: *Explorer*, Number 23, November 6, 2000; http://old.leadnet.org/
epubarchive.asp?id=41&db=archive_explorer.
[76] In einem Interview sagte Buford:»Peter Drucker, der ein Freund von Bill [Hybels]
und mir ist und meiner Meinung nach einer der weisesten Zeitgenossen überhaupt,
sagte, die grundlegende Erkenntnis in [meinem Buch] *Half-Time* ist, dass wir mehr
als nur das eine jetzige Leben haben [...]« http://www.activeenergy.net/217047.

hunderts auseinanderzusetzen. Dabei sollte nie vergessen werden, dass die sozialen und politischen Auswirkungen dieses Mystizismus die Schrecken und Gräuel des 20. Jahrhunderts entscheidend mitverursacht haben. Eine detaillierte Analyse der komplexen, nuancenreichen und bisweilen widersprüchlichen Ansichten Druckers über das Management würde im Rahmen dieses Buches zu weit führen. Es genügt, nur die markanten Ecksteine in seinem philosophischen Gebäude zu erwähnen. Insbesondere werden seine sozialökonomischen Ideen erläutert. Denn diese Ideen haben in erster Linie die gegenwärtigen Auswüchse einer transformierten Kirche hervorgebracht. Druckers zahlreiche Bücher geben genügend Stoff, um die Schnittpunkte seiner Philosophie mit Warrens Konzept »Leben mit Vision« aufzuzeigen.

Öffentlich scheute sich Peter Drucker nie, sich als Kirchengänger auszugeben. In einem Artikel in der beliebten US-Zeitschrift *Christianity Today* bezeichnete Jeff Sellers ihn als Christ. Sellers sprach nur aus, was andere ebenso meinten. In einem Video-Interview am 5. Dezember 2001 widersprach Drucker deutlich allen, die ihn als einen an Jesus Christus Gläubigen ansahen:

Ich bin kein wiedergeborener Christ. Ich ging zur Kirche und gab den Zehnten. Aber nein, ich bin kein Christ. Ich lehrte fünf Jahre lang jedes zweite Semester Religion am *Bennington College*; daraus entstand das Essay über Kierkegaard, nachdem ich aufgehört hatte, dort zu lehren.[77]

Diese unzweideutige Aussage wird noch dadurch unterstrichen, dass nirgends ein Hinweis zu finden ist, dass Drucker das Wort Gottes zum Maßstab seines Lebens gemacht hat. Stattdessen treten in seiner literarischen und sonstigen Tätigkeit esoterische Grundzüge auf, die ihn von Kindheit an beeinflussten und von denen er sich nie objektiv nachvollziehbar distanzierte. Das familiäre Umfeld Peter Druckers gehörte der großdeutschen Esoterikerszene an. Sein Vater war Österreichs oberster Freimaurer; beide Eltern gehörten dem elitären Wiener Kreis an, der sich in der niedergehenden Epoche vor

---

[77] Aussage auf einem Video, »Excerpts from six 30 minute VHS Tapes; Tapes 23-28: Peter F. Drucker Biography«vom 5. 12. 2001, verfügbar in den »Drucker Archives« unter http://ccdl.libraries.claremont.edu/col/dac.

dem Ersten Weltkrieg mit radikalen Philosophien des 19. Jahrhunderts über Mensch, Gesellschaft und Wirtschaft befasste. Der offiziellen Online-Biographie Druckers zufolge[78] wanderte er 1933 nach England aus, um im Bankengeschäft seinen Unterhalt zu verdienen. Nebenbei nahm er an den legendären Keynes-Seminaren teil. Der berühmte Ökonom John Maynard Keynes war langjähriges Mitglied der »Cambridge Apostles«[79], einer Freimauerloge, die aus der »Ghost Society« (»Gespenster-Verein«) entstanden war. Kurz vor Ausbruch des Zweiten Weltkriegs siedelte Drucker in die USA über. Zu Beginn der 1940er Jahre begann seine steile Karriere als Managementberater großer Unternehmen wie *General Motors* und *IBM*. Es ist keineswegs übertrieben zu behaupten, dass Drucker das Fundament des modernen Managements, wie wir es heute kennen, legte. Schnell stieg er zur intellektuellen Ikone seines Fachs auf, schrieb Dutzende von Büchern und schuf sich einen allseits bekannten Namen im ökonomischen und wissenschaftlichen Umfeld. Einige führende Männer, die maßgeblich an der Gestaltung der Geschichte des 20. Jahrhunderts beteiligt waren, ließen sich von Peter Drucker inspirieren.

In der Online-Biographie von Peter Drucker werden zwei philosophische Aufsätze des großen Denkers hervorgehoben: Der erste trägt den Titel »The Age of Social Transformation« (»Das Zeitalter der Transformation«, 1994)[80] und der zweite »The Unfashionable Kierkegaard« (»Der unmoderne Kierkegaard«, 1949). Die beiden Aufsätze behandeln nicht die Management-Theorie, sondern sind vielmehr philosophische Abhandlungen, die Druckers Weltbild in puncto Menschheit und Gesellschaft erklären. Darin behauptet der Autor, Management sei eine »soziale Disziplin«, die »das Verhalten von Menschen und Institutionen analysiere«. Deshalb wird er gelegentlich »Sozialphilosoph« oder »Sozialökologe« genannt. Ein Freund Druckers bemerkte einst, dass er in zwei verschiedenen Welten lebte:

Er ist sowohl ein Sozialphilosoph als auch ein Managementexperte [...] Diese beiden Welten durchdringen sich gegenseitig, nein, sie vereinigen sich. Seine Interessen sind stets gleich: Er ist auf die

---

[78] http://www.peterdrucker.at.
[79] http://de.wikipedia.org/wiki/Cambridge_Apostles.
[80] Peter F. Drucker, »The Age of Social Transformation«, *The Atlantic Monthly*, 1994. Beide Titel sind unserer Recherche zufolge nicht auf Deutsch erschienen.

Glückseligkeit der Menschen als Sozialwesen bedacht. Deshalb ist er an der Gesellschaft und ihrer Entwicklung interessiert.[81]

Peter Drucker glaubte, dass das soziale Universum im Gegensatz zu den Naturwissenschaften keine »Naturgesetze« besitzt. Es sei deshalb einer fortdauernden, so genannten »kontinuierlichen Veränderung« unterworfen.[82] »Kontinuierliche Veränderung« bedeutet in der Systemtheorie, dass sich Mensch und Gesellschaft in einem Entwicklungsprozess befinden und dass der Mensch die Veränderung zu seinen Gunsten ausnutzen kann, um seine eigene Entwicklung zu einem höheren Wesen voranzutreiben, das über das menschliche hinausgeht.[83]

In seinem Buch *Die Zukunft der Industriegesellschaft*[84] deutet Drucker auf die wichtige Erkenntnis hin, die den meisten Menschen noch nicht bewusst sei. Er behauptet, dass nicht nur der Absolutismus – die uneingeschränkte Herrschaft eines Königs – sondern auch der Rationalismus – die Geisteshaltung, die das vernunftmäßige Denken als einzige Erkenntnisquelle ansieht – versagt hat.[85] Er ist der Meinung, dass seine Sozialphilosophie dem Menschen am besten dienen würde.

Wir stellen fest, dass Drucker seine Erkenntnis über die Grundlagen des menschlichen Wesens nicht der absoluten biblischen Wahrheit entnommen hat, sondern sie von den relativen, sich ständig verändernden Ansichten der Psychologen und Soziologen ableitet.

Druckers revolutionäre Errungenschaft ist die Verbindung der Sozialwissenschaften mit der Wirtschaft. Darüber sind sich die Wissenschaftler einig. Dieses Kunststück habe er vollbringen können, weil er ein neues Menschenbild schuf: das Bild des postmodernen ökonomischen Menschen. Er behauptete, dass Wissen, Technologie und

---

[81] »Why a Drucker boom again? An Introduction to Peter F. Drucker – Eight Faces«. Ein Interview mit Weekly Toyokaizai; http://www.iot.ac.jp/manu/ueda/interview/e01.html.

[82] Peter F. Drucker, »Management's New Paradigms,« *Forbes*, 5. Oktober 1998, veröffentlicht online unter http://www.forbes.com/forbes/1998/1005/6207152a.html.

[83] Das Stadium, in das der Mensch dann eintreten würde, wird »Posthumanität« genannt..

[84] Düsseldorf: Econ, 1967; Originaltitel: *The Future of Industrial Man* (New York, NY: John Day, 1942; New Brunswick, N.J.: Transaction Publ., 1995).

[85] »The man who invented management: An Introduction to Peter F. Drucker – Eight Faces.« Ein Interview mit Weekly Toyokaizai; http://www.iot.ac.jp/manu/ueda/interview/e02.html.

Psychologie äußere Varianten der Makrowirtschaft seien.[86] Drucker
zufolge ist der ökonomische Mensch ohne die Gesellschaft unvoll-
kommen. Vor 50 Jahren nahm er ein Wirtschaftsunternehmen als einen lebendigen »Organismus« wahr, der dazu existierte, die sozialen
Bedürfnisse des Menschen zu befriedigen. In der Systemtheorie entwickelt sich der Mensch zu einem gemeinschaftlichen »Organismus«.
Damals dachte Drucker, dass die großen Firmen dem Einzelnen als
Sozialverband dienen würden. Die Geschäftswelt stellte er sich als
»soziale Institution vor, die viel besser als die Regierung für Rente,
Gesundheitsfürsorge, Erziehung, Kinderbetreuung und andere Sozi-
alleistungen sorgen könnte. Die von Unternehmen abgeleitete Wohlfahrt würde die der öffentlichen Hand ersetzen.[87]

Später änderte er seine Meinung. Nun glaubte er, dass die Antwort in einem gesonderten Sozialsektor zu finden sei. Dieser müsse
aber von Grund auf erneuert sein. Drucker meint, dass die Aufgabe
des sozialen Sektors sei, das Leben zu verändern. Die Veränderung
geschehe durch die Befriedigung der Bedürfnisse des Geistes, des
Verstandes und des Körpers sowohl der einzelnen Menschen als auch
des Gemeinwesens und der Gesellschaft. Der soziale Sektor gebe
dem einzelnen Menschen und den Unternehmen eine wichtige Sphäre, um eine wirksame und verantwortungsvolle Bürgerschaft praktizieren zu können.[88]

Das Bemerkenswerte an dieser Vorstellung ist die mehrfache Verwendung des Begriffs »effektiv«. Ebenfalls stechen die Worte »verändertes Leben« und »verantwortungsvolle Bürgerschaft« hervor. Die
Bedeutung dieser Ausdrücke hat nichts gemein mit dem traditionellen Christentum. Als Folge wird das Christentum dem Konzept des
Sozialsektors angepasst: Biblische Begriffe erhalten neue Bedeutungen. Der Einzelne verliert seine Privatsphäre und wird in die starre
Institution eines gigantischen »Sozialsektors« hineingepresst. Der
Mensch ist völlig in die Gesellschaft integriert. Im Sozialsektor wird
mit dem Geist, dem Verstand und dem Körper des Menschen ein
Spiel getrieben.

[86] Ebd. Siehe auch Druckers Lebensgeschichte, *Adventures of a Bystander*, ursprünglich
1979 veröffentlicht; 1998 von John Wiley & Sons neu aufgelegt.
[87] Mark Skousen, »The Other Austrian«; http://mskousen.com/Books/Articles/
austrian.html.
[88] »The Peter F. Drucker Foundation for Nonprofit Management is now the Leader to
Leader Institute: 2000 in Review«; http://www.pfdf.org/forms/annual2002.pdf.

Wie als Höhepunkt seines Schaffens konzentrierte sich Drucker im letzten Lebensabschnitt auf Kirchen, christliche Organisationen und Wohltätigkeitsvereine, um sie mit seiner sozialistischen Philosophie zu beeinflussen, obgleich er immer sein eigentliches Ziel im Auge behielt: alle drei Sektoren der Gesellschaft im Sinne des Kommunitarismus umzugestalten. Drucker meinte, dass die Institutionen des Sozialsektors eine bestimmte »Auftragsorientierung« (engl. *purpose*) besitzen müssen. Das Produkt einer Kirche sei der Kirchengänger, dessen Leben laufend verändert werde. Die Aufgabe der sozialen Organisationen sei die Fürsorge für die Gesundheit und das Wohlergehen des Menschen.[89] Ein Artikel im auflagestarken Wirtschaftsmagazin *Fortune* lobte Druckers Lebenswerk, weil es ihm gelungen sei, den Privatsektor formell an die Geschäftswelt anzugleichen. Diese Zeitschrift schrieb 2004:

Sowohl Drucker als auch [Jim] Collins denken, dass Schulsysteme, Polizeiabteilungen, Kirchen, Wohltätigkeitsvereine, Kunstgilden, Hospitäler, medizinische Forschungsprojekte und andere Regierungsämter und gemeinnützige Organisationen einen Nutzen davon hätten, wenn diese lernen würden, sich stärker so zu verhalten, wie es Wirtschaftsunternehmen tun. Als Berater konzentriert sich Drucker besonders auf die Verwirklichung dieser Erkenntnis, und Collins hofft, seinen Fußstapfen nachzufolgen. Collins meint, »jetzt, wo wir wirklich beginnen zu verstehen, was die Größe einer Organisation in der Geschäftswelt ausmacht, mögen wir tatsächlich fähig sein, dem ganzen Sozialsystem die DNA zu liefern.«[90]

Diese humanistischen Überzeugungen fließen mit geballter Wucht in den privaten Sektor über, um das aufgabenbezogene Selbstverständnis der Kirchen und anderer religiöser Sozialeinrichtungen grundlegend zu verändern. Während der Präsidentschaft von George W. Bush trieb die politische Gruppe der Neo-Konservativen die Initiative Druckers voran, um eine enge Zusammenarbeit von Kirche und Staat zu erzielen. Als Teil des Exekutivbüros des amerikanischen Präsidenten[91] ist seit Januar 2001 das »White House Office of Faith-

---

[89] Peter F. Drucker, »The Age of Social Transformation«.
[90] »Introduction«, *Fortune Magazine*, 5. April 2004.
[91] http://en.wikipedia.org/wiki/Executive_Office_of_the_President_of_the_United_States.

Based and Neighborhood Partnerships«[92] (»Büro des Weißen Hauses für glaubensbasierte und nachbarschaftliche Partnerschaften«) im Weißen Haus eingerichtet.[93] Der Dominionismus durchbrach die Scheidewand zwischen diesen beiden Sektoren an vielen Stellen. Dies ist besonders bemerkenswert, weil diese zwei, Kirche und Staat, in der Geschichte Amerikas strikt getrennt waren. Peter Drucker war einer der frühesten Futurologen, die mit ihren Philosophien für das 21. Jahrhundert an die Öffentlichkeit traten. Sein Buch *Landmarks of Tomorrow*[94] wurde 1957 sofort nach Veröffentlichung ein Klassiker der futurologischen Literatur. Für die Neuauflage im Jahr 1996 revidierte der Autor die Einleitung. Wie der Futurologe Willis Harman Jahre zuvor, betonte jetzt (1996) auch Drucker die Notwendigkeit, eine »metaphysische Wissenschaft« für das kommende »Neue Zeitalter« (engl. *new age*) einzuführen und überschrieb diesen Abschnitt mit dem bezeichnenden Titel »Die neue Weltsicht, die neuen Ideen, die neuen menschlichen Fähigkeiten«.[95] Der Autor meinte, dass die innewohnenden Probleme des Menschen überwunden werden könnten – scheinbar sogar auch das »Problem« der Erbsünde:

Erkenntnis und Macht sind seit Eden Probleme für den Menschen gewesen. Nun stehen sie im Zentrum seiner Existenz. Charakter und Bedeutung des neuen Zeitalters [engl. *new age*] werden letztlich von der Lösung abhängen, welche es für diese Probleme findet. Sollte es darin versagen, wird es nicht nur ein dunkles Zeitalter heraufbeschwören, in dem selbst die Sterne ihre Leuchtkraft verloren haben; sondern es könnte sehr wohl das letzte Zeitalter des Menschen werden – und die Eroberung des Weltalls wird dies nicht ändern können. Sollte dem neuen Zeitalter die Lösung dieser Probleme aber gelingen, könnte es eines der größten Epochen der Menschheitsgeschichte werden.[96]

---

[92] http://www.whitehouse.gov/administration/eop/ofbnp.
[93] http://en.wikipedia.org/wiki/White_House_Office_of_Faith-Based_and_Neighborhood_Partnerships.
[94] Peter F. Drucker, *Landmarks of Tomorrow* (New York: Harper & Row, 1957; Piscataway, NJ: Transaction Publishers, 1996); auf Deutsch erschienen unter dem Titel *Das Fundament für Morgen* (Düsseldorf: Econ, 1958).
[95] Ebd., Introduction, xvi
[96] Peter F. Drucker, *Landmarks of Tomorrow*, 268.

Drucker schrieb über seine religiöse Philosophie:

Die Gesellschaft hat eine Rückkehr zu geistlichen Werten nötig – nicht nur um das Materielle zu überlagern, sondern um dieses noch produktiver zu machen [...] Die Menschheit muss auf geistliche Werte zurückgreifen, denn sie ist auf Barmherzigkeit angewiesen. Sie braucht diese tiefgreifende Erfahrung, dass das [göttliche] Du[97] und das Ich eins sind – ein in allen Hochreligionen auftauchender Gedanke.[98]

In seiner Jugendzeit beeinflusste der deutsche Mystizismus das Denken Druckers. In späteren Jahren öffnete er sich dem Zen-Buddhismus. Beide Philosophien werden von dem Kerngedanken des Holismus[99] getragen. Drucker definierte ihn 1996 in der Einleitung folgendermaßen:»[...] die Teile existieren in der Kontemplation [religiöser Versenkung, Betrachtung] des Ganzen.«[100] In einem Interview mit Harriet Rubin vom *Inc. Magazin* gab er weitere Details seiner buddhistischen Philosophie preis. Angesprochen auf seine Weltsicht bemerkte Drucker, dass er japanische Gemälde sammeln würde.»Sie belehren ihn über Japan, aber sie unterweisen ihn auch, wie man Dinge sieht.«[101] Rubin berichtet über ihren Besuch bei Drucker:

Drucker führt mich in sein Studierzimmer. Er zeigt auf einige schwarze Flecken, die sich auf einem an der Wand hängenden

---

[97] Drucker verwendet hier das alte englische Wort »Thou«, um die Göttlichkeit des »Du« hervorzuheben.

[98] Peter F. Drucker, *Landmarks of Tomorrow*, 264-265.

[99] »Der Holismus (gr. *holos* ›ganz‹), auch Ganzheitslehre, ist die Lehre, dass die Elemente eines Systems – einer ›Ganzheit‹ oder ›Gestalt‹ – durch die Strukturbeziehungen vollständig bestimmt sind. Konkret ist dies beispielsweise die Auffassung, dass sich die Identität von Personen restlos aus der Staats- und Gesellschaftsform ergibt, in der sie leben. Der Holismus ist die entgegengesetzte Position zum Reduktionismus. Die Bezeichnung geht auf Jan Christiaan Smuts in seinem 1926 erschienenen Buch Holism and Evolution zurück. Holistische Grundauffassungen finden sich aber auch in früheren Epochen, etwa in den Schriften von Gottfried Wilhelm Leibniz, Georg Wilhelm Friedrich Hegel und Aristoteles (›Das Ganze ist mehr als die Summe seiner Teile‹). Hauptargument des Holismus gegen den Reduktionismus ist die Problematik der ›Emergenz‹, d. h. der nicht vollständigen Erklärbarkeit des Ganzen aus den Eigenschaften seiner Teile.« http://de.wikipedia.org/wiki/Holismus

[100] Peter F. Drucker, *Landmarks of Tomorrow*, Neuausgabe 1996, 6.

[101] »Peter's Principles«, 1.3.1998; http://www.1099.com/c/ar/ia/petersprinciples.html.

gelben Stück Papier befinden. Das Gemälde gleicht keinem der im Louvre ausgestellten. Mich überkommt der Gedanke, dass es schwarz-weiß und schrecklich ernst aussieht. Drucker rückt seine Brille zurecht und schaut darauf.»Ich wette, Sie sehen nicht viel«, sagt er. Ich versuche meinen Blick zu schärfen. Er hat Recht. Anschließend beginnt er, mir zu erklären, wie ein japanischer Maler die Dinge ansieht.

Er reicht mir ein Buch, »Eine kurze Geschichte der japanischen Kunst«.[102] Ein kleiner Bleistift liegt zwischen zwei Seiten, auf denen steht:

»Der Zen-inspirierte Maler sucht die ›Wahrheit‹ einer Landschaft, wie die einer Religion, in der plötzlichen Erleuchtung. Dies erlaubt es ihm nicht, sich einer detaillierten Darstellung zu widmen. Nach langer Kontemplation wird von ihm erwartet, die innere Wahrheit in den schwertartigen Pinselstrichen zu erfassen. Dieser ›Essentialismus‹ kann gleichwohl in einer großen Landschaft oder in einem Baumast ausgedrückt werden, in dem breitesten Panorama wie in jedem minutiösen Teilstück [...]«[103]

Die Philosophie des Holismus bildet interessanterweise die Basis eines Großteils der von globalen Futurologen verbreiteten Lehre. Der bekannte Esoteriker und Futurologe Ervin Laszlo entwickelte 1974 in seinem Buch *A Strategy for the Future: A Systems Approach to World Order*[104] das Grundmuster einer Weltregierung, die auf dem Konzept des Holismus beruht. Laszlo war auch ein führendes Mitglied des *Club of Rome*, einer einflussreichen Organisation von futurologischen Machteliten.

Der Konfuzianismus ist neben dem Zen-Buddhismus eine weitere fernöstliche Religion, von der Drucker beeinflusst wurde. In einem Artikel über die Management-Ethik Druckers«[105] ziehen die Autoren folgenden Schluss:

[102] Im engl. Original des Zitats »A Concise History of Japanese Art«.
[103] »Peter's Principles«, a.a.O.
[104] New York, NY: George Braziller Inc., 1974; zu Deutsch: »Eine Strategie für die Zukunft: Ein Systemansatz zur Errichtung einer Weltordnung«; http://www.archive.org/details/strategyforfutur00laszrich.
[105] James S. Bowman, Dennis L. Wittmer »The unfashionable Drucker: ethical and quality chic«, *Journal of Management History*, 2000, Vol. 6, Iss. 1; http://www.deepdyve.com/lp/emerald-publishing/the-unfashionable-drucker-ethical-and-quality-chic-a3iMyQ0B0i.

Drucker sieht in der konfuzianischen Ethik die Leitlinie für die organisatorische Ethik. Tatsächlich ist die konfuzianische Ethik der gegenseitigen Abhängigkeit »von allen die erfolgreichste und dauerhafteste Ethik«.[106] [...] Ein Grund, warum Drucker die Ethik des Konfuzianismus so akzeptabel findet, ist darin zu sehen, dass sie sich mit Beziehungen und dem richtigen Verhalten zwischen Gruppen befasst (zum Beispiel zwischen Manager und Angestelltem, Produzent und Kunden oder Professor und Student) [...] Überzeugt von der allumfassenden Wichtigkeit der konfuzianischen Ethik, behauptet er, dass eine praktische Ethik der Organisation, sofern sie überhaupt existiert, mit Sicherheit die Kerngedanken der konfuzianischen Theorie annehmen müsse: klare Definitionen der Beziehungen, allgemeine Regeln, Fokussierung nicht auf die Motive, sondern auf das Verhalten, und ein Verhalten, das die Vorteile jeder Gruppe optimiert.[107]

Ein englisches Mythenlexikon schreibt über den Konfuzianismus:

Chung-ne (Konfuzius) überlieferte die Lehren von Yaou und Shun, als ob sie seine Vorfahren gewesen wären. Überirdisch harmonierte er mit den Zeiten des Himmels, und irdisch stand er in Einklang mit Wasser und Land. Er kann mit dem Himmel und der Erde verglichen werden in deren Unterstützen und Beinhalten, Überschatten und Überdecken aller Dinge. Er kann mit den vier Jahreszeiten in deren abwechselnden klimatischen Veränderungen verglichen werden und mit dem Lichtglanz von Sonne und Mond ...[108]

Was Drucker also unter der »konfuzianischen Theorie« verstand, ist nichts anderes als eine Ethik, die in okkulten Lehren des Fernen Ostens verwurzelt ist. Das ethische System des Konfuzius betont das äußere Verhalten – Hingabe an die Familie und Gesellschaft, Ahnenkult, Gerechtigkeit und Friede. Peter Druckers Managementtheorien sind auf das effektive Erzielen überprüfbarer Resultate ausgerichtet.

[106] Peter F. Drucker, *Toward the Next Economics, and Other Essays* (New York, NY: Harper & Row, 1981) 30.
[107] Ebd., 35-36.
[108] G. A. Gaskell, *The Dictionary of All Scriptures and Myths* (The Julian Press, 1960), Zitat von J. Legge, *Teaching of Confucius*, 169.

Die Leistung muss stimmen. Die Betonung liegt auf äußeren »Werken«. Deshalb verwundert nicht, dass ihm der Konfuzianismus zusagte.

Kurz nach Druckers Tod erschien am 18. November 2005 ein aufschlussreicher Artikel über Druckers soziales Engagement und seinen Einfluss auf das Management gemeinnütziger Organisationen. Aus Altersgründen war Drucker schon seit einiger Zeit nicht mehr als Managementberater tätig gewesen. Nun stieß er in das Gefilde des Sozialsektors vor, den er einer radikalen Transformation unterwerfen wollte. Dieser »dritte Sektor« der Gesellschaft war ein fruchtbarer Boden für Druckers Sozialphilosophie. Er glaubte, Kirchen, Stiftungen, Wohltätigkeitsvereine und private Institutionen sollten umgestaltet werden, wobei er eine Formel liefern würde, mit der konkrete Resultate erzielt werden könnten. Sein »Evangelium« war eine ernsthafte Mahnung an die Adresse der Verantwortlichen, Maßstäbe zu setzen, Lösungen zu finden und Ergebnisse zu erzielen. Alles sollte gemessen, bewertet und begutachtet werden. Von jedem Mitarbeiter musste strikte Rechenschaft gefordert werden. Der Autor des besagten Artikels schrieb:

Über weite Strecken seiner Kariere hinweg war Peter F. Drucker bekannt als Experte des Geschäftsmanagements, dessen Bücher und Artikel sich einer großen Leserschaft erfreuten; sein Rat wurde von Firmenleitern auf der ganzen Welt begierig aufgenommen. Im letzten Abschnitt seines Lebens wandte er sich der gemeinnützigen Welt zu, schrieb Bestseller, in denen er seine Ratschläge, wie man Vereine leitet, feilhielt. Eine Stiftung unter seinem Namen wurde gegründet, um Führungskräfte im »sozialen Sektor« zu fördern.

Dieser Wechsel ist nicht so überraschend, wie er zunächst auszusehen scheint. Peter Drucker, der letzte Woche starb, hatte an gemeinnützigen Institutionen Interesse, weil er meinte, sie würden eine Schlüsselrolle darin spielen, der modernen Gesellschaft ihre optimale Zweckbestimmung [*purpose*] zuzuordnen; sein Gefühl sagte ihm, dass die Geschäftswelt dieser Aufgabe, trotz ihrer ökonomischen Erfolge, immer mehr aus dem Wege ging. Leider entdeckte er jetzt auch Anzeichen, dass gemeinnützige Institutionen sich mehr um ihren finanziellen Erfolg als um die Erfüllung ihre Aufgabe, anderen zu dienen, kümmerten [...]

Aber bei den gemeinnützigen Organisationen gab es noch Bereiche, die verbesserungsbedürftig waren, besonders im Erzielen von Resultaten. Diese müssten sich verändern, wollten sie nicht das ihnen entgegengebrachte Wohlwollen und das in sie gesetzte Vertrauen der amerikanischen Öffentlichkeit verspielen. Ihr Weiterbestehen war gefährdet – und damit ihre Fähigkeit, größere soziale Gleichheit zu fördern –, wenn sie die Zuversicht und das Vertrauen verlören.[109]

Den größten Einfluss in der zweiten Hälfte des 20. Jahrhunderts übte Drucker in der Geschäftswelt aus. Diese veränderte er gravierend, indem er dort die neue Lehre der Futurologie einführte. Es gelang ihm, seine Philosophie hinter einem volkswirtschaftlichen Jargon zu verbergen. Aber auch im religiösen und sozialen Sektor hat er bleibende Spuren hinterlassen. Peter Drucker steht wie kaum ein anderer hinter dem Geheimnis des Erfolgskonzepts der Saddleback-Gemeinde. In einer am 24. Dezember 2002 ausgestrahlten CNBC-Dokumentation mit dem Titel »Peter Drucker: eine intellektuelle Reise« wurde erwähnt, dass er einer von Rick Warrens Mentoren war und maßgeblich Anteil an der Gründung und dem Wachstum von dessen Saddleback-Gemeinde hatte.

Neben Robert Schuller steht Peter Drucker in seinem direkten Einfluss auf das Denken des Initiators des Programms »Leben mit Vision« an oberster Stelle. Im September 2005 war in der Zeitschrift *The New Yorker* in einem Artikel über Warrens Gemeindekonzept zu lesen: »[Rick] Warren zitiert in Gesprächen keinen modernen Denker öfter als den Managementguru Peter Drucker, der seit Jahren ein enger Freund von ihm ist.«[110] In einer seiner Predigten teilt Rick Warren Einzelheiten über einen Besuch bei Peter Drucker mit. Das Gespräch drehte sich um die Frage, was man unter einer »Auftragsorientierung« [engl. *purpose*] zu verstehen habe, und zwar nicht nur irgendeiner x-beliebigen, sondern einer klar formulierten »Auftragsorientierung« der Kirche als Sozialinstitution. Drucker meinte,

[109] Leslie Lenkowsky,»Drucker's Contributions to Nonprofit Management«(»Druckers Beitrag für das Management von gemeinnützigen Organisationen«), in *The Chronicle of Philanthropy*, 18. November 2005.
[110] Malcolm Gladewell: »The Cellular Church«, in: The New Yorker, 12. Sept. 2005. Online archiviert unter http://www.newyorker.com/archive/2005/09/12/050912fa_fact_gladwell.

es gebe nur zwei Fragen, die er jedem Geschäftsmann einschärfen würde:»Erstens: Worin besteht das Geschäft? Zweitens: Wie läuft das Geschäft? [*What business are you in?* und *How's Business?*] Diese Fragen müsse sich jeder Geschäftsinhaber, jeder Manager und jeder Direktor permanent stellen.«[111]

Im Frühjahr 2005 verkündigte Warren laut, dass er eine »Zweite Reformation« auslösen würde, deren herausragende Eigenschaft sei, dass es dabei »um Werke« (*about deeds*) ginge.[112] Die neue Kirche im Stil Druckers würde eine Institution sein, die Maßstäbe, Resultate, Rechenschaftsberichte und überprüfbare Zielsetzungen betonen würde – wohlgemerkt nicht im biblischen Sinn, sondern im Sinne des politischen Kommunitarismus – einer Weltanschauung, die den Gemeinsinn und soziale Tugenden in den Vordergrund stellt. Laut Warren liegt das Augenmerk seiner neuen Kirche völlig auf der effektiven Durchführung eines »auftragsorientierten« Programms. Damit man sich bereitwillig und ohne Widerspruch den aufgezwungenen, neuen Maßstäben anpasst, legt Druckers System großen Wert auf eine Übereinstimmung der Meinungen in Gemeinde und Gesellschaft. Es zeichnet sich in aller Öffentlichkeit ab, dass in Gemeinden, die Warrens Vision folgen, künftig Vorschriften strikt befolgt werden müssen. Wer sich diesem Diktat nicht unterwirft, wird Schuldgefühle bekommen.

Eine wirksame Methode, Schuldgefühle hervorzurufen, besteht darin, großen Leistungsdruck auszuüben. Dabei handelt es sich nicht um ein echtes Empfinden von Schuld, wie es die Bibel beschreibt, sondern um ein psychologisch ausgelöstes Gefühl des Versagens, weil man den Erwartungen der Gruppe nicht entsprochen hat. Ein Schuldgefühl lässt sich leicht hervorrufen, wenn von anderen Menschen die Maßstäbe hinsichtlich der zu erbringenden Leistung so hoch angesetzt werden, dass man ihnen nur – wenn überhaupt – mit größter Mühe entsprechen kann. Der Theologe Francis Schaeffer warnte vor dieser Art des falschen Weckens von Schuldgefühlen:

»Stations of Life #1: Discovering Your Purpose In Life,« Tim Olson, (übernommen aus einer Predigt von Rick Warren, »What On Earth Am I Here For?«; http://kbftokyo.org/sermons2/2000/serm00_312.htm.) Siehe auch »Myths of the Modern Megachurch«; http://pewforum.org/Christian/Evangelical-Protestant-Churches/Myths-of-the-Modern-Megachurch.aspx.

»Rick Warren's Second Reformation«, http://www.beliefnet.com/Faiths/Christianity/2005/10/Rick-Warrens-Second-Reformation.aspx.

Die moderne Theologie verwendet den Begriff »Schuld«. Doch darunter versteht sie nichts weiter als ein Schuldgefühl; es entspringt eben nicht einem echten moralischen Bezugsrahmen. Und weil sie in ihrem System keinen Raum für echte Schuld hat, nimmt der Tod Jesu am Kreuz eine völlig andere Bedeutung an. Das Werk Christi und der Dienst der Kirche werden dann konsequenterweise in den einen oder anderen Aspekt verändert: entweder werden sie zur Untermauerung soziologischer Motivation herangezogen, indem undefinierte, religiöse Begriffe verwendet werden; oder sie werden zu einer Methode der psychologischen Eingliederung umgestaltet, indem wiederum religiöse Begriffe Verwendung finden. Beides Mal stehen die Worte, welche eine bestimmte biblische Vorstellung hervorrufen, unter der Kontrolle der Manipulatoren.[113]

Deshalb nehmen wir mit Sorge den Aufruf Rick Warrens wahr, eine »Zweite Reformation« einzuleiten, in der man »äußeren Werken« eine zentrale Rolle beimisst. Im Juli 2005 sagte Rick Warren auf einem Kongress der liberaltheologischen Baptistischen Weltallianz in Birmingham im Beisein von Tony Campolo[114] und Jimmy Carter:

Ich bete für eine zweite Reformation der Kirche, bei der mehr Taten als Worte im Blickpunkt stehen. Bei der ersten Reformation ging es um Glaubenssätze; bei dieser aber wird es um Verhalten gehen [...] Eine Reformation haben wir schon gehabt, was wir jetzt brauchen, ist eine Transformation.[115]

Nicht von ungefähr engagierte sich Peter Drucker mit Begeisterung im Lebenswerk von Rick Warren sowie in der Gründung und im Aufbau der Saddleback-Gemeinde einschließlich des Programms »Leben mit Vision«. Ein Kapitel in seinem Buch *The End of Economic Man* heißt »Das Versagen der christlichen Kirchen«.[116] Darin äußerte

[113] Francis A. Schaeffer, *The God Who Is There* (Crossway, Complete Works, Vol. 3, 1982) 111; deutsche Ausgabe: *Gott ist keine Illusion* (Basel: Haus der Bibel, 1971).

[114] http://www.tonycampolo.org.

[115] Zitiert in »Rick Warren: Official Pastor of Campaign 2008«; http://newsweek.washin gtonpost.com/onfaith/undergod/2008/08/rick_warren_official_pastor_of.html http://www.christiantoday.com/article/baptist.centenary.congress.kicks.off./3544.htm.

[116] New York: John Day co., 1939, Originaltitel des Kapitels: »The Failure of the Christian Churches«.

Drucker erste Bedenken über den bedauernswerten Zustand der modernen Kirche. Bemerkenswert ist, dass Drucker über die Notwendigkeit der Entstehung einer »neuen Gesellschaft« bereits vor mehr als 70 Jahren nachgedacht und seine Ansichten veröffentlicht hat. Damals schrieb er:

Der Grund des deutlichen und auffälligen Versagens der Kirchen, einer neuen Gesellschaft eine Grundlage zu bieten, ist offensichtlich nicht dem »gottlosen Geist« unseres Zeitalters zuzuschreiben, der so oft von den Kanzeln angeprangert wird. Im Gegenteil, ein Zeitalter, in dem sich eine Elite den Kirchen zuwendet, muss von einem starken Bedürfnis nach Religion erfüllt sein. Trotz dieses Bedürfnisses und der Suche [nach Spiritualität] sind das Christentum und die Kirchen unfähig gewesen, eine religiös-soziale Lösung anzubieten. Alles, was sie heute tun können, ist, der individuellen Religion des Einzelnen einen privaten Hafen und eine Zufluchtsstätte zu gewährleisten. Sie können keine neue Gesellschaft und kein neues Gemeinwohl hervorbringen. Persönliche religiöse Erfahrung mag dem Einzelnen kostbar sein; sie mag ihm Frieden schenken oder ihm einen persönlichen Gott und ein rationales Verstehen seiner eigenen Lebensfunktion und seines Wesens geben. Ihr Unvermögen aber liegt darin, dass sie weder die Gesellschaft belebt noch das gemeinsame Sozialleben verständlich macht.[117]

Auf der Webseite *PurposeDrivenLife.com* wird hervorgehoben, dass Peter Drucker Rick Warren »den Erfinder der unaufhörlichen Erweckung« nennt. Dieses Konzept wird in der »Total Quality Management«-Theorie (TQM, »umfassendes Qualitätsmanagement«) als »kontinuierlicher Verbesserungsprozess« bezeichnet.[118] Damit wird im kirchlichen Bereich ein System eingeführt, mit dessen Hilfe Resultate faktisch messbar gemacht werden sollen. Rick Warren legte geistliche Normen fest, die nicht nur erkennbare menschliche Verhaltensmuster, sondern auch religiöse Gesinnungen, Wertvorstel-

---

[117] Ebd., 96-97.
[118] TQM ist eng mit Peter Druckers »Management By Objectives« [MBO] verknüpft und beiden liegt die Systemtheorie zugrunde.Siehe z. B. Boje, David M. und Rovert D. Winsor (1993), »The Resurrection of Taylorism: Total quality management's hidden agenda,« *Journal of Organizational Change Management*, Vol. 6 (4): S. 57-70; http://cbae.nmsu.edu/~dboje/papers/Boje_Winsor_Anti_TQM_1993.htm.

lungen, Meinungen und Überzeugungen bewerten. Die systematische und wohldurchdachte Einführung eines auf das Innenleben des Menschen ausgerichteten Überprüfungssystems zeichnet die Saddleback-Gemeinde von Anfang an aus. Nun wird dieses mit großem Erfolg an die weltweite Kirche exportiert. In den deutschsprachigen Gemeinden heißt dieses System »Leben mit Vision«. Die ständig durchgeführten Meinungsumfragen in Gemeinden werden in hochentwickelten Datenverarbeitungsprozessen ausgewertet und anschließend den Gemeindegliedern zur »Entdeckung ihre geistlichen Gaben« gezeigt. Dadurch sollen so viele Christen wie möglich in den freiwilligen Sozialdienst eingespannt werden. Die Akteure meinen, nur so könne die kommunitaristische Vision eines Peter Druckers verwirklicht werden. Rick Warren hat sich die Erfüllung dieser Vision zur obersten Priorität gemacht.

Wie bewertet man eine »unaufhörliche Erweckung«? Das auf die Erfordernisse der Geschäftswelt angewandte »Totale Qualitätsmanagement« wird in den Gemeinden zur Pflicht gemacht. Übertragen auf den Gegenstand »Mensch« entspricht die »Qualität« des »Totalen Qualitätsmanagements« dem »Kapital«. Vermutlich wird man von einer Kirche, die dieses Programm erfolgreich durchführt, sagen, sie besitze »geistliches Kapital«. Die Webseite der Südlichen Baptisten veröffentlichte am 22. September 2003 einen Artikel von Rick Warren. Rick Warren sagte darin, Peter Drucker einst gefragt zu haben, wie oft sich eine wachsende Organisation neu strukturieren müsse. Der Vater des modernen Managements gab zur Antwort: »Jedes Mal, wenn sie 45 Prozent Wachstum erreicht hat.«[119] Das ist eine klare Aussage über den »kontinuierlichen Verbesserungsprozess«. In einem Interview[120] wurde Drucker gefragt, was das Hauptmanko des gemeinnützigen Sektors sei. Er antwortete:»Das Hauptmanko ist, dass zu viele gemeinnützige Organisationen glauben, gute Absichten seien ausreichend. Sie kennen die aufgezwungene Disziplin des Profitdenkens nicht. Der zweite und weit verbreitete Mangel ist, dass sie nicht loslassen können.« Drucker berichtet im Interview über eine schnell wachsende Kirche, deren Pastor ihm einst für die Aufforderung dankte, unproduktive Programme einfach aufzugeben. Diese

---

[119] Rick Warren: »Stifled by structure« (»Erstickt durch Struktur«), http://www.sbcbaptist press.org/bpnews.asp?ID=16728.
[120] Das Interview wurde im Rahmen des »Runden Tisches der Philanthropen« (»Philanthropy Roundtable«) geführt.

Kirche habe sich vor 20 Jahren als kleine Schar in einem Kaufladen versammelt. Nun seien daraus 60 Kirchen-Filialen (Zellgruppen-Gemeinden) entstanden mit ungefähr 20.000 Mitgliedern. »Jedes Jahr«, so fährt Drucker fort, »verbringt der Pastor drei oder vier Tage mit Nachdenken, welche Programme gestrichen werden könnten, die keine Resultate hervorbrachten. Diese Art der Disziplin ist immer noch äußerst selten, auch in der Geschäftswelt.«[121]

An anderer Stelle sagte Drucker, dass »sich gemeinnützige Organisationen auf ihre Mission konzentrieren sollten, um zu vermeiden, sich im Namen des Mitleids um Probleme zu kümmern, die sie nicht bewältigen könnten«.[122] Das Prinzip der »Preisgabe« unwirtschaftlicher Dinge mag eine gesunde Geschäftspraxis sein, aber die Heilige Schrift gibt uns eine andere Anweisung in Matthäus 18,12-14: »... wird er da nicht die neunundneunzig auf den Bergen zurücklassen und hingehen, um das verirrte zu suchen?«

Drucker legte an die gemeinnützigen Organisationen einschließlich der Kirchen und wohltätigen Verbände den gleichen Maßstab an wie an die Wirtschaftsunternehmen und erwartete, dass diesem Maßstab entsprochen oder er sogar übertroffen wird. Drucker duldete keinen Widerspruch, wenn er bestimmte, dass diese Organisationen ihre spezifische Aufgabe festlegen müssten, um im Voraus über die zu erwartenden Ergebnisse im Bilde zu sein. Sie müssten in jedem Fall »effektiver« werden. Im Erzielen messbarer Resultate müssten sie ihre wirklich erbrachten Leistungen offenlegen. Sozialhilfeempfänger müssten künftig als »Kunden« angesehen und behandelt werden. Das Vorschieben guter Absichten erschien Drucker schon immer eine billige Ausrede zu sein, um armselige Resultate zu vertuschen, die keine »Leben veränderten«.[123]

Die Definition, was nun als wünschenswertes Resultat angesehen wird, nämlich ein »verändertes Leben«, und wie dieses Ergebnis gemessen werden kann, wird letztlich von der Gesellschaft bestimmt. In diesem neuen System zählt nur das, was mit modernen psycho-sozialen

---

[121] »A Passion for Performance: Peter Drucker's gospel of accountability,« http://www. philanthropyroundtable.org/magazines/1999/march/interview.html.

[122] Howard Muson, »The Nonprofits' Prophet,« *Across the Board*, March 1998, 26, 3, S. 30.

[123] Die *Drucker Foundation* bietet ausführliche Informationen über die Handhabung von Selbstbewertungsinstrumenten an; siehe http://www.pfdf.org/leaderbooks/sat oder http://drucker.org.

Geschäftsmethoden gemessen, angefasst, beschaut und abgeschätzt werden kann. Die Erkenntnis, dass geistliche Resultate größtenteils nicht mit wissenschaftlichen Methoden messbar sind, sucht man in Druckers Literatur vergebens. Nachrufe auf den am 11. November 2005 im Alter von 95 Jahren verstorbenen Peter Drucker erschienen in vielen namhaften Publikationen. Ohne Ausnahme heben sie die enormen Leistungen des gebürtigen Österreichers lobend hervor. Zweifellos werden seine Schriften auch weiterhin von angehenden Führungspersönlichkeiten mit Interesse gelesen. Druckers Management-Ideen übten einen gewaltigen, weltumspannenden Einfluss auf die vergangenen drei Generationen geschäftstüchtiger Manager aus und reichten weit über seine erfolgreiche Betätigung in großen internationalen Konzernen wie *General Motors* und *IBM* hinaus. Der private Sektor stand ebenso unter dem verführerischen Charme seiner ergebnisorientierten Ratschläge. Die folgenden Beispiele stehen für viele andere:

Einige der innovativsten Leistung erbrachte Peter Drucker in gemeinnützigen und religiösen Institutionen [...] Drucker riet seinen Klienten, zu denen auch das amerikanischen Rote Kreuz und die Mädchen-Pfadfinder gehörten, dass sie stärker wie Wirtschaftsbetriebe denken müssen – obgleich solche ihr Geschäft eher in »erneuertem Leben« sehen als im Optimieren des Profits. Ihre Spender, so warnte er, würden sie zunehmend auf Grundlage ihrer Resultate und nicht anhand der Qualität ihrer Absichten bewerten.
Eines der vielleicht unerwarteten Nebenprodukte des Druckerismus ist die moderne Mega-Church-Bewegung. Er schlug den evangelikalen Pastoren vor, dass sie eine kundenfreundliche Atmosphäre schaffen sollten (weniger religiöse Symbolik und mehr Platzangebot). Bill Hybels, Pastor der 17.000 Mitglieder großen *Willow Creek Community Church* in South Barrington, Illinois, hängte sich ein Zitat Druckers vor sein Büro:»Was ist unser Geschäft? Wer ist unser Kunde? Was schätzt der Kunde wert?«[124]

Die November-Ausgabe der *Business Week* brachte als Titelgeschichte einen Artikel über Drucker:»Der Mann, der das Management erfand:

---

[124] »Trusting the teacher in the grey-flannel suit«, *The Economist*, 17. Nov. 2005; http://www.economist.com/node/5165460

Warum Peter Druckers Ideen immer noch wichtig sind«. Diese Ideen
sind schon fast Alltagskost in den modernen Mega-Kirchen geworden:

Ob dies nun anerkannt wird oder nicht, die heutige Organisation
und Praxis des Managements rührt hauptsächlich von Peter Druckers Denken her. Seine Lehren bilden das Grundschema jedes
denkenden Leiters [...] In einer Welt von schnellen Lösungen und
schlagfertigen Antworten, einer Welt von Marotten und vereinfa-
chenden PowerPoint-Präsentationen, wusste er, dass die Aufgabe,
Menschen und Institutionen zu leiten, komplex ist. Er wies Generationen von Managern an, wie wichtig es sei, die besten Leute
auszusuchen, auf Gelegenheiten, nicht Probleme fokussiert zu
sein, der Perspektive der Kunden entgegenzukommen, die Wichtigkeit des geschäftlichen Vorteils zu erkennen und sich selbst
immer mehr zu verbessern. Er meinte, dass talentierte Menschen
der wesentliche Bestandteil jedes erfolgreichen Unternehmens
seien [...] In seinen letzten Jahren, als die gesundheitliche Vitalität nachließ, verlor Drucker seine magnetische Anziehungskraft.
Obwohl er die Kommunikation zu einer Gruppe von Nachfolgern
in der Geschäftswelt aufrecht erhielt, wandte er seine Aufmerksamkeit immer stärker den Leitern von gemeinnützigen Werken
zu, angefangen bei Frances Hesselbein, der leitenden Pfadfinde-
rin der Mädchen, bis hin zu Rick Warren, dem Gründungspastor
der Saddleback-Kirche in Lake Forest, Kalifornien. Warren, Autor des Buchs »Leben mit Vision« betrachtet Drucker als einen
Mentor. Warren sagte: »Drucker erklärte mir: ›Die Funktion des
Managements in einer Kirche besteht darin, die Kirche mehr kir-
chenmäßig, nicht geschäftsmäßig zu machen. Das Management
soll mir ermöglichen, das zu tun, was unsere Mission ist.‹«[125] Die
Geschäftswelt war nur der Anfangspunkt, den er als Plattform
nutzte, um Leiter in verschiedenen Bereichen zu beeinflussen.[126]

Trotz der Behauptung Warrens, Druckers Ideen hätten ihm geholfen,
die Saddleback-Kirche mehr »kirchengemäß« zu gestalten,[127] glaubte

---

[125] »The function of management in a church is to make the church more churchlike, not
more businesslike. It's to allow you to do what your mission is«.
[126] The Man Who Invented Management: Why Peter Drucker's ideas still matter«,
Business Week 28.11.2005; http://www.businessweek.com/magazine/content/05_48/
b3961001.htm.

Drucker selbst, dass die gemeinnützigen Institutionen eher wie Betriebe organisiert werden sollten:

Drucker ging weiter, als nur Geschäftstechniken auf die Führung von gemeinnützigen Institutionen anzuwenden. Er glaubte, dass solche Organisationen viele Lektionen, die Firmen zu lernen hätten, bereithielten. Sie sind oft viel geschickter darin, die begeisterte Motivation ihrer ehrenamtlichen Mitarbeiter zu wecken – und sie sind ebenso geschickter darin, ihre »Kunden«, zu »Werbeleuten« ihrer Organisation zu machen. Jetzt können Betriebe so viel von den Kirchen lernen wie die Kirchen von ihnen.[128]

Rick Warrens »auftragsorientiertes« [*purpose driven*] Lebens- und Kirchenmodell ist eine »christianisierte« Version dieser dem Okkultismus und fernöstlichen Religionen entnommenen Sozialphilosophie Druckers. Sie wird so geschickt vermarktet, dass viele Kirchengänger daran Gefallen finden. Die Bibel spricht ganz offen über das Hereinbrechen einer massiven Irrlehre in die Kirche Jesu Christi. In unserer Zeit erkennen wir deutlich, dass sich eine Ausgestaltung dieser Irrlehre besonders darin zu erkennen gibt, dass sie die Kirche nur noch als Sozialagentur ansieht, die den Menschen gute Dienste erweist im Befriedigen seelischer und materiellen Bedürfnisse. In der ersten Hälfte des 20. Jahrhunderts fand die Social-Gospel-Bewegung, besonders in Amerika, viele Befürworter in den Reihen der liberalen Kirchen und theologischen Hochschulen sowie in Regierungskreisen. Rick Warren hat sich nun zur Aufgabe gestellt, die neoevangelikale Version eines »Social Gospels« zu initiieren.

---

[127] Rick Warren sagte in einem Interview: »Als die [Saddleback-] Gemeinde zu wachsen begann ... erkannte ich, dass ich Mentoren brauchte .... Ich lernte Drucker kennen ... und er sagte etwas, das ich für sehr wichtig halte: ›Die Funktion des Managements besteht nicht darin, die Kirche geschäftsmäßiger zu machen, sondern kirchenmäßiger.‹ Und ich dachte, das ist, was ich will ...« http://pewforum.org/Christian/Evangelical-Protestant-Churches/Myths-of-the-Modern-Megachurch.aspx.

[128] »Trusting the teacher in the grey-flannel suit«, *The Economist*, 17 Nov. 2005; zu Deutsch: »Dem Lehrer im grauen Anzug vertrauen«.

Sozialevangelium und Kommunitarismus

9.1 Sozialevangelium

Evangelikale haben traditionell das Gebot der Schrift ernstgenommen, als »Salz« und »Licht« (Matth. 5,12-13) in der Welt zu wirken. Diese Worte besaßen ursprünglich keine dominionistische Färbung. Sie bedeuteten einfach, dass Christen durch individuelle oder gemeinschaftliche Wohltaten das Leben von Menschen positiv beeinflussen können. Dank eines heiligen und gerechten Lebensstils, der übereinstimmt mit einem biblischen Glaubensbekenntnis, können Christen auch in ihrer kulturellen Umgebung Gutes leisten. »Salz und Licht« zu sein, bringt nach Römer 16,19 auch die Verpflichtung mit sich, angesichts von Bosheit Gutes zu tun.

Die Heilige Schrift spricht von einer Trennung zwischen Kirche und Staat, die es verbietet, unheilige Verbindungen einzugehen. Als man Jesus eine Fangfrage zu Steuerzahlungen der Religionsgemeinschaft an den Staat stellte, antwortete er: »Gebt dem Kaiser das ihm Zustehende und Gott das ihm Gebührende (Lukas 20,25). Die Gläubigen sind verantwortlich, die Gesetze und Anordnungen des Landes zu befolgen (Röm. 13), aber sie sind auch verpflichtet, »Gott mehr zu gehorchen als den Menschen« (Apg. 5,29), besonders wenn die Wahrheit des Evangeliums auf dem Spiel steht.

Viele der einflussreichen Linken im evangelikalen Lager der USA, wie Tom Sine[1], Ron Sider[2] und Jim Wallis[3], die sich für die

---

[1] Tom Sine, *The New Conspirators*; http://www.opensourcetheology.net/node/1432; http://culture.wrecked.org/?filename=interview-with-tom-sine-author-of-the-new-conspirators.

[2] http://www.evangelicalsforsocialaction.org/page.aspx?pid=293; Ron Sider ist Professor für Theologie, ganzheitliche Mission und öffentliche Ordnung am *Palmer Seminary* der *Eastern University.*

[3] http://www.sojo.net/; http://de.wikipedia.org/wiki/Jim_Wallis.

Verwirklichung einer utopischen Weltgemeinschaft begeistern lassen, streben zwei Hauptziele an: Erstens die Abschaffung der globalen Armut und zweitens das Erreichen der UN-Millennium-Entwicklungsziele[4]. In der Zeitschrift *Courier*, einer mehrsprachigen Publikation der Mennonitischen Weltkonferenz, unterstützte Larry Miller (Exekutivsekretär der Mennonitischen Weltkonferenz) den »Agape-Aufruf« des Weltkirchenrates und die »Micha-Initiative«[5] der weltweiten Evangelischen Allianz. Er rechtfertigte mit biblischen und theologischen Argumenten das soziale Engagement, damit sich die Weltarmut bis 2015 halbiert, was eines der UN-Millennium-Entwicklungsziele ist. Miller appellierte: »Die Abschaffung der globalen Armut für alle Menschen ist eine der obersten Prioritäten der Christenheit; doch ebenso verdient der Skandal der Ungleichheit und Entbehrung innerhalb der weltweiten christlichen Gemeinschaft besondere Aufmerksamkeit.«[6]

Die Autorin Patricia Paddy beschreibt die Zusammenarbeit von bedeutenden christlichen Initiativen in Bezug auf die Einflussnahme von Politikern und Bankern:

Die Kirche ist »Gottes wichtigstes Instrument der Transformation innerhalb der örtlichen Gemeinde« sagt [Geoff] Tunnicliffe, Vorsitzender der *Micah Challenge Canada* und internationaler Direktor der *Weltweiten Evangelischen Allianz* (WEA). Kanadische Kirchen und christliche Organisationen müssen überdenken, was sie tun, um den Armen zu dienen. Sie müssen informiert sein über die Belange der Armut und sich bemühen, bedeutsame, praktische Lösungen für Personen zu finden, die etwas dagegen tun wollen [...] Während ihres Aufenthaltes in Washington traf sich die Gruppe mit dem neuen Präsidenten der Weltbank Paul Wolfowitz, der Berichten zufolge den christlichen Leitern sagte, dass die Kirche eine bedeutsamere Rolle im Bekämpfen der globalen Armut spielen könne.

Als Quelle finanzieller und technischer Hilfe für Entwicklungsländer in aller Welt hat die Weltbank traditionell mit den Re-

[4] http://www.un.org/millenniumgoals/; Resolution adopted by the General Assembly, »United Nations Millennium Declaration,« 8th plenary meeting September 8, 2000, http://www.un.org/millennium/declaration/ares552e.htm.
[5] http://www.micha-initiative.de/channel.php?channel=60; Micah Challenge: http://www.micahchallenge.org
[6] »End scandal of poverty in churches, says Mennonite leader,« 5. Dez. 2005, http://www.ekklesia.co.uk/content/news_syndication/article_05125menno.shtml

gierungen zusammengearbeitet. Tunnicliffe sagt aber, dass sie die mögliche Rolle überdenken werden, die in einer solchen Arbeit von der glaubensgestützten Gemeinschaft gespielt werden könne. Eine kleine Organisation ist von der glaubensgestützten Gemeinschaft eingerichtet worden, um die Weltbank in ihren politischen Entscheidungen zu beraten. Eine Anfrage ist an die WEA ergangen, ob sie sich daran beteiligen möchte.[7]

Im deutschsprachigen Raum treten Befürworter der »Micha-Initiative« mit großem Eifer an die Öffentlichkeit. Zahlreiche christliche Werke und Verbände in Deutschland unterstützen die Initiative.[8] Die Träger der Aktion »StopArmut 2015«[9], wie die »Micha-Initiative« in der Schweiz heißt, sind unter anderem die folgenden Missionswerke: SIM International-Schweiz[10], Wycliffe[11], Schweizer Allianz Mission[12], tearfund.ch[13], HMK (Hilfe für Mensch und Kirche)[14] und Frontiers[15].

Die Deutsche Evangelische Allianz[16] (DEA) wirkt im Rahmen der »Micha-Initiative« an vorderster Front für die Umsetzung der

[7] Patricia Paddy, »Christian leaders propose partnering with UN to fight poverty,« http://www.canadianchristianity.com/cgi-bin/na.cgi?nationalupdates/051027poverty. Dieser Link ist nicht mehr gültig.

[8] In Deutschland: Anstoß zur Hoffnung, Allianzmission, Berliner Stadtmission, Bund Evangelisch-Freikirchlicher Gemeinden, Bund Freier evangelischer Gemeinden, Compassion Deutschland, Christoffel-Blindenmission (CBM), CVJM-Gesamtverband in Deutschland e.V., Deutscher Jugendverband »Entschieden für Christus« (EC) e.V., Deutsche Fernschule e.V., Deutsches Institut für Ärztliche Mission (Difäm), Deutsche Missionsgemeinschaft, EmK-Weltmission, Eudim e.V., ERF Medien, Europäische Baptistische Mission, Förderkreis Terra Nova Mondai, Geschenke der Hoffnung, Gemeinsam für Berlin e.V., humedica, IGW Deutschland – Institut für Gemeindebau & Weltmission, Kinderhilfswerk Global Care, Kirche des Nazareners, Kindernothilfe, Koalition für Evangelisation – Lausanner Bewegung Deutschland, Kreuz des Südens, MAF Germany e.V., Missionswerk Frohe Botschaft, Missionswerk Neues Leben, Offensive Junger Christen, Opportunity International Deutschland, ORA International, Reach Across e.V., Speak Netzwerk Deutschland, Studentenmission in Deutschland, World Vision Deutschland, Weigle-Haus Essen. siehe http://www.micha-initiative.de/netzwerk/unterstuetzer.

[9] http://www.stoparmut2015.ch.

[10] http://www.sim.ch/de/kontakt/sim-schweiz.html.

[11] http://www.wycliffe.ch.

[12] http://www.sam-info.or.

[13] http://www.tearfund.ch.

[14] http://www.hmk-aem.ch.

[15] http://www.frontiers.ch.

[16] http://www.ead.de/index.php?id=184 ; siehe auch »Über Armut reden – Christen im Gespräch mit Bundestagsabgeordneten«; http://www.ead.de/fileadmin/daten/dokumente/micha/FlyerA4-Abgeordnetengespräche.pdf.

UN-Millennium-Entwicklungsziele.[17] Das Buch *Der Kampf gegen Armut – Aufgabe der Evangelischen Allianz*[18] ist »eine Art theologische Begründung und Reflektion«[19] dieser Initiative. Die Herausgeber sind Thomas Schirrmacher[20], Rektor des Martin-Bucer-Seminars, und Andreas Kusch[21], Dozent für Transformative Entwicklungspraxis an der *Akademie für Weltmission* in Korntal. Der Generalsekretär der DEA, Hartmut Steeb, nennt verschiedene Gründe, warum der »Geschäftsführende Vorstand« beschloss, im Rahmen des »Arbeitskreises Politik«[22] eine Arbeitsgruppe einzusetzen, die sich mit den Fragen der »Micha-Initiative« beschäftigt.[23] Diese Arbeitsgruppe erhielt den Auftrag, ihre Arbeit in Verbindung mit der *Arbeitsgemeinschaft Evangelikaler Missionen* und weiteren Missions- und Hilfswerken aufzunehmen und setzte ihn in der Folgezeit um. Steebs Gründe sind aufschlussreich, wieso eine tatkräftige Solidarisierung mit einem Projekt der UN in Angriff genommen werden sollte. In einem Interview mit der Schweizer Redaktion von *idea* antwortete Steeb am 20. Juli 2005:

1.) Die [UN-] Millenniumsziele sind auch eine Herausforderung für Christen. Es kann uns nicht gleichgültig sein, dass Hunger, Armut, Krankheit, Bildungsmangel und viele Nöte auf dieser Welt zwar gesehen werden, aber längst nicht alles uns eigentlich Mögliche getan wird, um diesen Nöten zu begegnen. Wir haben zwar »allezeit Arme« bei uns; wir sind nicht angesteckt von einer Euphorie, die meint, Menschen könnten auf Erden paradiesische Zustände herstellen. Aber das entbindet uns nicht von der Aufgabe, die uns möglichen Schritte zur Verbesserung auch der menschlichen Nöte zu tun. [...] 3.) Die Evangelische Allianz hat sich von Anfang an nicht nur um die Fragen des Heils, sondern auch um die Fragen des Wohls gekümmert. Evangelisation und gesellschaftliche Verantwortung sind der evangelikalen Bewegung schon Mitte des 19. Jahrhunderts in die Wiege gelegt worden. In

---

[17] http://www.micha-initiative.de;   http://www.ead.de/arbeitskreise/micha-initiative/bis-2015-wollen-wir.html.
[18] Bonn: VKW, 2009.
[19] http://www.thomasschirrmacher.info/archives/tag/micha-initiative.
[20] http://www.bucer.eu/ts.html.
[21] http://www.awm-korntal.de/studium_dozenten_de,555,138.html.
[22] http://www.ead.de/materialien/materialien/arbeitskreis-politik.html.
[23] http://www.micha-initiative.de/upload/micha_initiative.PDF.

der Lausanner Verpflichtung von 1974 wurde das noch einmal neu
gefasst. Auch viele Evangelikale in unserem Land haben diese Erklärung unterzeichnet. Es ist wie eine Selbstverpflichtung, sich für
diese Ziele einzusetzen.[24]

Dieses politische und soziale Engagement der Repräsentanten der
Neoevangelikalen Deutschlands passt bestens in das Bild, das die
DEA von sich selbst seit Jahren gibt. Es stimmt völlig mit ihren »politischen Grundüberzeugungen« überein, die sie in der 28-seitigen
Broschüre »Sucht der Stadt Bestes« veröffentlicht hat. Mit dieser
Broschüre informierte der Verband am 22. Mai 2009 über die gesellschaftlichen Ziele der Bewegung.[25]
    Die Initiative zur Bekämpfung der Armut mag oberflächlich ge-
sehen löblich erscheinen. Blickt man allerdings unter die Oberfläche,
erkennt man den Dominionismus. Die »selbstlose« Gemeinnützigkeit
ist nicht unbedingt das, wofür sie sich ausgibt. Soziale Dienstleistungen sind werbeträchtig so konzipiert, dass der – ansonsten höchstgra-
dig anstößige Dominionismus – in bestem Licht erscheint. So können
die öffentlichen Meinungsmacher in der Welt positiv beeindruckt
werden. Zudem ist der Aufruf an die Christen, persönliche Opfer zu
bringen, um das große Ziel einer von Armut befreiten Welt zu erreichen, ideal geeignet, neue »Rekruten« für die Armee der »Milliarde
von freiwilligen Fußsoldaten« anzuheuern. Es überrascht nicht, dass
Rick Warren zu einem der tatkräftigsten Befürworter der »Micha-Initiative« zählt, die er in einem elektronischen Rundschreiben im Zuge
der ONE-Kampagne[26] besonders lobend hervorhob.[27]

---

[24] http://www.ead.de/materialien/materialien/arbeitskreis-micha.html.
[25] http://www.ead.de/fileadmin/daten/dokumente/arbeitskreis_politik/Sucht%20der
      %20Stadt%20Bestes.pdf ; Thomas Schirrmacher berichtet auf seinem persönlichen
      Weblog über die Entstehungsgeschichte und den Inhalt dieser politischen Prokla-
      mation: »Der Hauptvorstand der Deutschen Evangelischen Allianz (DEA) hat das
      Ergebnis einer längeren redaktionellen erfreulichen Zusammenarbeit von Dr. Horst
      Afflerbach und Dr. Stephan Holthaus und mir nach vielen immer neu überarbeite-
      ten und erweiterten Fassungen, die von vielen Entscheidungsträgern immer wieder
      durchgesehen wurden, nun verabschiedet und veröffentlicht als: ›Sucht der Stadt Bes-
      tes‹: Zur Verantwortung der Christen in Staat und Gesellschaft: Eine Stellungnah-
      me der Deutschen Evangelischen Allianz.« http://www.thomasschirrmacher.info/
      archives/1224.
[26] http://www.one.org/international.
[27] Rick Warren versandte am 4. Juni 2005 eine E-Mail »Will You Join Me?«. Diese E-
      Mail enthielt die Kopie eines Briefs an Präsident George W. Bush vom 1. Juni, den
      US-Religionsführer unterzeichnet hatten.

In der Umsetzung des P.E.A.C.E-Plans setzt sich Rick Warren für ein pragmatisches Vorgehen ein nach dem Motto »alles nur erdenklich Mögliche tun« (engl. *whatever it takes*).[28] Als glänzender Stratege schiebt er den Welthunger und die AIDS-Krise in den Vordergrund, um sein eigentliches Ziel, die Errichtung einer totalitären »Theokratie«, hinter einem Schleier der Wohltätigkeit zu verbergen. Das neue »Evangelium« des Pragmatismus verbindet sich mit emotionalen Aufrufen, im Angesicht des Elends unzähliger Menschen in unterentwickelten Ländern Barmherzigkeit zu üben. Mit diesem Schachzug blockiert Warren geschickt seine Kritiker, wenn sie ethische und lehrmäßige Bedenken äußern und die Rechtmäßigkeit der Partnerschaft von Kirche, Staat und Handel hinterfragen.

In einer öffentlichen Stellungnahme der *Saddleback Community Church* begründete Rick Warren, warum er den damaligen demokratischen Senator Barack Obama als einen von fast 60 Hauptrednern zum »Zweiten Globalen Jahresgipfel der Kirche im Kampf gegen AIDS« eingeladen hatte – wohlwissend, dass Obama Abtreibung und homosexuelle Partnerschaften stark befürwortet.[29]

Unser Ziel war es, Personen zusammenzubringen, die normalerweise nicht einmal miteinander reden würden. Während dieses Gipfels erwarten wir nicht, dass alle an der Diskussion beteiligten Personen mit unseren evangelikalen Ansichten übereinstimmen. Die HIV/AIDS-Epidemie kann jedoch nicht von den Evangelikalen allein bekämpft werden. Es wird nötig sein, dass alle zusammenmenarbeiten – Regierung, Wirtschaft, Nichtregierungsorganisati-

---

[28] »Rick Warren, at 25-year point, launches global initiative«; http://www.bpnews.net/printerfriendly.asp?ID=20603. Im Artikel des *Wall Street Journal* stand folgender Kommentar:»Herr Wilkinson meinte, die Situation sei so dringend, dass man keine Zeit mehr habe, nur zurückhaltende Maßnahmen zu ergreifen.«

[29] Barack Obama, der als Teilnehmer an der Saddleback-AIDS-Konferenz in die Kritik geraten war, rechtfertigte sich in einer Stellungnahme. Associated Press meldete: »Obama sagte, dass er trotz seines Respekts für unterschiedliche Ansichten über die Abtreibung hoffe, dass Einheit zustande kommen kann, sodass die gesamte Lehre Christi geehrt wird, indem darauf hingearbeitet wird, die Geißel von AIDS, Armut und anderen Herausforderungen abzuschaffen. Dass dagegen vorgegangen werden muss, darin sind wir uns einig. [...] In diesem Geiste war es mir möglich, mit einigen meiner konservativen Kollegen im Senat zusammenzuarbeiten – und zusammen zu beten –, um im Hinblick auf eine Anzahl wichtiger Themen, mit denen Amerika konfrontiert ist, Fortschritte zu erzielen.« In: »National Clergy Council Doesn't Want Obama To Speak At Megachurch«, http://www.evangelicalright.com/2006/11/national_clergy_council_doesnt.html.

onen und die Kirche. Das ist der Zweck dieses Gipfels: eine Aufforderung an die Regierung, politische Richtlinien zu erlassen, an
die Wirtschaft und Finanzwelt, Gelder zur Verfügung zu stellen,
an die Gesundheitsorganisationen, ihre Gutachten bereitzustellen, an die Kirche, ihr Mitleid, ihre ehrenamtliche Tätigkeit und
ihren weiten Aktionsradius ins Spiel zu bringen. Alles dient dazu,
um für die Kranken zu sorgen und Leben zu retten.[30]

Diese Stellungnahme, die Klärung in die kontroverse Diskussion über
die AIDS-Konferenz der Saddleback-Kirche bringen sollte, verdeutlicht beispielhaft, dass das neue »Social Gospel« rasch ein beliebtes
Thema in evangelikalen Kreisen wurde. Diese »neue kirchliche Initiative« ist aber nur eine aufgewärmte Version einer anderen, vielleicht
heute nicht mehr bekannten Kampagne: Namhafte Gemeindeverbände in Amerika und England machten bereits in der ersten Hälfte
des 20. Jahrhunderts Werbung für die marxistische Planwirtschaft
und die Überführung von Privat- in Gemeineigentum. Obgleich sich
die Begriffe in der Beschreibung dieses sozio-politischen Programms
geändert haben, unterscheidet sich das neue »Social Gospel« im
Kern nicht grundlegend vom alten. Die vielleicht am deutlichsten ins
Auge springende Veränderung ist die größere Anzahl der an diesem
Projekt beteiligten Partner: Neben den Kirchen, christlichen Sozial-
werken und Missionsgesellschaften sollen sich nun auch Großfirmen
und Nichtregierungsorganisationen an der Bekämpfung der AIDS-
Krise beteiligen. Das neue »Social Gospel« ruft die Kirchen mit einem moralischen Appell zum Handeln auf: die Christen stünden in
der Verantwortung, sich an vorderster Front an der Bekämpfung der
weltweiten AIDS-Epidemie zu beteiligen. Dass sich hinter diesem
Aufruf zur Wohltat eine geschickte Taktik verbirgt, ist leider nur den
wenigsten bewusst. Es ist möglich, dass Rick Warren der erste Mann
ist, der sich dadurch auszeichnet, die Ziele und Träume der führenden Internationalisten aus früheren Tagen zu verwirklichen.
    Um die historischen Zusammenhänge zum Internationalismus
vergangener Zeiten besser verstehen zu können, müssen wir uns
die Motive der Befürworter des ursprünglichen »Social Gospel«

---

[30] »Statement by Saddleback Valley Community Church Regarding Senator Barack
Obama as One of Nearly 60 Featured Speakers at the Second Annual Global
Summit on AIDS and the Church«; http://www.christiannewswire.com/news/
864651610.html.

ansehen, die direkt oder indirekt im Dienste des *Council on Foreign Relations*[31] (CFR) standen. Dieser »Rat für Auswärtige Beziehungen« ist ein amerikanisches Studienzentrum zu außenpolitischen Themen mit Sitz in New York. Gegründet wurde die Gesellschaft 1921 in New York City von Edward Mandell House[32], dem persönlichen Ratgeber von Präsident Woodrow Wilson. Dem CFR wird seit seiner Entstehung eine herausragende Funktion im Formulierungsprozess außenpolitischer Strategien zugesprochen. Eher im Hintergrund und ohne Kontrolle von außen agierend, lehnt der CFR eine ausführliche Publizierung seiner Aktivitäten ab. Ebenso einzigartig ist die Zusammensetzung dieser Organisation, die zu Beginn der 1920er Jahre von Geschäftsleuten mit dem Ziel des Ausbaus internationaler Geschäftsverbindungen gegründet wurde.

Die Aufgaben des CFR sind zum einen die Arbeit in den Diskussions- und Studiengruppen, zum zweiten Öffentlichkeitsarbeit mit dem Ziel, eine pro-internationalistische Außenpolitik der USA zu fördern und schließlich die Arbeit im Formulierungsprozess US-amerikanischer Außenpolitik.[33] Die Mitgliederzahl von zwei- bis dreitausend ändert sich von Jahr zu Jahr nur minimal, obgleich immer wieder neu hinzukommende Entscheidungsträger aus Wirtschaft, Akademie, und Politik sowie den Medien und Stiftungen ausscheidende Mitglieder ersetzen. Das soziale Engagement der Kirchen Anfang bis Mitte des 20. Jahrhunderts hatte nicht vordergründig etwas mit der Linderung sozialer Missstände in der amerikanischen Gesellschaft zu tun, sondern diente den politischen und wirtschaftlichen Interessen der Industrie und Hochfinanz. Die personelle und organisatorische Verknüpfung von Kirche, Wirtschaft, Finanzen und Staat war damals schon ein begehrtes und unter Präsident Franklin D. Roosevelt sogar teilweise erreichtes Ziel des CFRs.

In meiner Doktorarbeit zum Thema »Der Bau von Gottes Reich auf Erden« habe ich diese Fakten zusammengetragen und mit histo-

---

[31] http://www.cfr.org/about; zu Deutsch: »Rat für Auswärtige Beziehungen«.

[32] Edward Mandell House, 1858-1938, *The Intimate Papers of Colonel House* (Charles Seymour, ed., Boston, New York: Houghton Mifflin company, 1926-28); http://quod.lib.umich.edu/cgi/t/text/text-idx?c=genpub;idno=ACL9380.0001.001 ; http://de.wikipedia.org/wiki/Edward_Mandell_House.

[33] Diese Beschreibung wurde in gekürzter und leicht revidiert Form dem Wikipedia-Artikel über den CFR entnommen. http://de.wikipedia.org/wiki/Council_on_Foreign_Relations.

rischen Tatsachen belegt.[34] Ich untersuche darin den Beitrag der Kirchen zur Mobilmachung der öffentlichen Meinung in den Vereinigten Staaten für die Weltordnung und den Frieden im Zeitraum von 1919 bis 1945. Dabei zeige ich auf, dass das eigentliche Ziel des CFRs die Errichtung einer Weltregierung unter anglo-amerikanischer Führung war. Philip Kerr[35], Lionel Curtis[36] und John Foster Dulles[37] gehörten zu einer Gruppe von Internationalisten, die sich dafür einsetzte, die Länder der Welt in einem föderalistischen Weltstaat zu vereinen. Ihnen schien die Abschaffung der nationalen Souveränität aller Regierungen, insbesondere der der Vereinigten Staaten von Amerika, die einzige Überlebenschance einer von zerstörerischen Kriegen bedrohten Menschheit zu sein. Wenn man bedenkt, dass Rick Warren öffentlich einräumte, Mitglied dieser internationalen Organisation CFR zu sein,[38] erscheint sein soziales Engagement in einem völlig neuen Licht.

Die Absicht des CFRs, einen Plan zu verfolgen, in dessen Zentrum die Kirchen die maßgeblichen Akteure sind, um die internationalen Ziele der obersten Eliteschicht Amerikas und Englands zu verwirklichen, war aus Sicht ihrer Befürworter geradezu genial. Niemand würde hinter der Fassade idealistischer Bestrebungen eine Aktivität vermuten, die darauf abzielt, die Herrschaft der Welt den Großfirmen und der Hochfinanz zu übertragen.

Den Kirchen war es vorbehalten, an die Öffentlichkeit zu treten, um die Bevölkerung Amerikas, die damals internationalen Abenteuern skeptisch gegenüberstand, von den Vorzügen einer Weltregierung zu überzeugen. Man bediente sich geschickt des Ersten Weltkrieges, dessen katastrophalen Verluste an Mensch und Material eine gesellschaftliche Krise unvorstellbaren Ausmaßes heraufbeschworen

---

[34] Martin Erdmann, *Building the Kingdom of God on Earth: The Churches' Contribution to Marshal Public Support for World Order and Peace, 1919-1945* (Eugene, OR: Wipf & Stock, 2005).

[35] http://de.wikipedia.org/wiki/Philip_Kerr,_11._Marquess_of_Lothian; http://www.carrollquigley.net/book-reviews/Lothian_Butler.pdf.

[36] http://www.questia.com/library/book/from-empire-to-international-common wealth-a-biography-of-lionel-curtis-by-deborah-lavin.jsp; http://en.wikipedia.org/wiki/Lionel_George_Curtis.

[37] http://de.wikipedia.org/wiki/John_Foster_Dulles; http://www.arlingtoncemetery.net/jfdulles.htm.

[38] http://www.worldnetdaily.com/news/article.asp?ARTICLE_ID=53030; »Rick Warren answers the Davos Question«: http://www.youtube.com/watch?v=je2FDmsrxiA; Mitgliedsliste des CFR: http://www.cfr.org/about/membership/roster.html?letter=W.

hatte. Als im Jahre 1918 die Kriegshandlungen eingestellt wurden, tötete eine verheerende Grippeepidemie weltweit mehr Menschen als der Krieg selbst. Mit Ausnahme Amerikas waren die westlichen Staaten finanziell ausgeblutet. Die Weltwirtschaftskrise ließ nicht lange auf sich warten. Viele Menschen mussten in jenen ersten Jahrzehnten des 20. Jahrhunderts unvorstellbare Leiden über sich ergehen lassen. Die Hoffnungen, die alle Beteiligten in den Erfolg der Friedenskonferenz von Versailles legten, wurden bei weitem nicht erfüllt. Im Gegenteil, die schlimmsten Befürchtungen, dass sich der übersteigerte Nationalismus der Siegesmächte gepaart mit einer gehörigen Portion Rachsucht durchsetzen würde, trafen ein. Die meisten Politiker der Entente-Mächte und ihre Berater, die sich in Paris 1919 zu den Verhandlungen trafen, verfolgten ausschließlich eigensinnige Interessen, die sie mit ihrem Begehren verbanden, das wirtschaftlich und militärisch am Boden liegende Deutschland finanziell ausbluten zu lassen.

In meinem Buch *Building the Kingdom of God on Earth* habe ich dargelegt, dass der Amerikaner John Foster Dulles, einer der führenden Architekten und Propagandisten des »Social Gospels«, aus dem Versagen der Friedenskonferenz die Konsequenz zog und sich noch während seines Aufenthalts in Paris nach einer anderen Möglichkeit als der Gründung eines Völkerbundes umschaute, um die Vision einer Weltregierung zu erfüllen. Es stand ihm deutlich vor Augen, dass es unmöglich war, die versammelten Regierungshäupter zur Aufgabe ihrer Machtbefugnisse zu bewegen, damit ein föderalistischer Staatenbund gebildet werden konnte, der internationale Konflikte zwischen einzelnen Ländern künftig verhindern würde. Als Teil einer relativ kleinen Gruppe von Amerikanern und Engländern wurde Dulles am 30. Mai 1919 Gründungsmitglied des *Institute of International Affairs*[39]. Dieses Institut erhielt etwas später eine königliche Urkunde und heiß von da an *Royal Institute of International Affairs* (RIIA) oder kurz *Chatham House*. Das RIIA arbeitete eng mit dem amerikanischen *Council on Foreign Relations* zusammen.

Dulles setzte in der Folgezeit besonders Propaganda als Mittel ein, um die öffentliche Meinung in Amerika von ihrer traditionellen Position der Isolation zu einer neuen der gegenseitigen Abhängigkeit, nämlich der so genannten Interdependenz, umzustimmen. Es gelang

---

[39] http://www.chathamhouse.org.uk; http://de.wikipedia.org/wiki/Chatham_House.

ihm, eine groß angelegte Kampagne zu starten, um in einem ersten Schritt besonders das Kirchenvolk in Amerika für den Internationalismus zu gewinnen. In einem weiteren Schritt beabsichtigte er, die Kirchen, die sich dem ökumenischen Dachverband des *Federal Council of Churches*[40] (FCC) angeschlossen hatten, für seine politischen Zwecke einzuspannen. Alles lief darauf hinaus, dass die Kirche für die Errichtung einer Weltregierung eingespannt werden sollte. Die Methoden, die Christen in ihrem fehlgeleiteten Idealismus zur Einführung einer diktatorischen neuen Weltordnung anwenden, sind damals wie heute fast identisch: 1.) die Entwicklung einer gemeinsamen Ethik. 2.) Die Zusammenführung verschiedener Weltreligionen zu einer Einheit. 3.) Die Zusammenarbeit von Personen in Regierung, Geschäftswelt und Gemeinnützigkeit. 4.) Die Initiierung einer massiven Propagandakampagne. 5.) Die Heraufbeschwörung des Weltfriedens. 6.) Der emotionale Appell, sich an einer »höheren« Sache zu beteiligen, wie zum Beispiel der Ausmerzung der Krankheit und des Leidens. 7.) Der Missbrauch der Heiligen Schrift zur Rechtfertigung der sozialpolitischen Globalisierung beziehungsweise eines Prozesses, der auf eine Weltregierung hinausläuft.

Wichtig war es dabei, die christliche Lehre der Erlösung, Rechtfertigung und Heiligung mit humanistischen Grundsätzen auszutauschen; diese Aufgabe übernahmen die liberalen Theologen, die sich teilweise an die Führungsspitze des FCCs gestellt hatten. Es musste sichergestellt werden, dass die konservativ eingestellten Kirchengänger, die bis dahin eine Mehrheitsposition in den namhaften Gemeindeverbänden hatten, nicht merkten, worauf Dulles und die Leitung des FCCs hinaus wollten. Denn sonst bestand die Gefahr, dass die großzügigen Spenden, mit denen das ehrgeizige Projekt – die Weltherrschaft zu erringen – finanziert wurde, ausbleiben würden. Aber noch wichtiger als die Spenden war die ideelle Unterstützung der bibelgläubigen Christen. Sie sollten für etwas eingespannt werden, das ihren grundlegenden Überzeugungen eigentlich widersprach.

1942 beschrieb John Foster Dulles den zentralen Zweck der Kirchen. Die Christen sollten weltweit verpflichtet werden, »die Ziele des progressiven Internationalismus zu erreichen, an dessen Ende das Königreich Gottes auf Erden aufgerichtet wird.« »Frieden« stand

---

[40] Zu Deutsch: »Bundesrat der Kirchen«; heute NCC (National Council of Churches); http://www.history.pcusa.org/collections/findingaids/inventory/ncc18.pdf.

im Zentrum der allgemeinen Aufforderung an die Christen, sich der Social-Gospel-Bewegung anzuschließen. John Foster Dulles machte sich das Thema des »Friedens« zu eigen, weil es ihm äußerst nützlich erschien, auf diese Weise die Ziele des CFR zu verwirklichen. Die gesellschaftlichen und weltpolitischen Krisen, die in der Zeit zwischen den beiden Weltkriegen und dann während des Zweiten Weltkrieges entstanden, wurden propagandistisch bis aufs Letzte ausgenutzt. Diese Krisen dienten dazu, die »Notwendigkeit« der strukturellen Bildung einer Weltregierung plausibel zu machen. Um eine »friedliche Veränderung« herbeizuführen, schlug Dulles die Befolgung eines »Moralgesetzes« vor, das er selbst festgelegt hatte. Er verfasste einen Aufsatz mit dem Titel »Das Problem des Friedens in einer dynamischen Welt«,[41] der in auflagestarken Publikationen der englischsprachigen Welt veröffentlicht wurde. Ich schrieb in meiner Bewertung Folgendes:

Dulles skizzierte die Grundkonzepte der friedlichen Veränderung und sprach sich gegen das aus, was er für eine ungesunde und veraltete Idee hielt: die nationale Souveränität. Der menschliche Egoismus könne nur neutralisiert werden, so behauptete er, wenn er mit einem Gefühl überwunden würde, das dominanter und packender ist, und in dem die Elemente der Universalität, nicht der Partikularität, enthalten sind. [...] Indem er die ökumenische Bewegung als das von ihm bevorzugte Vehikel verwendete, um seine Meinung zum Ausdruck zu bringen, wählte Dulles als seine hauptsächliche Zielgruppe die christliche Öffentlichkeit der englischsprachigen Welt. Sein Ziel war es, die Kirchen zu motivieren, sich aktiv am Bau einer globalen Gesellschaft zu beteiligen.[42]

Rick Warren hat ähnliche Gedanken geäußert:»Kirchen stellen das größte Verteilungszentrum in der Welt dar [...] Das weit gefächerte Netzwerk der Kirchen ist die einzige Lösung im Hinblick auf die ›universale Verteilung‹, ein Problem, das den weltweiten Gesundheitsinitiativen Schwierigkeiten verursacht.«[43]

[41] »The Problem of Peace in a Dynamic World«; John Foster Dulles Papers, 1860-1988 (bulk 1945-1960): http://diglib.princeton.edu/ead/getEad?eadid=MC016.
[42] Martin Erdmann, *Building the Kingdom of God on Earth*, 84-88.
[43] http://www.christianpost.com/news/warren-churches-must-be-part-of-solution-to-global-health-crisis-21460.

In der Tat: Die weltweiten Missionsstrategien sind besonders dazu geeignet, die Ziele einer Weltregierung zu fördern. Auf der 1937 veranstalteten Oxford-Konferenz zum Thema Kirche, Gesellschaft und Staat nahmen einige prominente Mitglieder des *Royal Institute of International Affairs*, des britischen Gegenstücks zum CFR, teil. John Foster Dulles' Aufsatz in dem Konferenz-Sammelband »Die weltweite Kirche und die Welt der Nationen«[44] gab die Marschroute für die Durchführung der zukünftigen Aufgaben der Kirche an. Dulles betonte auch die hervorragende Leistung der Missionsbewegung, die wesentlich dazu beigetragen habe, dass eine Ökumene Gestalt annehmen konnte, die auf eine neue Weltordnung zusteuert. In dieser Hinsicht erwies sich die Lehre der Bruderschaft aller Menschen am wirkungsvollsten. Das missionarische Engagement förderte wie nichts anderes das internationale Engagement der amerikanischen Kirchen, weil es bei ihnen ein Interesse an fremden Ländern und Kulturen geweckt hatte.[45]

Es gibt erstaunliche Parallelen zwischen der Propagandakampagne der ursprünglichen ökumenischen Social-Gospel-Bewegung und der gegenwärtigen evangelikalen Social-Gospel-Initiative. Es ist bemerkenswert, dass Warrens Lösungsvorschlag für die fünf Krisen (seine »globalen Giganten«) aus Peter Druckers Modell des »dreibeinigem Stuhls« entnommen ist und auf dem gleichen Konzept der Bruderschaft aller Menschen beruht. Im Namen der »Mission« wird das soziale Engagement an die erste Stelle gestellt. Warren sagte:

> In der Welt gibt es fünf gigantische Probleme [...] Die geistliche Leere ist das Problem Nummer 1. Egoistische oder korrumpierte Regierung ist das zweitgrößte Problem. Nummer 3 ist die Armut. Die Hälfte der Weltbevölkerung lebt von weniger als zwei US-Dollar pro Tag, eine Milliarde Menschen müssen mit weniger als einem Dollar pro Tag auskommen. An vierter Stelle steht die Krankheit – alle möglichen Krankheiten. 500 Millionen Menschen werden dieses Jahr an Malaria erkranken. An fünfter Stelle steht der Analphabetismus – die Hälfte der Weltbevölkerung kann weder lesen noch schreiben! Selbst wenn die ganze Welt über das

---

[44] »The Universal Church and the World of Nations«, abrufbar unter: http://www.archive.org/details/universalchurcha006907mbp.
[45] Siehe Martin Erdmann, *Building the Kingdom of God on Earth*, 103-104.

Internet miteinander verbunden wäre, würden die Menschen links liegen bleiben, die weder lesen noch schreiben können. Für sie gibt es einfach keine Hoffnung im 21. Jahrhundert. [...] Die Probleme sind so groß, dass jeder versagt hat, der versuchte, sie zu lösen. Die Vereinigten Staaten haben versagt, die Vereinten Nationen haben versagt. Niemand hat die fünf Probleme gelöst, weil die Lösung auf das Modell des »dreibeinigen Stuhls« zurückgreifen muss. Die Stabilität eines Landes kann nur gewährleistet werden, wenn man eine starke, gesunde Regierung, starke, gesunde Firmen und starke, gesunde Kirchen hat. [...] Ein dreibeiniger Stuhl ist stabil. Deshalb reise ich von einem Land zum anderen, um der Industrie, der Kirche und den Staatsoberhäuptern ihre spezifische Rolle zuzuweisen – ihr müsst zusammenarbeiten! Wir können die Probleme in ihrem Land oder in der Welt nicht lösen, wenn wir nicht zusammenarbeiten.[46]

Der mit dem *Council on Foreign Relations* eng verbundene *Federal Council of Churches* veröffentlichte 1932 ein soziales Glaubensbekenntnis, das so genannte »Social Creed«. Es bildete die Grundlage für das »Social Gospel« in den protestantischen Kirchen der nachfolgenden Generationen. Die radikalen Ideen in diesem Text forderten die Umverteilung der Vermögenswerte in der Gesellschaft und die Errichtung weitgehender Kontrollen mittels sozialer Planung. Beachtenswert ist auch die Methode, mit der dieses Glaubensbekenntnis vermarktet wurde:

In den 1930er Jahren forderte die Zeitschrift *Federal Council Bulletin* seine Leser auf, das »Social Gospel« bekannt zu machen. Die Publikation ermahnte die Christen, jeden Gedanken zu verwerfen, der andeutete, dass ein grundsätzlicher Konflikt bestünde zwischen der Verkündigung des Evangeliums als solchem und der Notwendigkeit, das soziale Glaubensbekenntnis des FCCs bekannt zu machen. Der *Federal Council* wusste: Nur wenn eine tiefe Hingabe an die ethischen Prinzipien des Evangeliums und eine treue

---

[46] http://showbizandstyle.inq7.net/lifestyle/lifestyle/view_article.php?article_id= 12466. Der Artikel wurde inzwischen gelöscht. Ähnliche Aussagen werden in dem *Inquirer Lifestyle* Artikel »Playtime: The purpose-driven Rick Warren« zitiert: http:// services.inquirer.net/print/print.php?article_id=12466. Auf den Punkt bringt Warren es auch hier: http://www.youtube.com/watch?v=je2FDmsrxiA.

Ergebenheit an Jesus Christus gewährleistet ist, könnten die Christen hinreichend motiviert werden, für die Verwirklichung des Königreiches Gottes auch als Staatbürger der USA zu kämpfen. Ohne wirklich biblische Grundsätze zu befolgen, kleidete der *Federal Council* die sozialen Forderungen in biblische Begriffe. Obwohl man das Problem der Sünde oftmals beim Namen nannte, wurde dies gewöhnlich im Zusammenhang von Sünden gegen die Gesellschaft, nicht Sünden gegen Gott, getan. Die Wiedergeburt wurde geschickt umgedeutet zu einem neuen sozialen Bewusstsein. Das stellvertretende Sühneopfer Christi am Kreuz hielt man für unbedeutend, es wurde deshalb nur selten, wenn überhaupt, erwähnt. Der Grundsatz der Reformation, dass die Menschheit Frieden mit Gott nur durch die Rechtfertigung des Glaubens finden kann, wurde ignoriert, weil man es für völlig unwichtig erachtete.[47]

Vergleichen wir nun diese Ideologie mit den Aussagen über Rick Warren, den evangelikalen Vertreter eines neuen »Social Gospels«, die in einem offenen Brief an Pastoren in den USA geäußert wurden:

AIDS forderte seit 1981 das Leben von 25 Millionen Menschen. 40 Millionen Menschen in aller Welt, einschließlich 2 Millionen Kinder, müssen mit dieser furchtbaren Krankheit leben. Und fast 7 Millionen Menschen benötigen jetzt verzweifelt lebensrettende Medikamente, ohne die sie sterben werden. Angesichts dieser Krise übersteigt es unser Verständnis und verletzt unseren von Gott gegebenen Gerechtigkeitssinn, dass diese Gruppen sich entschlossen haben, Senator Obama und Pastor Warren – beides Christen – anzugreifen, weil sie zusammenarbeiten, um AIDS abzuschaffen. […] Es ist höchste Zeit, dass Christen sich unter dem Banner der Wahrheit vereinigen und daraufhin arbeiten, die dringlichsten Probleme unserer Gesellschaft anzugehen. Die Zeit, Taktiken zu verwenden, die anderen Angst einjagen, und der Uneinigkeit ist vorbei. Als Leiter der christlichen Gemeinschaft werden wir angesichts dieser Angriffe nicht still dastehen, sondern wir werden stattdessen als die Stimmen der Gleichheit, Fairness und Gerechtigkeit allen Menschen dienen.[48]

---

[47] Martin Erdmann, *Building the Kingdom of God on Earth*, 154-155.
[48] »Religious Leaders Stand Up for Rick Warren, Barack Obama: An open letter to

John Foster Dulles wurde in den 1940er Jahren gebeten, dem Untersuchungsausschuss »Kommission zur Erforschung der Grundlagen eines gerechten und dauerhaften Friedens«[49] des neu gebildeten Weltkirchenrates vorzustehen. Wie ein Biograf bemerkte, war Dulles dank dieser Position in der Lage, die Zielvorstellungen der Kommission des Kirchenrates »über einen gerechten und dauerhaften Frieden« mit denen des *Council on Foreign Relations* gleichzusetzen.[50]

Dulles' Kommission rief 1942 eine »Nationale Konferenz zur Untersuchung des Verhältnisses der Kirchen zu einem gerechten und dauerhaften Frieden«[51] ein. John Foster Dulles legte dreizehn Richtlinien (*Guiding Principles*) für den »Frieden« vor, die den sozialistischen Internationalismus förderten.

Die grundlegende Voraussetzung des Friedensabkommens ist die Realität der Vaterschaft Gottes und der menschlichen Bruderschaft. Die erste Richtlinie besagt, dass es in der Tat ein »moralisches Gesetz« gibt, das der Welt zugrunde liegt. Der zweiten Richtlinie zufolge ist das Vorhandensein von Krankheit und Leid in unserer Gesellschaft der Beweis dafür, dass das »moralische Gesetz« nicht beachtet, ja sogar direkt übertreten wird. Im Weiteren teilen wir alle die Verantwortung für die gegenwärtigen Missstände. Es gibt niemand, der nicht Vergebung benötigte. Die Einstellung echter Bußfertigkeit ist deshalb von uns als Einzelpersonen wie auch als Nationen gefordert.[52]

Im Anschluss an die Konferenz sandte Dulles die Richtlinien an das Weiße Haus, das Auswärtige Amt und zahlreiche andere Regierungsämter. Die Kommission startete eine Medienkampagne, um die Kirchen über die Angelegenheiten einer Weltregierung zu unterrichten.[53]

pastors across the country«; zu Deutsch: »Religiöse Leiter unterstützen Rick Warren und Barack Obama: Ein offener Brief an Pastoren im ganzen Land«. http://www.christiannewswire.com/news/98781633.html.

[49] Englisch »The Commission to Study the Bases of a Just and Durable Peace«.

[50] Siehe Martin Erdmann, *Building the Kingdom of God on Earth*, 194-195.

[51] Englisch »National Study Conference on the Churches and a Just and Durable Peace«.

[52] Martin Erdmann, *Building the Kingdom of God on Earth*, 243-244.

[53] Ebd., 245.

Vergleichen wir diese Aussagen mit den folgenden Bemerkungen
von Rick Warrens Ehefrau Kay. In der Zeitschrift *Faith* beklagte sie
sich über die Kirche, die nicht präsent sei, um im Kampf gegen eine
weltweite Krankheitsepidemie mitzuhelfen und nannte einige Gründe, warum sich Christen im Kampf gegen AIDS einsetzten sollten.
Diese Gründe mögen in gewisser Hinsicht berechtigt sein. Doch im
Verlauf des Interviews änderte sich das Gesprächsthema abrupt. Was
mit einer Bitte um Mildtätigkeit begann, mündete in einen Appell,
die lokale Gemeinde radikal umzustrukturieren. Nur so könne diese
in die weltweiten Vorbereitungen einer Zweiten Reformation einge-
bunden werden. Erstmals gab Kay Warren einen Hinweis auf ihre eigentliche Absicht, die hinter dem Aufruf der »Barmherzigkeit« liegt,
als sie sagte:»Künftig werden die christlichen Hilfsorganisationen
die örtliche Kirche unterstützen, genau umgekehrt wie es derzeit
ist, in unseren Tagen fördert noch die örtliche Kirche die Nichtregierungsorganisationen.« Kay Warren verwarf die Beibehaltung der
Selbstständigkeit der örtlichen Kirchen; ihrer Meinung nach sollten
die Kirchen unter die Leitung größerer Agenturen gestellt werden,
die über die Landesgrenzen hinaus tätig sind. Als Begründung führte
Kay Warren im Interview das dreibeinige Stuhlmodell von Management-Berater Peter Drucker an:

Wir sind der Meinung, die Kirche ist der fehlende Fuß eines dreibeinigen Stuhles. Regierungen sind in ihren Tätigkeitsfeldern aktiv. Firmen im privaten Sektor tun das Ihrige, um die globalen Giganten [Weltkrisen wie Hunger, Analphabetismus und AIDS] anzugreifen; die Kirche aber glänzt durch Abwesenheit. Wir haben
versucht, die Kirche an den [gemeinsamen] Tisch zurückzubringen
und sagen, dass alle drei notwendig sind. Der Hauptgrund für die
Mitwirkung der Kirche ist ihre Stärke als das größte Verteilungszentrum der Welt aktiv werden zu können. Die Kirche existiert
an Orten, wo sonst nichts ist. Durch ihre Vermittlung können die
Verteilungskanäle der Fürsorge, des Mitgefühls, der Vermittlung
von Bildung und der Unterweisung optimal ausgenutzt werden.
Nur so kann es gehen. Das ergibt Sinn![54]

---

[54] Das Interview mit dem Titel »Kay Warren ›Seriously Disturbed‹: Church Must Act on
AIDS« erschien im Nov. 2005 in der Zeitschrift»Faith« und steht online leider nicht
mehr zur Verfügung. S.a.»An Interview with Kay Warren on Christians & AIDS«:

Während des Zweiten Weltkrieges im Oktober 1942 veröffentlichte
die oben erwähnte amerikanische »Kommission für einen gerechten
und dauerhaften Frieden« ein Büchlein mit dem Titel »Ein gerechter
Glaube für einen gerechten und dauerhaften Frieden«.[55] Die Autoren
machten Vorschläge für den Frieden, die mit dem »Social Gospel«
übereinstimmten. Der sechste Punkt ist von besonderer Bedeutung.
Die Kirche sollte dazu instrumentalisiert werden, das Ziel der Errichtung einer Weltregierung zu fördern, indem sie das Glaubensbekenntnis des »Social Gospels« als »fortwährende moralische Prinzipien« verkündet:

1.) Die amerikanische Bevölkerung muss nun auf einen gerechten
Glauben eingestimmt werden. 2.) In Zeiten des Krieges sind die
geistlichen Aufgaben der Kirchen besonders dringlich. 3.) Der
weltweite Charakter der Kirche drängt sie und ihre Mitglieder,
einen einzigartigen Beitrag zur Weltordnung zu leisten. 4.) Die
christliche Motivation ist eine wesentliche Voraussetzung für wir-
kungsvolles Handeln. 5.) Christen müssen die Zusammenarbeit
mit anderen Religionen suchen. 6.) Die Kirchen besitzen nicht die
oberste Verantwortung, um die Details der Weltordnung zu formulieren. Aber sie müssen die fortwährenden moralischen Prinzipien, anhand derer menschliche Pläne ständig überprüft werden,
verkünden.[56]

Vergleichen wir diese Aussagen mit der Rhetorik im Hinblick auf
die AIDS-Krise. Anfang 2006 unternahm das Pastorenehepaar Rick
und Kay Warren eine 35-tägige Reise durch vierzehn afrikanische
und asiatische Länder. In einer anschließenden Pressemitteilung der
Saddleback Community Church wurden die Kirchenführer Amerikas
aufgefordert, eine aktivere Rolle in der globalen AIDS-Initiative zu
spielen. Rick Warren äußerte: »Ich bin überzeugt, dass der Glaube,
die Ethik und die Sittlichkeit eine wichtige Rolle im Kampf gegen
AIDS spielen.« Er machte auch Aussagen über seine Motivation: »Ich
bin kein Wissenschaftler, kein Mediziner oder Aktivist. Ich bin ein
Pastor. Meine Beweggründe sind deshalb anders gelagert. Ich liebe

---

http://www.crosswalk.com/faith/spiritual-life/an-interview-with-kay-warren-
on-christians-and-aids-1364090.html.
[55] Englisch »A Righteous Faith for A Just and Durable Peace«.
[56] Martin Erdmann, *Building the Kingdom of God on Earth*, 247-248.

Menschen, und ich habe einen Retter namens Jesus, der sagte: ›Liebe
deinen Nächsten wie dich selbst.‹«[57]
   Ein Jahr zuvor bekräftigte Warren, dass er »alles nur erdenklich
Mögliche« tue, um die AIDS-Krise zu bekämpfen. Er sagte dies im
Rahmen einer öffentlichkeitswirksamen Kampagne zur »Zweiten Reformation«, in der er auch seine pragmatische Ethik vorstellte. 2006
wurden in der bereits zitierten Pressemitteilung Details genannt, wie
dieser Kampf konkret aussieht:

   Kay Warren forderte, dass Regierungen, Firmen, NGOs [Nicht-
   regierungsorganisationen] und die Kirche sich bemühen müssen,
   zusammenzuarbeiten, um zu verhindern, dass AIDS auf die
   nächste Generation übergreift ...»[Wir] müssen auf diese Krise
   an allen Fronten eine Antwort geben und dies so tun, dass jeder
   seinen Beitrag leistet – bisweilen bedeutet dies, dass man mit
   Gruppen zusammenarbeitet, mit denen man sonst nicht übereinstimmt.«[58]

Deutlich signalisierte das Ehepaar Warren, dass es eine »Koalition
der Höflichkeit« ins Leben rufen möchte. Wenn verschiedene Gesell-
schaftsgruppen und Religionsgemeinschaften nicht einer Meinung
seien, müssten sie nicht befürchten, gegenseitig abgelehnt oder gar
negativ hingestellt zu werden. Auf der Ebene der Zusammengehörig-
keit werde nicht Uniformität vorausgesetzt. Das solle dazu beitragen,
dass sich viele zur Lösung der AIDS-Krise zusammenschließen.
   Rick Warren betonte, dass die Kirche Vorzüge einbringen würde,
die weder die Regierungen noch die Konzerne oder die NGOs je vor-
weisen könnten. Dazu gehörten das ausgedehnte Verteilungsnetz, die
größte Anzahl an Freiwilligen, Glaubwürdigkeit vor Ort, eine enorme Erfolgsquote in der Krankenpflege, moralische Autorität in der
Durchführung ihres Auftrags und die Macht Gottes. »Ich entschul-
dige mich nicht für die Behauptung, dass die Kirche im Namen Jesu
Christi die führende Stellung einnehmen kann«, sagte er.
   Warren zählte sechs Möglichkeiten auf, wie sich jede Kirche engagieren könnte, um AIDS-Infizierten zu helfen. Diese sind in dem

[57] »Rick and Kay Warren Challenge Church Leaders to Play a More Vital Role in the
   Global AIDS Response By Leveraging Their Unique Resources«, 14. August, 2006;
   http://www.christiannewswire.com/news/81416740.html.
[58] Ebd.

Akronym C.H.U.R.C.H. zusammengefasst. Jeweils ein Buchstabe dieses englischen Wortes für »Kirche« steht für eine Möglichkeit: 1.) Fürsorge und Trost für die Infizierten und Betroffenen, 2.) Durchführung von Untersuchungen und Beratungen, 3.) »Entfesselung« freiwilliger Arbeitskräfte, 4.) Minderung der Stigmatisierung, 5.) Engagement für gesundes Verhalten sowie 6.) Hilfslieferungen von Nahrungsmitteln und Medikamenten.[59] Der Vorschlag der Zusammenarbeit zwischen Regierungen, Konzernen, NGOs und der Kirche ist keine neue Idee. Internationale Denkfabriken und Stiftungen versuchen seit den 1980er Jahren Werbung für diese Idee zu machen. Die öffentlichen Dokumente beinhalten oft Grafiken, die die Verbundenheit von Speichen und Radnabe symbolisieren. Jeder Bereich der Gesellschaft würde so von einer zentralen Kommandostelle gelenkt. In der Geschichte sind bereits die negativen Folgen einer solchen Zusammenarbeit sichtbar geworden. Afrika ist ein besonders unrühmliches Beispiel. Vor einigen Jahren enthüllten die Massenmedien, wie pharmazeutische Unternehmen mit den Regierungen Afrikas im Geheimen zusammenarbeiteten. Die üblen Machenschaften der Pharmaindustrie wurden in dem Roman und Spielfilm *Der Ewige Gärtner*[60] (2005) thematisiert. Ein anderes Beispiel ist der Spielfilm *Hotel Ruanda*[61] (2004), der

[59] Englisch: »C - Care for and support those infected and affected; H - Handle testing and counseling; U - Unleash a volunteer labor force; R - Reduce stigma; C - Champion healthy behavior; and H - Help with medication and nutrition«.
[60] Englisch: *The Constant Gardener*; http://de.wikipedia.org/wiki/Der_ewige_Gärtner: »In Afrika und Europa kommt Justin schon bald der weit verzweigten Verschwörung auf die Spur, der Tessa im Weg gewesen war: Ein großes Pharmaunternehmen, das in Afrika kostenlose AIDS-Tests unterstützt, lässt offenbar gleichzeitig an den Patienten ohne deren Wissen *Dypraxa* erproben, ein neues Mittel gegen eine erwartete Tuberkulose-Pandemie, von dem sich der Hersteller Riesenumsätze erhofft. Das unfertige Medikament kostete zwar zahlreichen der unfreiwilligen Testpersonen das Leben, aber so konnte Dypraxa billig und schnell optimiert werden. Die Toten wurden heimlich verscharrt und alle Unterlagen vernichtet, offiziell haben sie nie existiert. Selbst Angehörige der Verstorbenen, die Justin befragt, werden daraufhin festgenommen«.
[61] http://de.wikipedia.org/wiki/Hotel_Ruanda: »Der Film erzählt die auf einer wahren Begebenheit beruhende Geschichte des *Hôtel des Mille Collines* in Kigali während des Völkermords im Frühjahr 1994. In dem seit vielen Jahrzehnten bestehendem Konflikt zwischen der Bevölkerungsmehrheit der Hutus und den politisch wie wirtschaftlich dominierenden Tutsi wird am Abend des 6. April 1994 das Flugzeug des Präsidenten Habyarimana beim Landeanflug auf Kigali abgeschossen, was die Auseinandersetzungen eskalieren lässt. Daraufhin sterben in Ruanda in nur 100 Tagen ca. eine Million Menschen durch Gewalttaten von Hutu-Milizen, Militär- und Polizeiangehörigen«.

aufzeigt, dass selbst die internationale Zusammenarbeit den Völkermord in Ruanda nicht verhindern konnte.[62] Der englische Sender BBC produzierte den Dokumentarfilm *Rhodes*,[63] der in manchen Details sicherlich einseitig gefärbt und auch übertrieben ist, der aber die schrecklichen Folgen deutlich macht, wenn Missionare mit Firmen und Regierungen zusammenarbeiten.

Der springende Punkt bei all diesen skrupellosen Machenschaften – und es gibt bedauerlicherweise noch einige mehr – ist, dass sich die guten Vorsätze in Nichts auflösen, wenn miteinander in Konkurrenz stehende Interessen ein gemeinsames Projekt in Angriff nehmen. Das Gerede über eine menschliche Natur, die sich von ihrer bösen Neigung abgewandt habe und nur noch auf das Gute bedacht sei, kann all das Schlechte nicht aufwiegen, das oft unter dem Deckmantel der Philanthropie – der Menschenfreundlichkeit – begangen wird. Es stimmt nicht, dass Rick Warren eine magische Formel entdeckt hat, die aus selbstsüchtigen Menschen Engel der Wohltätigkeit entstehen lässt, wenn sie nur den P.E.A.C.E.-Plan befolgen.

In Rick Warrens Vorstellungswelt spielt die Kirche in dieser Zusammenarbeit eine zentrale Rolle. Dabei folgt er der kommunitaristischen Philosophie Peter Druckers auf der ganzen Linie. Er hebt besonders ihre einzigartige Funktion als »Verteilungsnetz« hervor. Man fragt sich nur, wozu dient es? Was genau soll die Kirche im Verbund mit den NGOs, den Konzernen und Regierungen verteilen? Wird es die Verkündigung des rettenden Evangeliums von Jesus Christus sein? Das Akronym C.H.U.R.C.H. enthält kein »E« für Evangelium.

Vor unseren Augen spielte sich in den vergangenen 20 Jahren ein interessantes Schauspiel innerhalb des Evangelikalismus ab: Die Kultur des Neoevangelikalismus brachte in Zeiten des Wohlstandes Früchte zutage, die von außen betrachtet scheinbar wunderschön

---

62 http://de.wikipedia.org/wiki/Hotel_Ruanda: »Die UN-Soldaten dürfen nicht in gewalttätige Auseinandersetzungen eingreifen. Die neu eingetroffenen UN-Soldaten helfen nur den ausländischen Hotelgästen beim Verlassen des Landes. Zudem ist damit das letzte Hindernis beseitigt, das die Hutu-Milizen davon abhalten könnte, die Flüchtlinge im Hotel zu töten«.

63 http://www.independent.co.uk/news/rhodes-to-nowhere-bbcs-epic-tale-flops-1365061.html: »Über neun tendenziöse Stunden wird [Cecil] Rhodes [ein führender Imperialist des 19. Jhdts.] als korrupter und geldgieriger Rassist und Pädophiler dargestellt, dessen abscheuliche Leidenschaft es war, sich an junge Knaben heranzumachen [...] Die BBC hat 10 Mio. [Brit. Pfund] von unserem Geld dafür ausgegeben, ein Potpourri an Übertreibungen und Verleumdungen über diesen großartigen Menschen zusammenzustellen. Paul Johnson, Daily Mail.«

sind. Dazu zählen das »Evangelium der grenzenlosen Wunscherfül-
lung« (engl. *name-it-and claim-it gospel*), Prunk, den vor allem amerikanische Fernsehevangelisten zur Schau stellen, und die »geistliche«
Selbstverwirklichung des Einzelnen. Ich-Bezogenheit und Reichtum
sind die Kennzeichen dieser Zeit. Eine billige Gnade wurde verkündigt, die der Sturmflut der Sünde nichts entgegenzustellen vermoch-
te. Nun beginnt das Pendel in die andere Richtung zu schwingen. Es
schwingt aber nicht zurück zum Evangelium der Bibel, sondern vielmehr weit hinüber zum »Modell des dreibeinigen Stuhls« des neuen
»Social Gospels« einer auftragsorientierten [*purpose-driven*] Theologie der Werksgerechtigkeit.

Zwei Fragen drängen sich auf: Wird die globale AIDS-Krise
dazu genutzt – oder ist sie vielleicht sogar gefördert worden –, um
den Mächtigen dieser Welt ein triftiges Argument zu liefern, um die
Welt von der Notwendigkeit einer vollfunktionalen Weltregierung
überzeugen zu können? Wird die Kirche – wie schon einmal in der
Geschichte – dafür eingespannt, die »größte Armee von einer Milliarde Fußsoldaten« an Freiwilligen bereitzustellen, damit der globale »Friedensplan«, sprich eine Weltregierung, eingeführt werden
kann?

Rick Warren sagte in einem Interview mit Tim Russert am 24. Dezember 2006:

Die Probleme in unserer Welt sind so groß, dass jeder versagt hat,
der sich um eine Lösung bemühte. Die Vereinten Nationen haben
versagt wie auch die Vereinigten Staaten. Der Grund ist, dass wir
nicht zusammenarbeiten. Im vergangenen Jahr äußerten sich beim
Weltwirtschaftsforum in Davos Personen über öffentliche und private Partnerschaften. Ihre Absicht war, Regierungen und Firmen
dazu zu bewegen, die großen globalen Probleme gemeinsam anzugehen. Es sind Probleme, die nicht Millionen, sondern Milliarden
von Menschen betreffen. Als sie das ansprachen, fügte ich hinzu:
»Nun, ihr habt recht, aber ihr habt etwas übersehen: in eurem Plan
fehlt das dritte Bein des Stuhles.« Ein einbeiniger Stuhl fällt um,
ein zweibeiniger Stuhl fällt um, deshalb werden die Konzerne und
Regierung allein diese Probleme nicht lösen können. Sie schafften
es bislang nicht, weil sie nicht dazu fähig sind. Das dritte Stuhl-
bein sind die Kirchen. Der öffentliche Sektor spielt eine Rolle, der
private Sektor spielt eine Rolle und der Glaubenssektor spielt eine

Rolle. Jedes der drei Beine leistet einen bestimmten Beitrag, den die anderen nicht erbringen können.[64]

Die Ideologie des »dreibeinigen Stuhls« des Managementberaters Peter Drucker geht davon aus, dass eine »gesunde« Gesellschaft am besten funktioniert, wenn sie sich auf »drei Beine« stützt: auf den Staat, den Privatsektor, zu dem die Kirchen zählen, und die Geschäftswelt. Aber dieses gesellschaftliche Konzept ist nicht realistisch, sondern idealistisch und sogar utopisch, also unerfüllbar!

Kritiker des »dreibeinigen Stuhlmodells« meinen, dass schnell Probleme entstehen könnten, wenn das eine »Bein«, der Staat, seine nahezu unbegrenzten Geldmittel und seine angemaßte Autorität, Richtlinien für messbare Resultate in allen möglichen Bereichen des gesellschaftlichen Lebens festzulegen, und das andere »Bein«, die Geschäftswelt, seine gefestigte Machtposition und seine Kapitalmittel nutzen, um über den Glaubenssektor zu herrschen. Es klingt daher etwas zu kurz gedacht, wenn behauptet wird, dass die Kirche sich vor der Kontrolle des Staats und der Großkonzerne nicht zu fürchten brauche. Denn in einer Demokratie sei es ihr möglich, ein »christliches« Staatsoberhaupt ins Amt zu wählen und »Marktplatz-Aposteln« die Leitung von Firmen zu übertragen.

Am 7. Januar 2007 veröffentlichte die *Los Angeles Times* einen Bericht mit dem Titel »Dunkle Wolken über den guten Werken der Bill-Gates-Stiftung«[65]. Die Zeitung überprüfte darin die Philanthropie der *Bill & Melinda Gates Stiftung*[66] im Hinblick auf ethische Fragen. Die Redakteure stießen auf Interessenskonflikte, die entstehen, wenn philanthropische Stiftungen mit kommerziellen Firmen eng zusammenarbeiten. Die Journalisten zeigten dies am Beispiel Nigerias auf: Die Gates-Stiftung steuerte 218 Mio. Dollar zur Polio- und Masernimpfung sowie für die Forschung bei. Die Mittel wurden weltweit eingesetzt; auch die Menschen im Niger-Delta profitieren davon. Neben der Finanzierung der Schutzimpfungen investierte die Stiftung nahezu das Doppelte, nämlich 423 Mio. Dollar, in Öl-Konzerne (Eni, Royal Dutch Shell, Exxon Mobil Corp., Chevron Corp.

[64] MTP (Meet The Press) Transcript for Dec. 24; http://www.msnbc.msn.com/id/16202841.
[65] »Dark cloud over good works of Gates Foundation«, http://www.latimes.com/news/la-na-gatesx07jan07,0,2533850.story.
[66] http://www.gatesfoundation.org/Pages/home.aspx.

und Total in Frankreich), die große Luftverschmutzer sind. Im Niger-Delta geht die Verschmutzung weit über den Grenzwert hinaus, den die Europäische Union festgelegt hat. Leiter vor Ort machten auf den Zusammenhang aufmerksam, dass die negativen Folgen der Erdölerschließung das Aufkommen jener Krankheiten begünstigen, die die Stiftung bekämpft.

Der Fonds der Gates-Stiftung beläuft sich auf 35,2 Milliarden US-Dollar,[67] sie ist die größte Stiftung der Welt. Im Juni 2006 versprach Warren Buffett,[68] der zu dieser Zeit zweitreichste Mann der Welt nach Bill Gates, zirka 31 Milliarden US-Dollar seines persönlichen Vermögens in Ratenzahlungen der Stiftung hinzuzufügen. Dabei sind die zusätzlichen Milliarden Dollar, die Gates selbst versprochen hat, noch gar nicht mit eingerechnet. Das Stiftungsvermögen im Ganzen ist größer als das Bruttosozialprodukt von 70 Prozent aller Nationen.

Aus dem Artikel der *Los Angeles Times* geht weiter hervor, dass die Gates-Stiftung in viele Firmen investiert, die Standards für soziale Verantwortung nicht einhalten. Ihre Vergehen sind Umweltverschmutzung, Diskriminierung in der Einstellungspolitik, Missachtung der Arbeitnehmerrechte oder unethische Praktiken. Die Gates-Stiftung investiert in fragwürdige Konzerne wie zum Beispiel:

• Konzerne, die zu den schlimmsten amerikanischen und kanadischen Umweltverschmutzern gezählt werden (zum Beispiel Conoco Phillips, Dow Chemical Co. und Tyco International Ltd.).
• Konzerne, die Hauptverursacher von weiteren Umweltverschmutzungen in aller Welt sind. Dazu gehören unter anderem Ölraffinerien und Papierfabriken. In einer Studie wird nachgewiesen, dass vor allem Kinder an diesen Verschmutzungen erkranken. Gleichzeitig setzt sich die Stiftung dafür ein, ihre Eltern von Aids zu retten.
• Die Gates-Stiftung investiert auch in Pharmakonzerne, die hohe Preise für ihre Medikamente fordern, die sich aber Aids-Patienten in der Dritten Welt nicht leisten können. Doch gerade diese Menschen möchte die Stiftung behandeln.

---

[67] http://de.wikipedia.org/wiki/Bill_&_Melinda_Gates_Foundation, Stand vom März 2010.
[68] http://de.wikipedia.org/wiki/Warren_Buffett.

Paul Hawken, ein Experte für sozial verantwortliche Investitionen und Direktor des *Natural Capital Institute*, einer Forschungsgruppe für Geldanlagen, sagte im Interview mit der *Los Angeles Times*: »Dieser Widerspruch ist das schmutzige Geheimnis vieler großer gemeinnütziger Stiftungen. [...] Stiftungen spenden Geld an Organisationen, die versuchen, die Zukunft zu heilen, aber mit ihren Investitionen stehlen sie wieder einen Teil dieser Zukunft.«

Im Zeitungsbericht der *Los Angeles Times* wird Gates' Umgang mit den zwei »Stuhlbeinen« ausführlich diskutiert.[69] Die Journalisten legen fragwürdige Praktiken offen. Sie listen unter anderem die Konsequenzen für Aids-Patienten auf, die aus dieser Art von Philanthropie resultieren. Aids-Patienten in Afrika dienen als Testpersonen für noch nicht zugelassene Medikamente. Sie sind größtenteils den Ärzten und Sozialarbeitern schutzlos ausgeliefert. Bedauerlich ist, dass die Zeitung nicht die tieferen sozialen und religiösen Gewissensfragen auslotet, die durch den Einsatz experimenteller Medikamente aufgeworfen werden. Auch unterließen es die Journalisten, Hinweisen über die Vermutung, dass dem Anti-Aids-Gel empfängnisverhütende Chemikalien beigemischt werden, nachzugehen. Auch die Frage, ob eine Datensammlung von genetisch identifizierbaren Merkmalen der Patienten ethisch vertretbar ist, schien den Journalisten von geringer Bedeutung. Dabei könnte die Liste der ethischen Bedenken noch erweitert werden!

Der Bericht gibt jedoch einen detaillierten Einblick in Gates' Aktienanteile in der pharmazeutischen Industrie. Auch gingen die Autoren auf das Motiv der Profitgier der Pharma-Industrie ein, das hinter der Herstellung von neuen Medikamenten für Aids-Patienten in Afrika steht.

Rick Warren kam bei internationalen Aids-Konferenzen mit der Gates-Stiftung in Kontakt, wie zum Beispiel der Saddleback-AIDS-Konferenz[70], dem »Aspen Ideas Festival«[71] und dem Malaria-Gipfel des Weißen Hauses.[72] Bei dieser letztgenannten Veranstaltung

---

[69] http://www.latimes.com/news/la-na-gatesx07jan07,0,2533850.story.
[70] http://www.saddlebackfamily.com/story/8350.html.
[71] http://www.aifestival.org.
[72] The White House. The White House Summit on Malaria: Fact Sheet. 13 Nov 2006. http://georgewbush-whitehouse.archives.gov/news/releases/2006/11/20061113.html; George W. Bush. The White House: Office of the Press Secretary. Malaria Awareness

versammelten sich Vertreter der Regierung, der Geschäftswelt – insbesondere der Ölkonzerne –, der Nichtregierungs-Organisationen und Stiftungen. Warren nahm im Oktober 2005 am »Weltgesundheitsgipfel« des *Time Magazine* teil, das die *Bill & Melinda Gates Stiftung* mitfinanzierte.[73] Weltkonzerne und weltweit tätige politische und soziale Institutionen – beispielsweise Coca-Cola, die Stiftung der Vereinten Nationen, der Ölkonzern ExxonMobil und das amerikanische Rote Kreuz – stellten dem Veranstalter des Weltgesundheitsgipfels zusätzliche Gelder zur Verfügung. Die Beziehungen zwischen Massenmedien und anderen Institutionen der »drei Stuhlbeine« sind bedenklich.

Was geschieht, wenn die Kirche als »drittes Bein« diesem »Stuhl« hinzugefügt wird – wenn sie zum Beispiel als weltweites Verteilungsnetz von sozialen Leistungen der anderen »Stuhlbeine« tätig wird? Was geschieht, wenn die Kirche sich dazu verpflichtet, von vornherein ethische Fragen auszuklammern, weil die »Dringlichkeit der Stunde« verlangt, »alles Mögliche zu tun«?[74] Welche Versuchungen werden auf die Kirche zukommen, wenn immense Geldsummen zwischen den einzelnen Institutionen der sogenannten Partner fließen? Werden ethische Maßstäbe im biblischen Sinne angelegt, wenn die angewandten Methoden beurteilt werden? Eine schlüssige Antwort auf diese Fragen kann nur dann gegeben werden, wenn man weiß, was sich hinter dem Kommunitarismus verbirgt.

Day, 2007. 24 April 2007. http://georgewbush-whitehouse.archives.gov/news/releases/2007/04/20070424-11.html; http://georgewbush-whitehouse.archives.gov/infocus/malaria.
   Siehe zu diesen Verbindungen auch den aufschlussreichen Artikel aus dem renommierten Business-Magazin *Fortune* vom 31.10.2005: »Will Success Spoil Rick Warren?« (»Wird der Erfolg Rick Warren verderben?«), http://money.cnn.com/magazines/fortune/fortune_archive/2005/10/31/8359189/index.htm.
[73] http://www.time.com/time/2005/globalhealth/. Der Link ist nicht mehr aktiv. Ein kurzer Auszug des Artikels ist unter http://www.lycos.com/info/time-magazine--united-states.html zu finden.
[74] »Rick Warren, at 25-year point, launches global initiative«: » [...] Der P.E.A.C.E.-Plan wird eine ›Revolution‹ für das weltweite Christentum sein, sagte Warren. »Ich stehe jetzt ganz zuversichtlich vor euch und sage euch, dass Gott euch gebrauchen wird, um die Welt zu ändern. Manche werden sagen, ›das ist unmöglich‹, aber ich habe diese Worte auch vor 25 Jahren gehört, und Gott nahm sieben Leute und startete die Saddleback-Gemeinde. Jetzt haben wir eine neue Vision und viel mehr Leute um anzufangen. Der große Evangelist D. L. Moody sagte: ›Die Welt muss erst noch sehen, was Gott mit einem Menschen tun kann, der ihm völlig geweiht ist.‹ Ich schaue auf ein Stadion voller Menschen, die Gott sagen, dass sie alles Mögliche tun werden [engl. *do whatever it takes*], um Gottes Reich ›auf Erden wie im Himmel‹ aufzurichten.« http://www.bpnews.net/printerfriendly.asp?ID=20603.

9.2 Kommunitarismus

In Amerika erscheint der Kommunitarismus[75] seit einiger Zeit als soziale Bewegung. Gefordert wird ganz praktisch die »Domestizierung [d. h. Entschärfung] des Egoismusprinzips in Wirtschaft und Gesellschaft«.[76] Diese Initiative, die sich auf das soziale Miteinander in der Gesellschaft auswirkt, soll »durch eine neu zu begründende öffentliche Moral und die Stärkung lokaler Gemeinschaftsbildung« unterstützt werden.[77] Der Kommunitarismus beabsichtigt, eine alternative politische Ordnungskonzeption einzuführen. Er sieht sich selbst als Mittelweg zwischen dem Laissez-faire des Liberalismus und dem streng regulierenden Sozialismus.[78] Kritiker meinen jedoch, der Kommunitarismus sei die den Gegebenheiten der westlichen Staaten angepasste Form einer technokratischen Gesellschaftsordnung, die sich allmählich dem Totalitarismus öffnet.

In dem bahnbrechenden Buch *The Emerging Order*[79] (1979) stellte der US-Sozialökonom Jeremy Rifkin[80] einen Entwurf vor, wie man die evangelikale Lehre überarbeiten müsse, damit die Christen eine möglichst weite Verbreitung des Kommunitarismus bereitwillig unterstützen. Rifkin antwortete damit auf die Frage, wie das Christentum am wirkungsvollsten zur Errichtung einer kommunitarischen Weltgemeinschaft umgestaltet werden könnte. In seinem Plan spielte die Kommunikationstechnologie die Hauptrolle, denn sie sollte die Weltbevölkerung im Sinne einer radikalen sozialpolitischen Transformation manipulativ beeinflussen. Er sah voraus, dass sich nicht nur die Evangelikalen des Mediums Fernsehen bedienen würden, sondern dass das Fernsehen auch die Evangelikalen verändern würde. Sein 1979 veröffentlichtes Buch konnte die Bedeutung des Internets in diesem Transformationsprozess noch nicht vorhersehen. Die

[75] »Unter Kommunitarismus (von lat. *communitas*, Gemeinschaft) versteht man eine Weltanschauung, die die Verantwortung des Individuums gegenüber seiner Umgebung und die soziale Rolle der Familie betont.« http://de.wikipedia.org/wiki/Kommunitarismus.

[76] Stefan Lange: *Auf der Suche nach der guten Gesellschaft – Der Kommunitarismus Amitai Etzionis.* In: Uwe Schimank, Ute Volkmann (Hrsg.), *Soziologische Gegenwartsdiagnosen* (Leske & Budrich, Opladen 2000) 255.

[77] Ebd., 256.

[78] Ebd.

[79] Jeremy Rifkin mit Ted Howard. *The Emerging Order: God in the Age of Scarcity* (G.P. Putnam's Sons: New York, 1979).

[80] http://www.foet.org/JeremyRifkin.htm.

auf das Fernsehen bezogenen Aussagen Rifkins können jedoch problemlos auf das Internet übertragen werden:

> Vor der Erfindung des Buchdrucks wurde das geschriebene Wort hauptsächlich durch das handschriftliche Kopieren der Mönche bewahrt, die der katholischen Kirche unterstellt waren. Dieser Umstand gab der Kirche faktisch ein Monopol über das Lesen und das Vervielfältigen der Manuskripte. Dadurch sicherte sie sich auch ihre Autorität in der Interpretation der christlichen Lehre. Die Buchdruckerei veränderte die Situation über Nacht. Dadurch, dass Gutenberg jedem die Bibel frei zugänglich machte, trug er mit dazu bei, die Grundlage zu schaffen, dass die Reformation die kirchliche Autorität infrage stellen konnte. [...] Sechs Jahrhunderte später wird das Medium des gedruckten Wortes von einem neuen übertrumpft, dem Fernsehen. In nur 30 Jahren gelang es der elektronischen Kommunikation, das Denken der Menschen über die sie umgebende Welt völlig zu verändern. Gleichzeitig hat dieser Prozess auch dazu geführt, dass man den christlichen Glauben und seine Lehre in einer ganz anderen Weise wahrzunehmen pflegt. Eine Revolution im Christentum hat begonnen und das Fernsehen hat einen ähnlich großen Teil dazu beigetragen, wie einst die Reformation dem Buchdruck viel zu verdanken hatte. Der Wechsel vom gedruckten Wort zum Fernsehen hat das menschliche Denken verändert. Die sinnliche und auf Erleben basierende Kommunikation des Fernsehens hat die objektive und analysierende Reflexion über das gedruckte Wort ersetzt. Die Zeit und die Distanz mussten der Spontaneität und der Unmittelbarkeit weichen. Der Einzelne denkt nicht mehr so viel darüber nach, wie er handelt. Das Überlegen nimmt nicht mehr so viel Raum ein wie das Erleben. Diese neue konzeptionelle Art hat schon jetzt vieles an der christlichen Lehre verändert. Erst recht wird das für die Jahrhundertwende gelten. Das charismatische Phänomen repräsentiert den ersten bedeutsamen Schritt in diesem Transformationsprozess.[81]

Die moderne Kommunikationstechnologie ist ein geeignetes Vehikel, um das menschliche Denken zu verändern, weil es – so Rifkin – die

---

[81] Ebd., 113, 141.

Wahrnehmungssinne anspricht und auf das momentane Erlebnis fixiert ist. Der Autor sah voraus, dass die neuen Medien große Möglichkeiten eröffnen würden, um Massenbekehrung einzuleiten. Die Kirche wäre dann in der Lage, die neue Lehre des Dominionismus – die »Theokratie« auf dieser Erde in Form eines Staatskirchentums –, anzunehmen. In dem Kapitel »Evangelikalismus und Amerika« weist er darauf hin, dass nicht-charismatische bibeltreue Christen befürchten, dass in Zeiten der Erweckung emotionale Erfahrungen überbetont werden und die Lehre unterbetont wird.[82] Diese Akzentverschiebung würde zu »hysterischen Auswüchsen eines Antiintellektualismus« führen.[83] Tatsächlich lag Rifkin mit seiner Einschätzung damit gar nicht so falsch. Was den bibeltreuen Gläubigen ein Dorn im Auge war, beachtete Rifkin als ein wünschenswertes Resultat. Er schlug deshalb vor, die Charismatiker in seine Pläne einzubinden, um »die Umformulierung theologischer Lehre im Sinne einer neuen Ordnung und eines neuen Bundes durchzuführen«.[84] Er sah die Charismatische Bewegung vorrangig als eine Bewegung an, die die Gefühle über den Verstand und das persönliche Erleben über die objektive Analyse stellt. Die Betonung liege auf dem »Irrationalen und Subjektiven«.[85]

Rifkins Buch enthält eine interessante Fallstudie über Dwight L. Moody, den bekannten Erweckungsprediger des ausgehenden 19. Jahrhunderts. Aufschlussreich ist die Beurteilung der Vermarktungsmechanismen, die nach Rifkins Meinung hinter diesem emotionalen Erweckungsprozess standen:

Moody war nie ein ordinierter Geistlicher. Dies schien aber kein großes Hindernis in seinem erfolgreichen Bemühen gewesen zu sein, die Gottlosen in den großen Städten der Nation ins Königreich Gottes zu bringen. Moodys Stil passte sich der neuen industrialisierten Ära an. Man sagte von ihm, dass er nicht nur so aussah und sich kleidete wie ein Geschäftsmann, sondern auch so predigte. Tatsächlich wurde die Art, wie er evangelistische Veranstaltungen durchführte, zum Modell moderner Geschäftspraktiken, die man normalerweise mit erfolgreichen Evangelisationskampagnen des 20. Jahrhunderts in Verbindung bringt. Moody

[82] Jeremy Rifkin mit Ted Howard. *The Emerging Order*, 134.
[83] Ebd., 135.
[84] Ebd., 169.
[85] Ebd., 228.

verstand es, die künstlerische Selbstdarstellung eines P. T. Barnum mit dem kalkulierenden Scharfsinn eines Geschäftsmannes wie Andrew Carnegie zu verbinden. Marktschreier, PR-Agenten, Werbekampagnen und so weiter waren alles Ausstaffierungen der neuen Großstadtevangelisationen. Und man hatte Erfolg damit. In Übereinstimmung mit modernen Methoden der Buchhaltung zog seine Organisation Bilanz über die erzielten Ergebnisse: 2500 errettete Menschen in Chicago, 3500 errettete Menschen in New York City und so weiter. Diese Bekehrungszahlen dienten als eine Art Verkaufsstatistik, die zur Grundlage wurde für das Berechnen der Effektivität der eingesetzten Geldmittel. Moody habe seine Verkaufs- und Vermarktungstechniken sogar in seinen Predigten integriert:»Wer wird Jesus jetzt annehmen? Das ist alles, was du dir wünschen kannst. Mit Christus bekommst du ewiges Leben und alles, was du sonst noch benötigst. Ohne ihn wirst du verloren gehen. Er bietet sich dir an. Wirst du ihn annehmen?«[86]

Tatsächlich hatten im letzten Jahrhundert diese Evangelisationskampagnen Elemente eines formellen Verkaufsrituals angenommen. Dazu gehörten sogar ungebührliche Praktiken, wie zum Beispiel mit Flüchen drohen, Schmeicheleien ausstreuen, Druck ausüben, Gefühle künstlich stimulieren und Bekehrte »wie Skalpe« zählen. Die Evangelisationskampagnen verließen sich immer mehr auf schauspielerische Darbietungen, bunte Lichteffekte, flotte oder emotionale Musik und andere die Sinne ansprechenden Showeinlagen, um die Gefühle anzuheizen. Je mehr die Evangelisten psychologische Kunstgriffe zur Erzeugung einer Massenbekehrung anwandten, umso häufiger wurden sie selbst in die verführerische Welt säkularer Vermarktung hineingerissen.

Man hätte sich schon von Anfang an konsequent gegen die manipulierende Unterhaltung in Evangelisationskampagnen stellen müssen, die ursprünglich von Charles G. Finney eingeführt wurde. Moody knüpfte nur dort an, wo Finney aufgehört hatte. Billy Graham war der erfolgreichste Nachahmer seiner beiden Vorgänger und konnte sich zudem noch auf die Unterstützung der weltlichen Presse, allen voran des Medienmoguls William Randolph Hearst[87], verlassen. Die

---

[86] Ebd., 153-154.
[87] http://de.wikipedia.org/wiki/William_Randolph_Hearst.

Verführer wurden selbst zu Verführten. Rifkin erkannte hierin den zentralen Schwachpunkt des Evangelikalismus, den er selbst rigoros auszunutzen gedachte, um eine höchstmögliche Wirksamkeit der eingesetzten Mittel im Transformationsprozess zu erzielen:

> Vor dem Ersten Weltkrieg waren die Menschen mit etwas mehr als einem Huhn im Topf zufrieden. Nach dem Ersten Weltkrieg verlangte man lautstark nach einem Ford (oder sogar zwei Automobilen) in jeder Garage. Unser Jahrhundert zeichnet sich durch Wachstum, Mobilität und Expansion aus. Alles in allem haben wir uns ziemlich schnell an diese neue Gangart gewöhnt. Über Nacht wurden die Amerikaner besessen von der Idee des Neuen, Besseren und Umfangreicheren. Telefone, Kühlschränke und Radios konnte man überall bekommen. Man lebte in einem neuen Paradies. Das Königreich der Konsumenten ersetzte das Königreich Gottes, und die Werbung half, die tumultartigen Schwierigkeiten des Übergangs abzufedern, indem sie jeden daran erinnerte, dass Werte eigentlich nur Stile sind. Und da Stile sich in jeder Saison ändern, standen diejenigen schlecht da, die nicht mit der Mode gingen, die nicht den Pulsschlag der Zeit wahrnahmen und das Rennen nicht mehr mitmachten. Jefferson hatte einst gesagt, dass »nichts unveränderbar sei, außer den innewohnenden Rechten des Menschen.« [New Yorks noble Einkaufsstraße] Madison Avenue tauschte schnell Rechte durch Bedürfnisse aus und proklamierte, dass alles nun tatsächlich austauschbar sei – es sei denn, die Waren seien momentan nicht auf Lager.[88]

Wenn die heutigen Leiter der »Neuen Apostolischen Reformation« darauf drängen, die darstellenden Künste und Kommunikationsmedien vermehrt einzusetzen, um eine »Erweckung« in ihrem Sinne zu erzeugen, sollte bedacht werden, dass damit die christlichen Lehren in ihr Gegenteil verkehrt werden können. Letztlich läuft alles darauf hinaus, dass das Denken der Menschen, die sich diesem Einfluss öffnen, radikal manipuliert wird. Die Christen werden auf diese Weise für die Verwirklichung politischer Ziele motiviert, die sie radikal ablehnen würden, wären ihnen die wirklichen Absichten der Kommunitarier bekannt. Am Ende bleiben nur die Verführten zurück.

---

[88] Jeremy Rifkin mit Ted Howard. *The Emerging Order*, 157-158.

Auf der Konferenz des »Pew Forum on Religion & Public Life« (»Kirchenbank-Forums über Religion, Politik und Öffentliches Leben«) sprach Rick Warren am 23. Mai 2005 in seinem Referat »Mythen über die moderne Mega-Kirche« über die Aufgabe der Massenmedien bei der Verwirklichung einer »Zweiten Reformation«. Das Internet würde dabei einen unschätzbaren Dienst leisten. Er erinnerte daran, dass die biblischen Schriften durch die Erfindung des Buchdrucks massenhaft verbreitet werden konnten und schließlich die reformatorische Bewegung ausgelöst hatten. Auf dieser Konferenz sagte er:

Sehen Sie, dies ist ein weiterer Grund, warum ich meine, eine Reformation wird sich einstellen: Jedes Mal, wenn Gottes Wort durch eine neue Technologie vermittelt wurde, entstand eine Reformation. Um das Jahr 1456 erfand Gutenberg den Buchdruck, und was war das Erste von ihm gedruckte Buch? Eine Bibel! Es war nicht Pornographie; es war die Bibel, nicht wahr? Ungefähr 50 Jahre danach kam es zur Reformation. Warum? Weil jemand das, was Martin Luther an die Tür in Wittenberg genagelt hatte, von dort losgelöst und gedruckt hat. Die Reformation hätte nie ohne die sie möglich machende Technologie stattgefunden. Wir besitzen nun eine neue Technologie, die es uns erlaubt, ein Netz von Millionen lokaler Kirchen weltweit einzurichten. Man nennt es das Internet.[89]

Noch am gleichen Tag veröffentlichte das Magazin *Business Week* ein Interview mit Warren, in dem er noch einmal den gleichen Gedanken herausstellte:»Jedes Mal, wenn die Bibel durch eine neue Technologie verfügbar gemacht wird, tritt gewöhnlich eine Erweckung ein. Die protestantische Reformation ereignete sich, nachdem der Buchdruck erfunden war.«[90] Damit sprach Warren bewusst oder unbewusst in aller Öffentlichkeit die 26 Jahre zuvor zu Papier gebrachten Gedanken Jeremy Rifkins aus.

---

[89] http://pewforum.org/Christian/Evangelic.al-Protestant-Churches/Myths-of-the-Modern-Megachurch.aspx

[90] »Evangelism Gone Entrepreneurial: Rick Warren believes evangelism means devotion to both social issues and God. The Internet is one tool he uses to spread the word«; http://www.businessweek.com/magazine/content/05_21/b3934015_mz001.htm.

In dem bereits erwähnten Interview mit dem »Philanthropischen Runden Tisch«[91] diskutiert der Management-Berater Peter Drucker die Vor- und Nachteile alternativer amerikanischer Bildungsmodelle, besonders der staatlichen Unterstützung von Privatschulen und der steuerpolitischen Reglementierung von so genannten Charterschulen. Auf den ersten Blick erscheint es seltsam, dass sich ein Management-Berater mit Fragen des Bildungswesens beschäftigt. Der Grund wird jedoch ersichtlich, wenn man bedenkt, dass die Frage nach der Gestaltung des öffentlichen Schulsystems einen hohen Stellenwert bei Menschen einnimmt, die sich von den Grundsätzen des Kommunitarismus leiten lassen. Reglementierte Charterschulen[92] und vom Staat unterstützte Privatschulen schleifen – wie im Kommunitarismus gefordert – die rauen Übergänge von einem Gesellschaftssektor zum anderen ab. Die drei wichtigsten sind das Sozial-, Wirtschafts- und Staatswesen.

Neben der Polizeigewalt besitzt der Staat durch das Steuersystem die wirkungsvollsten Kontrollfunktionen in einer Gesellschaft. Beispielsweise müssen sich die Charterschulen, die von staatlich regulierten Firmen bzw. Agenturen verwaltet werden, den Bildungsnormen des Staats unterordnen. Der Staat gibt die zu erzielenden Bildungsnormen vor und verordnet die geeigneten Prüfungsmittel, um den Lernprozess der Schüler zu bewerten. Somit stehen Kinder und Jugendliche, die als Privatschüler gelten, unter der Aussicht öffentlicher Schulbehörden. Die Firmen, die die Charterschulen verwalten, erhalten als Gegenleistung für ihre Zusammenarbeit bei den Bildungsmethoden und -zielen Steuergelder.

Im Gegensatz dazu stehen christliche Privatschulen und die von Eltern geführten Heimschulen nicht unter übermäßiger staatlicher Aufsicht. Um eine gewisse Selbstständigkeit zu wahren, nehmen die Befürworter einer privaten Schulbildung keine staatliche

[91] Siehe oben Seite 175; Fußnote 120.
[92] Wikipedia.org erklärt:»Charter Schools sind eine spezielle Schulform in den Vereinigten Staaten. Charter Schools gibt es in [den meisten] Staaten der USA ... Sie gelten als ein pragmatischer Versuch, den durch die Globalisierung und die Veränderungen der Lebensgewohnheiten veränderten Ansprüchen an Erziehung und Bildung gerecht zu werden. Charter Schools verändern in großem Maße die bisher eher uniforme, amerikanische Schulstruktur (Elementary-, Middle-, High-School) hin zu einer neuen Vielfalt von Schulformen ... Charter Schools beruhen auf einem Vertrag (›charter‹) zwischen dem Schulmanagement und der Schulbehörde, deswegen kann man auf Deutsch auch von Vertragsschulen sprechen.«

Unterstützung an. Nur so können sie selbst den Inhalt des Lehr-
materials und die Methodik des Unterrichtens bestimmen. Im traditionellen Denken christlicher Eltern und ihrer Vorstellung davon,
wie es ihren Kindern später in der Arbeitswelt ergehen wird, finden
Vokabeln wie »menschliches Kapital« oder »Informationsarbeiter«
keinen Platz. Um dieser – wie der Staat es bezeichnet – »rückschritt-
lichen« Denkweise entgegenzuwirken, bietet er jenen Eltern finanzielle Unterstützung an, die zwar prinzipiell dagegen sind, ihre Kinder
auf die öffentlichen Schulen zu schicken, der Verlockung des Geldes
aber nicht widerstehen können. Durch dieses kalkulierte Vorgehen
seitens der Schulbehörde geraten viele Zuhause unterrichtete Schüler
erneut in den Sog des staatlichen Bildungswesens.

Die kirchliche Gemeinnützigkeit kann nur ihre staatliche Un-
abhängigkeit erhalten, wenn sie davon absieht, Steuergelder in Anspruch zu nehmen. Private Wohltätigkeitsvereine betrachten hilfsbe-
dürftige Menschen weder als mögliche »Kunden« noch erzielen sie
»Resultate«, die in einem Geschäftsplan festgesetzt werden. Christliche Sozialwerke, die wie andere Institutionen vom Staat finanziert
werden, müssen sich allerdings den vom Staat festgelegten Normen
unterwerfen und für die Einhaltung haften. Sie werden quasi zu Re-
gierungsagenturen umgeformt. Jede Nichtbefolgung staatlicher Vorschriften wird sogleich mit finanziellen Einbußen geahndet. Im Zeitalter eines allgemein sinkenden Spendeneinkommens hat der Staat in
vielen Fällen den längeren Atem.

Um gemeinnützige Initiativen weiterhin in eigener Regie durchführen zu können, ist es notwendig, ein gewisses Maß an Selbstständigkeit gegenüber dem Staat zu wahren. Dies gilt nicht nur für die
Möglichkeit der Heimschule oder der Gründung von unabhängigen
christlichen Schulen, sondern auch für die christlichen Gemeinden in
den Städten und Dörfern in aller Welt. Ein Staatskirchensystem, das
alle Länder umspannt, würde diese Autonomie zerstören. Sozialleis-
tungen, die auf Eigeninitiative zurückzuführen sind, würde es nicht
mehr geben. Deshalb fragen wir uns: Welchen Nutzen hat eine globale Kirche?

Eines dürfte sicher sein: die Vorkämpfer der »Globalen Transformation« werden nicht bereit sein, Macht abzugeben, wenn sie einmal
in einflussreiche Positionen im Staat gekommen sind. Sie werden in
ein endloses Ringen nach größerer politischer Herrschaft verstrickt
werden. Um sich überhaupt eine Chance auszurechnen, in diesem

unerbittlichen Kampf um Stimmen und Einfluss erfolgreich zu sein, müssen die Evangelikalen gemeinsam in der Politik auftreten. Dies wird aber nur möglich sein, wenn ihre unterschiedlichen Glaubensauffassungen auf einen gemeinsamen Nenner reduziert werden: die Errichtung des politischen »Gottesreiches auf Erden«. Genau für dieses Ziel setzen sich viele Anhänger der »Emergent Church« ein. Die führenden Repräsentanten dieser mystischen Bewegung mit dominionistischem Einschlag sind Brian McLaren und Erwin R. McManus. Niemand kann sie beschuldigen, ihre Meinung und Absicht nicht für jeden verständlich zu bekunden, der bereit ist, sich mit den Büchern und sonstigen Publikationen dieser »Betreiber des Wandels« zu befassen.

Emergent Church

10.1 Die Philosophie des Paradigmenwechsels

In den vergangenen vierzig Jahren haben sich revolutionäre Veränderungen innerhalb des Christentums vollzogen. Um diesen Prozess richtig zu verstehen, ist es hilfreich, mit der so genannten »Philosophie des Paradigmenwechsels« vertraut zu sein. In dem Buch *Die Struktur wissenschaftlicher Revolutionen*[1] versuchte der Historiker Thomas Kuhn[2] die Hegelianische Dialektik und den Existentialismus in der Wissenschaft verständlich darzustellen. Er äußerte, dass sich die Wissenschaft ständig verändere, sie besitze weder absolute Wertmaßstäbe noch stelle sie solche her. Seiner Meinung nach gibt es spontane Vorwärtsschübe in der Erkenntnis, wie der Mensch seine Umwelt wahrnimmt. In der Geschichte könne folgendes Muster erkannt werden: Zuerst entstand eine hermeneutische Krise, weil das alte Wissenschaftsmodell neu entdeckte Fakten nicht mehr richtig interpretieren konnte. Die immer größer werdende Fülle an neuen Informationen führte schließlich zu einer erkenntnistheoretischen Revolution: Ein neues wissenschaftliches Paradigma oder Muster entstand. Als Beispiel führt Kuhn das ptolemäische/aristotelische Weltbild an, das von der newtonschen Wissenschaft ersetzt wurde, bis diese wiederum den Theorien Einsteins weichen musste.

Kuhn verglich die wissenschaftliche Revolution mit der politischen und bemerkte, dass in beiden Fallen zunächst ein Manko festgestellt wird, das zu einer Krise führen kann. Diese Krise sei Voraussetzung für eine Revolution.[3] Es sei also notwendig, zuerst eine Krise vom Zaun zu brechen, damit der Paradigmenwechsel stattfinden könne. Kuhn zieht in Erwägung, dass es vielleicht nötig sei, auch Gewalt anzuwenden, um von einem Paradigma zum anderen zu kommen:

---

[1] Frankfurt a.M.: Suhrkamp 1967; Orig. *The Structure of Scientific Revolutions* (Chicago: University of Chicago Press, 1962).
[2] http://de.wikipedia.org/wiki/Thomas_S._Kuhn;   http://lilt.ilstu.edu/gmklass/foi/readings/obit.htm.
[3] A.a.O. (engl. Orig.), 91.

»[...] die Parteien in einem revolutionären Konflikt müssen endlich die Techniken der Massenmanipulation ergreifen, die oft Gewalthandlungen einschließen.«[4] Kuhn meint, dass eine rein »mentale Transformation« ungenügend sei. Ein Wissenschaftler müsse nach einem Paradigmenwechsel die Dinge tatsächlich anders wahrnehmen als zuvor und dementsprechend sein Handeln ausrichten.[5] Es wird Wert gelegt auf eine wirkliche, »authentische« Veränderung des Verhaltens. Kuhn rät, dass eine Gruppe erst dann ihre neuen Erkenntnisse veröffentlichen soll, wenn sie die »Bekehrung vollzogen hat, die wir Paradigmenwechsel nennen«.[6] Der Übergang von einem Paradigma zum anderen bräuchte eine »Bekehrung«, erst dann würde sich der Transfer als redlich erweisen. Kuhn bezeichnet eine solche Bekehrung als »Transfer der Loyalität« von einem Paradigma zum anderen.[7]

Befürworter der New-Age-Bewegung und sozialpolitische Revolutionäre verfahren bei der geplanten Einführung einer neuen religiösen und politischen Struktur unserer Welt nach Kuhns Ideen. Die New-Age-Vorkämpferin Marilyn Ferguson zitierte in ihrem 1980 veröffentlichten Buch *Die sanfte Verschwörung* zustimmend aus Kuhns Buch.[8] Wie bereits erwähnt, gab ihr Buch das Signal, dass die New-Age-Bewegung in die Öffentlichkeit getreten ist – ganz so, wie es sich die Theosophin Alice Bailey gewünscht hatte. Wenn nun die Initiatoren der »Emergent Church« (wie z. B. Brad Smith, siehe unten) ihre Jugendbewegung als »Initialzündung eines kulturellen Paradigmenwechsels im Evangelikalismus« bezeichnen, lässt dies aufhorchen und ist bezeichnend. Sie verwenden Begriffe, die eine explosive Bedeutung haben. Das veranlasst, diese Bewegung näher anzuschauen. Bob Bufords *Leadership Network* (vgl. oben S. 159) hatte an der Entstehung der Emergent-Church-Bewegung maßgeblich Anteil. Um seinen Beitrag zu verstehen, ist es nötig, die Ereignisse aus der Distanz zu betrachten, um eine umfassende historische Perspektive zu gewinnen. Wenn man den geschichtlichen Bezugsrahmen

---

[4] Ebd., 92.
[5] Ebd., 114.
[6] Ebd., 150.
[7] Ebd., 151.
[8] Im Stichwortverzeichnis des engl. Originals *The Aquarian Conspiracy* findet sich folgender Eintrag: »Kuhn, Thomas, 26-7, 28, 29, 162, 193*n*, 215, 352. Auf S. 26 schreibt Ferguson: »Kuhns Ideen sind äußerst hilfreich ...«.

außer Acht lässt, kann man sich schnell im Detail verlieren. Der von der »Emergent Church« verursachte Paradigmenwechsel sollte in einem größeren historischen und philosophischen Zusammenhang betrachtet werden.

Die Begriffe »Transformation« und »Veränderung« sind von großer Bedeutung, weil sie zum Kern der »Emergent Church« gehören. Das Wort »Transformation« ist einer jener Begriffe, die eine Doppelbedeutung haben. Ein Bibelleser denkt dabei vielleicht an Römer 12,1-2: »Gestaltet eure Lebensführung nicht nach der Weise dieser Weltzeit, sondern wandelt euch um durch die Erneuerung eures Sinnes [...]« Die Vorkämpfer der »Emergent Church« verwenden ihn in einem anderen Sinn. Marilyn Ferguson machte 1980 ihr amerikanisches Publikum mit der Veröffentlichung des Buches *Die sanfte Verschwörung* auf die neue Bedeutung aufmerksam. Ferguson erklärt, dass die neue Bedeutung dieses Wortes in der Evolutionstheorie wurzelt:

> Der Begriff Transformation besitzt interessante parallele Bedeutungen in der Mathematik, in den physischen Wissenschaften und in der menschlichen Veränderung. Eine Transformation ist wörtlich eine Umgestaltung, eine Rekonstruktion [...]
> Und wir sprechen natürlich von der Transformation der Menschen – besonders die Transformation des Bewusstseins. In diesem Zusammenhang meint Bewusstsein nicht einfach den Wachzustand. Hier bezieht es sich auf das Vorhandensein des Selbstbewusstseins [...]
> Es ist wichtig festzuhalten, dass antike Traditionen die Transformation als ein neues Sehen beschreiben. Ihre Metaphern sind die des Lichtes und des Deutlichwerdens. Sie sprechen von Einsicht und Vision. Teilhard sagte, dass das Ziel der Evolution immer perfektere Augen in einer Welt seien, in der es stets mehr zu sehen gibt.[9]

Fergusons Bezug auf den belgischen Jesuiten Pierre Teilhard de Chardin, der selbst in seiner eigenen katholischen Kirche als Abtrünniger gilt, ist bezeichnend. Teilhard behauptete, dass so, wie sich der Mensch vom Affen entwickelt habe, er auch dank der Evolution

---

[9] Marilyn Ferguson, *Aquarian Conspiracy*, 68.

zu einer höheren Art mutieren würde.[10] Teilhard nannte ihn *homo noeticus*, das heißt der »rationale« Mensch, ist aber eigentlich der irrationale Mensch. Laut Teilhard ereignet sich eine Evolution des Bewusstseins, er sprach vom »kollektiven kosmischen Sprung«, der eine höherstehende Menschenrasse hervorbringt. Marilyn Ferguson folgte Teilhards Ansicht und ging davon aus, dass die Evolution des einzelnen Menschen (individuelle Evolution) zu einer Evolution einer ganzen Gesellschaft (kollektive Evolution) führen würde.[11] Wird heutzutage der Begriff »Transformation« verwendet, schwingt also die Vorstellung der persönlichen wie kollektiven Evolution des Menschen mit. Die Idee besagt, dass der Mensch fähig sei, sich auf Erden zu vervollkommnen, eine höhere Ebene der Spiritualität zu erreichen, seine eigene Evolution zu bestimmen und sich mittels eigener Anstrengung zum perfekten Wesen auszubilden. Ferguson beschreibt den Prozess, wie die Öffentlichkeit dieses Wort akzeptiert hat.

Das Wort »Transformation« ist eine höchst brisante Vokabel. Christliche Leiter haben diesen Begriff und den damit verbundenen Umwandlungsprozess übernommen, aber die zugrunde liegende Philosophie ist ihnen oft nicht bekannt. Leider ist zu beobachten, dass sie sich auch nicht bemühen, die Frage nach dem konzeptionellen Ursprung und der wirklichen Bedeutung zu stellen. Denn würden sie sich wirklich mit dem philosophischen Hintergrund und dem Zusammenhang, in dem das Wort »Transformation« gebraucht wird, befassen, kämen sie schnell auf den Gedanken, dass ihm, nicht der biblische, sondern der evolutionistische Sinn als Grundlage dient.

---

[10] Es sollte nicht vergessen werden, dass Teilhard de Chardin neben anderen bekannten Wissenschaftlern und Schriftstellern im »Piltdown Mensch«-Skandal verwickelt war. Als »Piltdown Mensch« wurde ein angeblicher prähistorischer »Frühmensch« bezeichnet, der anhand von Schädelfragmentfunden postuliert wurde. Diese »Funde« erwiesen sich jedoch später als Fälschung. Wikipedia schreibt: »Die Identität des Piltdown-Fälschers bleibt ebenso unbekannt wie seine Motive. Viele Autoren vermuten, dass diese wohl berühmteste Betrugsaffäre der Naturforschung ein Streich war, der außer Kontrolle geriet. Verdachtsmomente konnten für alle an dem Fund beteiligten Forscher nachgewiesen werden. So wurden Dawson, Woodward, Teilhard de Chardin, die Anatomen Arthur Keith und Grafton Elliot Smith ebenso beschuldigt wie Arthur Conan Doyle, der damals 15 km von der Fundstelle entfernt wohnte. Ihm wurde ein Rachemotiv unterstellt, weil die etablierte Wissenschaft seine Forschungen zu Geistwesen heftig angegriffen hatte.« http://de.wikipedia.org/wiki/Piltdown-Mensch.

[11] A.a.O., 70.

Ähnlich verhält es sich mit den Worten »emergent« oder »emerging«. Sie werden mit der Vorstellung verbunden, dass sich neue Formen aus der Asche der Vergangenheit erheben – dass ein neues kollektives menschliches Bewusstsein beginnt, sich auf der Erde zu offenbaren. Die Begriffe deuten an, dass neue, völlig veränderte menschliche Formen sichtbar werden, sobald die Menschen ihre alten traditionellen Formen ablegen.

Um das Ziel der »Transformation« zu erreichen, müssen zunächst zwei Phasen durchlaufen werden. Am Anfang steht die Phase der »Tradition«, die in die Phase des »Übergangs« einmündet, bevor die Phase der »Transformation« als letzte beginnen kann. Dieser Umwandlungsprozess wird von innovativen »Betreibern des Wandels« begünstigt. Um in das Modell der Transformation zu passen, müssen die Menschen, die sich dem Erneuerungsprozess verschrieben haben, wiederum aufgeteilt werden in drei Kategorien: die Anpasser, die Revolutionäre und die Bahnbrecher.

1.) Tradition – Anpasser
2.) Übergangsphase – Revolutionäre
3.) Transformation – Bahnbrecher

Dieser Prozess des Paradigmenwechsels wurde in dem Artikel »What is Emerging?« (»Was ist Emerging?«) von Chuck Smith, Jr.[12] aus dem Jahr 2005 verdeutlicht. Unter dem Abschnitt »Zurück zu den 70ern« stellt der Autor heraus, dass das *Leadership Network* eine direkte Rolle bei der Entstehung der »Emergent Church« gespielt hat:

Larry Richard forderte schon in den 1970er Jahren ein »neues Image [new face] für die Kirche«, und 1975 deutete Howard Snyder auf das »Problem mit den Weinschläuchen« hin. Die Studentenrevolution in den 1960ern markierte die beginnende Umwandlung der westlichen Gesellschaft. Vorwärtsdenkende

---

[12] Chuck Smith, Jr. ist der Sohn des Gründers der »Calvary Chapel«-Bewegung Chuck Smith, Sr. Paul Smith, der Bruder von Chuck Sr., schrieb ein gutes Buch über den »Neoevangelikalismus«, in dem er teilweise auf die gleichen Themen eingeht, die in diesem Buch behandelt werden. Er berichtet über die bedauernswerten Umstände, wie Chuck Smith, Jr. von Bob Buford und anderen negativ beeinflusst wurde. Paul Smith, *New Evangelicalism: The New World Order.* Foreword by Pastor Chuck Smith (Costa Mesa, CA: Calvary Chapel Publishers, 2011).

Gläubige entdeckten damals schon, dass die Kirche einige ihrer Strukturen verändern müsse, um die biblische Gemeinde in einer sich noch ausbildenden neuen Welt umzugestalten. Die in den 1960er Jahren empfohlenen Änderungen hatten jedoch mehr mit dem Anpassen der Strukturen [an die neuen Umstände] zu tun als mit dem Infragestellen der gesamten, bis auf die Fundamente herabreichende Struktur.[13]

Im letzten Jahrzehnt des 20. Jahrhunderts waren einige christliche Leiter überzeugt, dass der Evangelikalismus eine Subkultur hervorgebracht hat, die das Christentum nicht mehr in der besten Art und Weise repräsentiert. Die weltweite Gesellschaft, die von nordamerikanischen evangelikalen Institutionen zwischen 1940 und 1960 mitgeprägt wurde, gab es so in den 1990ern nicht mehr. Diese christlichen Leiter meinten, dass sich die Evangelikalen von der Massenkultur und den zukünftigen Generationen junger Christen zunehmend entfremden würden, wenn man weiterhin auf die bisherigen Methoden – vielleicht sogar auf der Idee der Methodologie selbst – bestehen und das veraltete Weltbild mühevoll retten wollte.

Die Gruppe, die diese Bedenken diskutieren wollte, schätzte sich glücklich, dass sich ihnen aufgeschlossene Personen angeschlossen hatten: Pastoren wie Brian McLaren und Tony Jones[14], Gemeindeerneuerer wie Todd Hunter[15], Chris Seay[16] und Brad Cecil[17], Fürsprecher für gottesdienstliche Erneuerung wie Sally Morgenthaler[18] und »World Christians« (»Welt-Christen«)[19] wie Andrew Jones[20]. Theologen, die die Zeichen der Zeit erkannt hatten – unter anderem Leonard Sweet, Stanley Grenz[21], N. T. Wright[22], Robert Webber[23]

---

[13] Chuck Smith, Jr., »What is Emerging?«, *Worshipleader Magazine*, März/April 2005: The Emerging Church, 22-27.

[14] http://theoblogy.blogspot.com.

[15] http://www.toddhunter.org.

[16] http://www.ecclesiahouston.org/pages/ecclesia/elders.

[17] Steve Knight, »Why Brad Cecil Is Emergent (When He Shouldn't Be)«; http://www.emergentvillage.com/weblog/why-brad-cecil-is-emergent-when-he-shouldnt-be.

[18] http://www.emergingchurch.info/stories/cafe/sallymorgenthaler/index.htm.

[19] Als »World Christians« verstehen sich solche Christen, die das Anliegen haben, die Welt durch die Verbreitung des christlichen Glaubens zu verändern. Ursprünglich verwendeten Missionare diese Bezeichnung für sich; nun sind es hauptsächlich Befürworter der Emergent-Church-Bewegung. Die Bedeutung dessen, was man unter »Weltveränderung« versteht, hat sich entsprechend gewandelt.

[20] http://tallskinnykiwi.typepad.com.

und Dallas Willard[24] –, schufen Fachausdrücke, mit denen sich die Gruppe in ihrer Frühphase verständigten. Alle teilten zwei grundsätzliche Einsichten: Die westliche Kultur hatte sich seit den 1950ern radikal verändert, und die Kirche benötigte dringend eine Erneuerung, um auf die kulturellen Veränderungen zu antworten. Im Laufe der Zeit kamen weitere Personen hinzu. In den frühen 1990ern bot ihnen das *Leadership Network* eine geeignete Plattform, um die Diskussionen weiterzuführen und Konferenzen abzuhalten. Zunächst nannten sie sich »The Terra Nova Project«[25] und später »Emergent«. Pastor Brian McLaren behauptete damals, »Emergent« sei lediglich eine »Konversation« – man diskutiere einfach miteinander –, keine Bewegung. Als er in einem Interview am 15. Juli 2005 gefragt wurde, wie alles anfing, antwortete Brian McLaren:

> In den frühen 1990er Jahren gab es eine Organisation, die sich *Leadership Network* nannte und von einer Person [Bob Buford] in Texas finanziert wurde. Das *Leadership Network* brachte Leiter der Megakirchen aus dem ganzen Land zusammen. Anfang und Mitte der 1990er Jahre erkannten sie jedoch, dass der Menschentyp, der zu ihren Veranstaltungen kam, jedes Jahr ein Jahr älter wurde; es fehlte an jungen Leuten, die die Sitzplätze füllten. Die Megakirchen waren die ersten maßgeblichen Organisationen, die dies bemerkten.
>
> Sie wurden aufmerksam auf das, was sich Kirchenleiter in allen Gemeindeverbänden des Landes gegenseitig zuriefen: »Sie wissen ja, wir haben keine Leute im Alter von 18 bis 35 Jahren [in unseren Kirchen].« Als sie anfingen, ihr Augenmerk auf diese sinkende Rate der jungen Erwachsenen beim Gottesdienstbesuch zu richten, entstand Mitte der 1990er Jahre eine offene Diskussion über die Gen[eration] X. Und so begannen sie, junge Leiter in der

---

[21] http://www.stanleyjgrenz.com/index2.shtml.

[22] http://www.ntwrightpage.com; http://de.wikipedia.org/wiki/Nicholas_Thomas_Wright.

[23] »Robert E. Webber, Theologian of ›Ancient-Future‹ Faith, Dies at 73: Author of more than 40 books on worship, Webber was criticized, then lauded, for emphasizing early church practices.« *Christianity Today*, April 2007; http://www.christianitytoday.com/ct/2007/aprilweb-only/118-12.0.html.

[24] http://www.dwillard.org.

[25] »Terra Nova« bedeutet »neues Fundament« (man kann »terra« auch als »Erde« oder »Welt« übersetzen).

Kategorie Gen X zusammenzubringen, um über das zu sprechen, was gut und schlecht an der Kirche ist. Sie fragten sich schlicht und einfach, was in der Kirche so ablief.

Nach ein paar Jahren sagten sich einige dieser jungen Gen-X-Männer:»Du weißt doch, dass es ein Problem der Generationen ist. Es betrifft die Einstellung; es hat in Wirklichkeit mit einer kulturellen Wende zu tun. Keineswegs geht es um die Kleidermode oder den Musikstil, sondern um etwas, das sich in unserer Kultur abspielt. Und die Jüngeren unter uns müssen sich damit auseinandersetzten und damit leben.« Sie sahen in diesem Kulturwechsel die Wende von einer modernen zu einer postmodernen Welt. Und so begann etwas zu passieren – und als diese Dinge ein Eigenleben entwickelten, sagten sie:»Falls es nicht nur um die Gen X geht, müssen wir dafür sorgen, dass einige ältere Leute, die sich nicht in unserem Alter befinden, motiviert werden, ebenso darüber zu sprechen.«

Ich hatte gerade ein Buch über dieses Thema geschrieben. So bin ich dazugekommen, und es stellte sich heraus, dass eine Anzahl von uns – obgleich wir alle jeweils dachten, wir wären die einzigen, die darüber redeten, dachten und schrieben – so etwa um die gleiche Zeit herum das gleiche Phänomen bemerkt hatten. Es war also für diese jungen Leiter und für einige etwas ältere Leute ein aufregendes gegenseitiges Zusammenfinden. Wir sagten:»Dies ist unsere Welt, und dies ist die Zukunft.« Und der christliche Glauben und unsere individuellen Kirchen – mit denen mussten wir uns befassen und auseinandersetzen.[26]

Die Emergent-Church-Bewegung hat richtig erkannt, dass die katastrophale Kirchensituation geradezu nach einer Reformation schrie. Leider aber boten Brian McLaren und seine gleichgesinnten Erneuerer keine Lösung an, die sie der objektiven Heiligen Schrift entnahmen, sondern stützen sich auf den subjektiven Mystizismus anderer religiöser Traditionen.

Bob Buford war der maßgebliche Förderer der Emergent-Church-Bewegung. Dank seiner finanziellen Zuwendungen wurde von Beginn an die Philosophie des Managementberaters Peter Drucker

---

[26] »How do you describe the emerging church«: http://www.pbs.org/wnet/religion andethics/week846/interview.html.

mittels eines wohldurchdachten Transformationsplans Schritt für Schritt in die Tat umgesetzt. Seit den ersten Anfängen in den 1970er Jahren trug die »Emergent Church« die unverkennbaren Merkmale einer konstruierten Erneuerungskampagne innerhalb des Neoevangelikalismus. Über einen Zeitraum von drei Jahrzehnten schulte das *Leadership Network* Tausende von Pastoren und christlichen Leitern in hoch entwickelten Vermarktungstechniken, die darauf abzielten, einen Paradigmenwechsel herbeizuführen.

Die »Diffusion von Innovationen«[27] ist der Fachausdruck für die erfolgreichste dieser Techniken. Hinter diesem Konzept steht eine einfache Idee: Es geht darum, genügend Menschen durch ausgeklügelte Werbung, Psychologie, Soziologie und Manipulation zuerst davon zu überzeugen, ihre Werte, Meinungen und Glaubenseinstellungen zu ändern, um sie dann auf ein anderes Verhalten einzustimmen. Dieser Prozess der Transformation führt schließlich zu einem Wechsel des Paradigmas, wie ihn Thomas Kuhn in seinem oben erwähnten Buch *Die Struktur wissenschaftlicher Revolutionen* beschreibt.

Gelingt eine hinreichende Veränderung im Verhalten der Menschen, lässt sich mühelos irgendein Produkt verkaufen. Die gleiche Vermarktungsstrategie steht auch dort zur Verfügung, wo man die Einführung einer neuen Weltanschauung oder Handlungsweise anstrebt. Der entscheidende erste Schritt ist, einige einflussreiche Personen zu finden, die bereit sind, die Rolle der »Reformer« zu übernehmen. In einem zweiten Schritt wird ihnen die Aufgabe erteilt, die Vorhut einer Bewegung zu sein, die angewiesen wird, etwas Neues zu propagieren. Erreicht man dieses Stadium im Prozess der Erneuerung, laufen alle weiteren Schritte praktisch von selbst ab. Die Reformer werden beauftragt, Anhänger zu finden, die sich ihrerseits hinter das neue Produkt, zum Beispiel einen Plan, ein Programm oder ein Projekt, stellen. Diese Strategie erscheint Außenstehenden, die der ganzen Sache mit einer gehörigen Portion Naivität gegenüberstehen, als aufwändig und kompliziert. Doch der Schein trügt, weil man die manipulierenden Mechanismen nicht durchschaut, die bei genauer Befolgung einen enormen Erfolg versprechen. Die Abfolge jeder dieser Maßnahmen wird deshalb mit der nötigen Sorgfalt in der Ausführung der vorgegebenen Details erledigt.

---

[27] http://en.wikipedia.org/wiki/Diffusion_of_innovations;   http://de.wikipedia.org/wiki/Diffusionsforschung.

Das Konzept der »Glockenkurve« (vgl. die Abbildung unter http://
en.wikipedia.org/wiki/Diffusion_of_innovations) ist für das Verständnis dieser Strategie von großer Wichtigkeit. Motivieren die Reformer genügend Menschen, auf den fahrenden Zug aufzuspringen,
wird die »Glockenkurve« nach vorne gedrückt. Der in Abschnitte
aufgeteilte Transformationsprozess vollzieht sich in einer zeitlich wesentlich kürzeren Abfolge als unter Verwendung konventioneller Ver-
marktungsmethoden. Dies ist einer der entscheidenden Gründe, warum Managementberater ihre Klienten in der Industrie anhalten, nie
aufzuhören, das Mantra der »fortwährenden Veränderung« zu singen.
Von Anfang an zielen die Macher dieser Marketingtechnik darauf ab,
die Standpunkte und Praktiken der Menschen zu verändern.

Eine Analogie, die dieser Vermarktungsstrategie entspricht, ist der
Verkauf verschiedener Zahnpasten. Ein Marktforscher, der das Kauf-
verhalten der Kunden analysiert, könnte Zahnpasten mit verschiede-
nen Geschmacksrichtungen an eine bestimmte Gruppe senden, um ihr
Verhalten zu untersuchen. Die Frage lautet, welche Geschmacksrich-
tung den Kunden besonders zusagt. Das Ziel ist, die unterschiedlichen
Zahnpastasorten verschiedenen Gruppen von Menschen zu verkaufen.
Ausschlaggebend sind die verschiedenen Bedürfnisse und Vorzüge der
Kunden. Der springende Punkt aber ist, dass trotz der geschmackli-
chen Unterschiedlichkeit das Produkt immer noch eine Zahnpasta ist.

Diese Markenpolitik – die gezielte Auszeichnung des Produkts
durch bestimmte Markenzeichen, um einen originellen Stil des Evan-
gelisierens, der Gemeindewachstumsmethode oder der Theologie an
den Mann zu bringen – ist bereits überall in der evangelikalen Welt
an der Tagesordnung. Zum Beispiel sind die Bücher »Kirche mit Vision« und »Leben mit Vision« untrennbar mit der Person Rick Warrens
und seiner Auftragsorientierung verbunden. Das Gleiche gilt auch für
die Bezeichnungen »emergent« oder »emerging«.[28] Werden diese erwähnt, denken viele sofort an die Person Brian McLaren. Ein am
17. Januar 2005 in *Publishers Weekly* veröffentlichter Artikel[29] enthält

---

[28] »Emerge« bedeutet »auftauchen, entstehen, in Erscheinung treten«. Als Bezeich-
nung für diese Bewegung geht der Begriff aber auch auf seine Verwendung in der
Systemtheorie zurück, wo »Emergenz« bedeutet, dass das Ganze mehr ist als die
Summe seiner Teile.

[29] Marcia Ford: »Pomos Toward Paradise: A new subcategory points Christians to an
emerging faith for a postmodern world«, http://www.accessmylibrary.com/article-
1G1-127540603/pomos-toward-paradise-new.html; Die Internet-Version ist nur ein
Auszug diese Artikels. Zu Deutsch: »Pomos [= Postmoderne] auf dem Weg zum

interessante Fakten, wie »emergent« zu einem Goldschatz der christlichen Buchindustrie wurde:

> In den 1990ern begannen verschiedene Gruppen und Firmen sich zusammenzuschließen, nachdem sie ihre gemeinsame Vision für die christliche Arbeit in einer postmodernen Welt erkannt hatten: *Youth Specialities* und [der Verlag] Zondervan erfreuten sich einer bereits 30jährigen Partnerschaft. Zondervan publizierte eine Reihe von Büchern für christliche Jungendarbeiter der *Youth Specialities* (YS) in Zusammenarbeit mit dem *Young Leaders Network*, das mit dem *Leadership Network* verbunden ist. »Das *Young Leaders Network* startete die Initiative, diesen Bereich [den Postmodernismus] auszuloten«, sagte der Präsident von *Youth Specialities*, Mark Ostreicher. »So um diese Zeit herum führten einige Freunde von mir zum ersten Mal den Begriff »Emerging Church« im Mund und bildeten eine Gruppe mit dem Namen »Emergent«. Am zweiten Tag ihres Bestehens gingen wir eine Partnerschaft mit ihnen ein. Deshalb heißt unser Logo jetzt ›emergentYS‹.«
>
> Es überrascht deshalb nicht, dass *emergentYS* das Logo ist, das mit der Bewegung am engsten verknüpft ist; die Liste der Autoren besteht weitgehend aus Mitgliedern des Emergent-Netzwerks.

Der Artikel erklärt auch die sorgfältige Marktpositionierung des neuen Markenzeichens »Emergent«:

> Unter anderem dank der losen Struktur der Emerging-Church-Bewegung – im Gegensatz zu einem Gemeindeverband mit seiner klar definierten Mitgliederstruktur – sind die Titel in dieser Sparte länger im Druck und werden noch lange nach ihrer Erstveröffentlichung verkauft. Ein Beispiel ist McLarens Buch *A New Kind of Christian* [»Eine neue Art von Christ«]. »Die Verkaufszahlen haben sich von Jahr zu Jahr verdoppelt; das ist nicht das übliche Verkaufsmuster von älteren Büchern«, sagt Sheryl Fullerton, Hauptredakteurin der Jossey-Basse-Religionsbuchreihe. »In diesem Buch spricht Brian viele Fragen an, die die Menschen bewe-

Paradies: Eine neue [Literatur-] Sparte weist Christen auf einen auftauchenden Glauben für eine postmoderne Welt hin.«

gen. Es ist ein Text, der die Bewegung befruchtete. Ich denke, das ist der Grund, warum es sich so gut verkaufen lässt.«

Die Langlebigkeit der Pomo- [postmodernen] Titel wird auch den stetig guten Verkaufsergebnissen, die durch Mundpropaganda erzielt wurden, zugeschrieben. »Die Emerging Church ist eine Gemeinschaft. Sie besteht aus ›Bloggern‹, die ihre unabhängigen Webseiten haben und auf denen ein reger Meinungsaustausch stattfindet«, sagte Fullerton.

Die sich gegenseitig ansteckende Begeisterung für die Bücher der beliebtesten Autoren der Bewegung – Leonard Sweet, Robert Webber, Dan Kimball, Stan Grenz, John Franke, Spencer Burke, Mike Yaconelli – ist der Grund, weshalb deren Bücher über Jahre im Druck bleiben einschließlich einiger Titel, die bereits Mitte der 1990er Jahre veröffentlicht wurden. In dieser Vermarktungsstrategie hat der Begriff »emergent« eine klar umrissene Bedeutung. Unter »emerging markets« versteht man solche Märkte, in die Reformer eingeschleust wurden. Diese kümmern sich nun darum, dass ihre Zielgruppe allmählich – wie Hefe den Teig durchdringt – von den Vorteilen der neuen Produkte überzeugt werden. Der Erfolg der konspirativen Werbekampagne wird in gesteigerten Verkaufszahlen gemessen. »Emerging customers« sind dem Sprachgebrauch entsprechend Kunden, die bereit sind, die neuen Produkte zu kaufen.

Es gibt viele Verbindungslinien zwischen Bob Bufords *Leadership Network*, Rick Warrens »Leben mit Vision«-Programm und Brian McLarens »Emergent Church«. Auf der Webseite *anewkindof christian.com*[30] beantwortete Brian McLaren die Frage, »Wie entstand ›Emergent‹?«:

> »Emergent« ging aus dem *Young Leaders Network* hervor, das gegen Mitte der 1990er Jahre vom *Leadership Network* initiiert wurde, einer in Dallas, Texas, beheimateten Stiftung. Doug Pagitt, Chris Seay, Andrew Jones, Brad Smith und andere waren vor mir miteinbezogen, sie leisteten ausgezeichnete Arbeit im Bestimmen des Tons und der Richtung der »sich entfaltenden« [engl. *emergent*] Diskussion.[31]

---

[30] Die Webseite anewkindofchristian.com – mittlerweile aus dem Internet verschwunden – setzte sich für ein neues Erscheinungsbild des Christentums ein.

Um das Bedeutsame an dieser Antwort zu verstehen, ist es hilfreich, Hintergrundinformation über die »Emerging Church« zu haben. Die »Emergent«-Bewegung führte eine neue Lehre und neue Kirchenstrukturen ein, die besonders auf die junge Generation von Christen zugeschnitten sind. Die Methoden, die zu der veränderten Lehre führen, sollten besonders genau angeschaut werden. Obgleich in den vergangenen zehn Jahren viele Bücher über die kirchliche Transformation geschrieben wurden, besitzen die Aussagen von Brian McLaren innerhalb dieser Bewegung die größere Durchschlagskraft, weil sie ihn als wortgewandte Führungsgestalt hochstilisiert. Selbst Rick Warren – sonst nicht gerade bekannt dafür, dass er mit anderen gerne die Plattform teilt – verbreitet einige der Predigen McLarens auf seiner Pastors.com-Webseite.

Brian McLarens Buch *A New Kind of Christian* (»Eine neue Art von Christ«)[32] wurde in einem mehr oder weniger erdachten Dialogstil geschrieben, damit die Leser das »erhebende Gefühl« verspüren, alte Wahrheiten zu hinterfragen und neue Wahrheiten zu entdecken. Dabei werden vermeintliche Widersprüche aufgedeckt und gezeigt, wie sie überwunden werden können. Die Einleitung wirbt für die postmoderne Weltanschauung, gleichzeitig weckt sie Zweifel an der Glaubwürdigkeit des biblischen Glaubens. Der Zweck, den die »Emergent Church« verfolgt, ist nicht immer eindeutig umrissen. Doch hier und da werden markante Besonderheiten ersichtlich: Das *Leadership Network* soll die Entstehung einer Kirche beschleunigen, die im 21. Jahrhundert neu in Erscheinung getreten ist. Das zentrale Paradigma dieser neuen Kirche ist die Fokussierung auf die Struktur, die Organisation und den Übergang von einer institutionell ausgerichteten Kirche zu einer missionsmotivierten Bewegung. Sich auf eine spezifische theologische Position festzulegen, ist dabei völlig belanglos, ja, könnte sogar hinderlich sein.

Die mit dem *Leadership Network* verbundene Organisation *Young Leaders Network* gibt unter der Überschrift »People We Connect«

---

[31] http://www.anewkindofchristian.com/archives/000226.html (nicht mehr online, kann aber über archive.org noch abgerufen werden). Ein ähnliches Interview gab McLaren im öffentlichen Fernsehen Amerikas am 15. Juli 2005. »How do you describe the emerging church«: http://www.pbs.org/wnet/religionandethics/week846/interview.html.

[32] Brian D. McLaren, *A New Kind of Christian. A Tale of Two Friends on a Spiritual Journey* (Hoboken, NJ: Jossey-Bass; 1 edition, 2001).

(»Menschen, die wir verbinden«) ihre Absichtserklärung preis. Das Netzwerk versucht, »den persönlichen Kontakt zwischen Theologen zu verstärken, die neue, sich aus der Praxis entwickelnde Theologien konstruieren.«[33] Weiter beabsichtigt es, einen entscheidenden Beitrag zu leisten beim Aufbau einer New-Age-Kirche, die eine ganz eigentümliche Erscheinungsform hat und aus einem Sammelsurium verschiedener Ausdrucksmittel schöpft. Man ist auf ein erfahrungsorientiertes Leben bedacht und versucht, im visionären Stil die christliche Botschaft den heutigen Lebensumständen anzupassen, indem die Wortverkündigung durch das Erzählen von Geschichten ersetzt wird. Die Vermittlung von Wahrheit wird zugunsten nervenkitzelnder Erlebnisberichte in den Hintergrund gedrängt. Das Knüpfen von innerlich bereichernden Beziehungen unterschiedlichster Art steht an vorderster Stelle, nicht das langweilige Theologisieren über theoretische Fakten. »Wir bevorzugen die Medien der Kunst, der Veranschaulichung und der Erfahrung und stellen uns gegen eine Predigt mit 95 Punkten, mit der uns die vorausgehende Generation die Wahrheit vermittelte.«[34]

Das erklärte Ziel des *Leadership Network* war von Anfang an, die gesamte evangelikale Welt in das Bild der »Emergent Church« umzugestalten. Deshalb sollte man in der »Emergent Church« nicht eine isolierte Randbewegung sehen, die ihre Beliebtheit mit der Zeit wieder verlieren wird. Es werden gleichzeitig zwei unterschiedliche Strategien verfolgt. Einerseits soll die Bewegung den lehrmäßigen Boden des Evangelikalismus umpflügen, um dem ausgeworfenen Samen einer Religiosität, die auf Erfahrungen basiert, eine optimale Chance des Gedeihens zu geben. Um diese Aufgabe zu vollbringen, versucht man zunächst, einen »Dialog« anzuregen, der darauf abzielt, neue Ideen ins Gespräch zu bringen. Einzelne Christen werden deshalb bewusst mit postmodernen Lehren, Wertvorstellungen und Verhaltensformen konfrontiert. Absichtlich wird in ihnen das Bedürfnis nach einer ganz anderen Art des »Christenlebens« geweckt. Gelangweilte Evangelikale werden so angeregt, mit neuartigen Gottesdienstformen zu experimentieren, nachdem in ihnen das Verlangen geweckt wurde, in mystischer Spiritualität religiöse Vorstellungen und Ausdrucksswei-

---

[33] http://youngleader.org/People/people/htm; diese Webseite steht inzwischen nicht mehr zur Verfügung.
[34] Ebd.

sen zu entdecken, die ihnen am meisten zusagen. Das verführerische Element an dem Angebot der »neuen« Theologie – das Göttliche in sich selbst zu finden – wird nicht als Gefahr, sondern als Bereicherung empfunden. Hier ist eindeutig der Schritt zur Irrlehre vollzogen. Andererseits wird ein straff durchorganisiertes, aber für viele Sympathisanten nicht unmittelbar erkennbares Netzwerk eingerichtet, das die wichtigsten Gruppen im Evangelikalismus miteinander verbindet und für ein vorgegebenes Ziel instrumentalisiert. Diese zweigleisige Strategie, die gegenwärtig ungeheure Erfolge verzeichnet, nahm ihren Anfang im »*Terra Nova Project*«, das übersetzt bezeichnenderweise »Neues-Fundament-Projekt« bedeutet.

10.2 Das »Terra Nova«-Projekt

Der ehemalige Präsident des *Leadership Network*, Brad Smith, veröffentlichte 2001 einen Bericht mit dem Titel »Was kommt als nächstes beim *Terra Nova*-Projekt: das Aufkommen der *Terra Nova*.«[35] Dieser Bericht ist nicht nur wichtig im Hinblick auf die darin enthaltene Information über den Aufbau der »Emergent Church«, sondern auch bezüglich Bob Bufords Absichtserklärung, *Leadership Network* einzusetzen, um eine Bewegung zu gründen, die in der beginnenden Transformation des Evangelikalismus wichtige Dienste leistet.

Am Anfang des Berichts ging Brad Smith auf eine wichtige Veränderung innerhalb des *Young Leaders Network* ein. Zuerst bemerkte er, dass die für September 2001 in New Mexico geplante nationale Konferenz des *Young Leaders Network* auf Frühjahr 2002 verschoben werden müsse. Er nannte folgende Gründe:

Das Organisationsteam war der Meinung, dass die Durchführung einer Veranstaltung, bei der Fakten anstatt Absichtserklärungen im Vordergrund stehen sollen, eine äußerst schwierige Aufgabe ist, wenn man auf Authentizität Wert legt. Dazu kam die Herausforderung, dass sich das Team aus recht unterschiedlichen

---

[35] Orig. »What's Next with Terra Nova Project: The Emergence of Terra Nova«. Brad Smiths originaler Artikel kann nicht mehr im Internet eingesehen werden. Es gibt nur noch einige archivierte Webseiten über das *Terra Nova Project*, die wenig konkrete Fakten enthalten. Siehe http://web.archive.org/web/20010309220135/www.terran ovatheologyproject.org/Pages/History.html.

Personen zusammensetzte wie Künstler, Gemeindegründer, Leiter und Theologen, die etwas zu Stande bringen wollten, das sich jeder zu eigen machen konnte. Im September waren wir einfach noch nicht fähig zu tun, wozu wir uns berufen fühlten.[36]

Smith stellte die Bereitschaft des *Leadership Network* heraus, bei der Gründung und Finanzierung einer neuen Bewegung unter jungen Pastoren behilflich zu sein:

> Das *Leadership Network* ist eher darauf bedacht, mit anderen Organisationen zusammenzuarbeiten, als für die eigenen Interessen zu arbeiten. Im Wesentlichen erfüllt das *Leadership Network* durch Gebet, Überlegungen und Vermittlungen die Aufgabe, Leiter zu entdecken, die den Mantel Gottes tragen. Diese sollen einen Gestaltungsspielraum erhalten, sodass sich deren Berufung festigen kann. Außerdem stehen ihnen Ressourcen und Führungskräfte zur Erfüllung der Aufgabe zur Verfügung.[37]

Die Verwendung des Begriffes »Mantel Gottes« ist interessant, weil er unmittelbar mit der Übereignung von Autorität unter den Leitern der »Neuen Apostolischen Reformation« zusammenhängt. Potenzielle apostolische Leiter können nur in eine Leitungsposition vorrücken, wenn sie von einer Führungsriege ernannt und gesalbt werden. In dieser hierarchischen Autoritätsstruktur wird angeblich der mit geistlicher Kraft erfüllte »Mantel der Salbung« von einer Person zu anderen weitergereicht.

»Authentisch sein« ist ein weiterer Begriff, der von Bedeutung ist. Dieser Ausdruck hat seinen Ursprung im Management der Geschäftswelt und im Bildungswesen. Nun wird er mit einem neuen Inhalt gefüllt: Man zielt auf die Veränderung des Verhaltens ab. Laut psychosozialer Forschung orientieren sich Menschen in Bezug auf ihre ethischen Wertmaßstäbe, religiösen Vorstellungen und politischen Meinungen eher um, wenn es gelingt, ihre Verhaltensmuster zu ändern. Dies geschieht, wenn Glaubensinhalte in die Tat umgesetzt werden müssen. In diesem Zusammenhang bedeutet Smiths Aussage, »etwas zu Stande bringen zu wollen, das sich jeder zu eigen machen

---

[36] http://web.archive.org/web/20010428094415/www.youngleader.org/TNCancellation.htm
[37] Brad Smith, »What's Next with Terra Nova Project: The Emergence of Terra Nova«.

konnte«, die Aneignung einer neuen Philosophie für das Organisationsteam. Indem Menschen etwas tun, was dem neuen Denken entspricht, wird dieses Ziel erreicht. Diese Methode ist manipulierend und verführerisch, besonders für diejenigen, die nicht verstehen, wie sie funktioniert.

Brad Smith fährt mit seiner Beschreibung fort, wie er dank des *Young Leaders Network* die Durchführung des *Terra Nova*-Projekts in Angriff nahm, aus dem sich die »Emergent Church« entwickelt hat. Offen räumt er ein, dass man zu Beginn bewusst einer breiten Öffentlichkeit verschwiegen hat, dass sie den Evangelikalismus radikal umgestalten wollen:

> Schließlich bekamen wir immer mehr Fragen zur neuen Vision, die vor einem Jahr für das *Young Leaders Network* entworfen worden war und »Terra Nova Project« genannt wurde. Wir fügen eine Zusammenfassung dieser Vision an, die etwas im Hintergrund gehalten wird, weil viele Leiter im Netzwerk begonnen haben, sie auszuformulieren. Wir sträubten uns dagegen, sie in einem »linearen« Dokument niederzuschreiben [...] Vor uns steht ein langer und begeisternder Weg, und wir begrüßen jede Unterstützung und Mitarbeit im Aufbau des neuen Fundaments. Zur Erfüllung dieser Aufgabe fühlen wir uns berufen. [38]

Smiths einleitenden Worten folgt ein ausführlicher Bericht mit der Bezeichnung »*Terra Nova* means ›New Ground‹« (»*Terra Nova* bedeutet ›Neues Fundament‹«). Smith erläutert darin die philosophische Grundlage der Bewegung, die wir heute als »Emergent Church« kennen. Dieser Bericht ist aus mehreren Gründen brisant:

1.) Bob Buford gründete das *Leadership Network* mit der Absicht, die kommunitaristische Sozialphilosophie des Managementberaters Peter Drucker unter den Evangelikalen zu verbreiten. Die Betonung liegt auf dem sozialen Engagement, nicht auf der Verkündigung des Evangeliums.

2.) Laut Smiths Bericht sah sich das *Leadership Network* als eine Organisation, die Menschen ausbildet, die den Wandel herbeiführten können, und die die Kosten dafür übernimmt. Das

[38] Ebd.

Leadership Network sollte das postmoderne Denken gepaart mit mystischer Spiritualität in den Evangelikalismus hineintragen.
3.) Rick Warren pflegte unmittelbare Beziehungen zum *Leadership Network*. Dieser Verbindung sollte höchste Aufmerksamkeit beigemessen werden: Seine »Zweite Reformation« hängt organisatorisch und ideell aufs Engste mit der Emergent-Church-Bewegung zusammen, auch wenn sie auf einer anderen Ebene eine gewisse Eigenständigkeit besitzt.

Im Weiteren beschrieb Smith die konkrete Strategie des *Terra Nova*-Projekts zur Verbreitung der postmodernen Philosophie unter den Evangelikalen. Die Zeitepoche der Postmoderne ist eine politisch-wissenschaftlich-künstlerische Richtung, die sich gegen die Institutionen, Methoden, Begriffe und Grundannahmen der Zeitepoche der Moderne wendet und diese aufzulösen und zu überwinden versucht. Die Postmoderne, in der wir heute leben, bietet eine Vielfalt gleichberechtigt nebeneinander bestehender Perspektiven an (Relativismus).[39] Smith rühmt sich, dass das *Terra Nova*-Projekt dem postmodernen Denken im Evangelikalismus den Weg bereitet hat:

Ihnen mag das neue Netzwerk, das »*Terra Nova*-Projekt« oder »Neues Fundament« [*New Ground*] genannt wird, bekannt sein: Wie auf einer unbemalten Leinwand, die neu aufgetaucht ist, kann Neues dargestellt werden. So hat darauf die ideologische Auseinandersetzung zwischen der modernen und postmodernen Weltanschauung Platz. Auf dem Weg von der Moderne in die Postmoderne bildeten sich postmoderne Begriffe, die man den entsprechenden modernen Begriffen und Erklärungen entgegenhielt. Durch Gottes Berufung und Gnade war das *Leadership Network* eine der ersten nationalen Organisationen, die seit 1984 postmodernen Leitern eine Plattform bietet. In den vergangenen sieben Jahren haben bekannte Buchverlage, Organisatoren von Konferenzen, Gemeindeverbände und Werke, die es neben den Kirchen gibt, Möglichkeiten geschaffen, damit das postmoderne Gedankengut immer stärkeren Einfluss nehmen konnte.[40]

---

[39] http://de.wikipedia.org/wiki/Postmoderne.
[40] Brad Smith, »What's Next with Terra Nova Project: The Emergence of Terra Nova«.

Smith verwendet den Begriff »Wendepunkt« (engl. *tipping point*), der sich auf den Wechsel eines Weltbildes – einen Paradigmenwechsel – bezieht. Ohne Vorbehalt gibt er zu verstehen, dass das *Leadership Network* eine Schlüsselrolle in der Umwandlung der evangelikalen Kirchen gespielt hat. Im Nachhinein wissen wir, was Smith damit meinte: Die wöchentliche Zusammenkunft im Gotteshaus sollte nicht mehr der Unterweisung im Wort Gottes dienen, stattdessen trifft man sich nun in geselliger Runde im Café oder Klubhaus, um sich im kleinen Kreis über spirituelle Erlebnisse auszutauschen. Privathäuser konnten ebenfalls als ideale Begegnungsstätten für postmoderne Menschen genutzt werden, um ihre religiösen Bedürfnisse zu befriedigen:

> Wir meinen, dass der »Wendepunkt« erreicht wurde. Die Botschaft kann nicht wieder in einen Käfig eingesperrt werden. Die Postmoderne, die nun in Erscheinung getreten ist, wird sich weiter entwickeln. Das Leadership Network wird zukünftig andere Netzwerke und Organisationen fördern, damit diese Botschaft verbreitet wird.[41]

Der ehemalige Präsident des *Leadership Network*, Brad Smith, machte erneut deutlich, dass sich das *Leadership Network* nicht damit zufrieden geben würde, nur über ein neues Paradigma zu reden, sondern dass es auch tatkräftig an der Umsetzung mitwirken wolle. Der im folgenden Zitat verwendete Begriff »Demonstration« ist mit dem oben erwähnten Konzept des »Authentisch-Seins« verbunden. Es wird behauptet, dass das *Leadership Network* aktiv in der »Demonstration« dieses neuen, postmodernen und theologischen Paradigmenwechsels ist. Diese »Demonstration« sei dem wirklichen Leben angepasst:

> Wir sind verpflichtet, etwas Neues zu tun. Jahrelang haben Sie Menschen auf unseren Konferenzen vom Podium herab verkünden gehört, was Postmodernismus ist, nämlich nicht Proklamation, sondern Demonstration, nicht Individualismus, sondern Kommunitarismus, nicht Informationstransfer, sondern eine

---

[41] Brad Smith, »What's Next with Terra Nova Project: The Emergence of Terra Nova«.

Transformation der Beziehungen. Anders ausgedrückt: Wir
wissen nun alle, was wir in unserem Leben und den christlichen
Diensten verwirklicht sehen möchten. Aber selbst die führenden
postmodernen Botschafter äußern laut ihre Frustration darüber,
wie lange es bis zu einer tatsächlichen Demonstration dessen dauert, was sie in der Zukunft in ihrem Leben und den christlichen
Diensten verwirklicht haben möchten. Das ist normal. Das ist in
der Geschichte immer aufgetreten, wenn sich ein umwälzender
und bahnbrechender Wechsel des Weltbildes ereignet hat.[42]

Aus strategischen Gründen versuchten die Initiatoren der »Emergent Church«, vier verschiedene Gruppen innerhalb des Evangelikalismus zu beeinflussen. Aus reinem Kalkül ließen sie es zu, dass
diese Gruppen jeweils eine eigene Prägung entwickelten. Viele ihrer
Anhänger wussten nicht, dass eine gemeinsame Stoßrichtung verfolgt wird. Jede Gruppe bemühte sich auf ihre Weise, die christliche
Kirche zu transformieren. Das Engagement an den verschiedenen
Fronten im evangelikalen Lager diente einer radikalen Umorien-
tierung, einem Paradigmenwechsel von ungeheurem Ausmaß. Erst
in der letzten Phase des Transformationsprozesses sollte, ja, müsste die evangelikale Einheit nach außen als auch nach innen wieder
hergestellt werden. Gegenwärtig[43] sind wir noch nicht in die letzte
Phase eingetreten; aber es ist zu erwarten, dass dies innerhalb der
nächsten drei bis fünf Jahre geschehen wird. Es ist unmöglich, den
genauen Zeitpunkt im Voraus zu kennen. Aber wir nähern uns ihm
in Windeseile.

Es ist elementar wichtig zu betonen, dass die vier Gruppen der
»Emergent Church« deckungsgleich sind mit den verschiedenen
Strömungen der »Neuen Apostolischen Reformation«. Mark Driscoll[44], Pastor der *Mars Hill Church*[45] in Seattle, beschreibt in einem
aufschlussreichen Artikel die vier Gruppen. Seine Erkenntnisse sind
interessant, weil er selbst zur ersten Generation von Pastoren gehörte,
die vom *Leadership Network* beeinflusst waren, sich aber in jüngster
Vergangenheit – zumindest verbal – von der Emergent-Church-Bewegung distanzierte; er nimmt weiterhin Gelegenheiten wahr, auf

---

[42] Ebd.
[43] Zur Zeit der Drucklegung dieses Buches im Herbst 2011.
[44] http://www.marshillchurch.org/markdriscoll.
[45] http://www.marshillchurch.org/.

Konferenzen des *Leadership Network* als Redner aufzutreten. Mark Driscoll bezeichnet die vier Gruppen folgendermaßen:

1.) »Emerging« Evangelikale,
2.) sich in Hauskirchen treffende Evangelikale,
3.) »Emerging« Erneuerer [engl. *Reformers*] und
4.) »Emerging« Liberale.[46]

Im Rahmen dieses Buches kann nicht auf die Unterschiede dieser vier Gruppen eingegangen werden. Manche Aspekte der einzelnen Gruppen sind aber an verschiedenen Stellen dieses Buches aufgezeigt worden, ohne dass ausdrücklich auf Driscolls Kategorisierung Bezug genommen wurde. Unübersehbar ist, dass die Transformation, die sich in den evangelikalen Kirchen vollzieht, von einer einzigen Stoßkraft vorangetrieben wird. Sie präsentiert sich zwar in unterschiedlicher Weise, sodass man bei oberflächlicher Betrachtung den Eindruck gewinnen kann, es mit verschiedenen Bewegungen zu tun zu haben. Aber dieser Eindruck trügt. Viele Menschen und Organisationen, die an dieser Transformation beteiligt sind, wissen oft selbst nicht, wie sie mit anderen Gruppen in Verbindung stehen beziehungsweise zusammenarbeiten. Wir haben es tatsächlich mit einem komplizierten Netzwerk von Netzwerken zu tun. Der Einzelne kann nicht alle Querverbindungen und Beziehungsstränge ausfindig machen. Dennoch gibt es diese Verbindungslinien zwischen den einzelnen Zweigen dieses weit gefächerten Netzwerkes. Soweit möglich werden die tieferen Zusammenhänge dieser monumentalen Bewegung innerhalb des westlichen Evangelikalismus aufgezeigt.

Die Kirchensituation ist zwar besorgniserregend, aber Bob Buford und seine Gesinnungsgenossen bieten keine Lösung an, die biblisch begründet ist. Ihr Ziel ist die Errichtung einer kommunitaristischen Weltgesellschaft: der *Terra Nova* (dem Neuen Fundament bzw. der Neuen Erde).

Wie das *Leadership Network* konkret vorging, um junge Pastoren zu motivieren, sich an der radikalen Umgestaltung des Evangelikalismus zu beteiligen, können wir an den enormen Leistungen von drei Personen aufzeigen. Bob Buford hat sie kurz nach Beendigung ihrer

---

[46] Mark Driscoll, »Navigating the Emerging Church«; http://theresurgence.com/2011/03/14/navigating-the-emerging-church.

theologischen Ausbildung beziehungsweise in der Anfangszeit ihres pastoralen Dienstes als vielversprechende Kandidaten in der Einführung von innovativen Kirchenmodellen entdeckt und gefördert: Rick Warren, Erwin McManus und Brian McLaren. Wir hätten uns auch andere erfolgreiche Pastoren zuwenden können, um die gleiche Vorgehensweise des *Leadership Network* aufzuzeigen, wie zum Beispiel Tim Keller, Mark Driscoll, Tony Jones und Doug Pagitt. Brad Smith schrieb in seinem Vorwort zu Erwin McManus Buch *Eine unaufhaltsame Kraft*:

> Erwin McManus ist in besonderem Maße dazu qualifiziert, dieses Buch zu schreiben. Ich habe ihn kennen gelernt, als wir als Pastoren in verschiedenen Kirchen tätig waren, die in der Nähe der Innenstadt von Dallas ungefähr eine Meile voneinander entfernt lagen. Seit Jahren ist er mir ein vertrauter Freund und Mentor dafür, dass ich Gott, die Kirche und die geistliche Reife neu verstehen lerne. Er ist nun Pastor einer lebendigen Kirchengemeinde, die sich auf einer authentischen Reise zur Ganzheit befindet [...] Wie von einer Rakete angetrieben, hat sich *Mosaic* [der Name der Gemeinde] auf eine Reise der Veränderung begeben [...] Das *Leadership Network* schaut sich Tag für Tag nach innovativen und mit Gottes Kraft erfüllten Kirchen um. *Mosaic* ist ein Pionier unter Pionieren. Wir haben viele Kirchenleiter zur *Mosaic Church* gesandt, damit sie aus erster Hand sehen können, was die Zukunft bringt.[47]

Eine weitere Empfehlung des Buches stammt von Rick Warren:

> Dieses Buch zeigt, wie eine postmoderne, auftragsorientierte [engl. *purpose-driven*] Kirche aussehen kann. Jede Kirche ist dazu aufgerufen, fünf ewige Verpflichtungen zu erfüllen, die Jesus im Missionsbefehl und im Liebesgebot gegeben hat. Diese Bestimmungen ändern sich niemals. Die Stilrichtungen und die Methoden aber, die wir verwenden, um diese Aufgaben zu erfüllen, *müssen* [Hervorhebung im Original] sich mit jeder neuen Genera-

---

[47] Erwin R. McManus, *Eine unaufhaltsame Kraft: Gemeinde, die die Welt verändert* (Aßlar: Gerth Medien, 2005). Vorwort von Brad Smith. Zitiert aus dem engl. Orig. *An Unstoppable Force* (Loveland: Group Publishing 2001) 8-9.

tion und Zielgruppe ändern. Mosaic verwendet fünf elementare Metaphern, um die neutestamentlichen Aufgaben [*purposes*] darzustellen [...][48]

Wie war es möglich, dass Erwin McManus die fünf Elemente einer vorchristlichen, heidnischen Spiritualität in die evangelikale Welt einführen konnte? Um diese Frage zu beantworten, müssen wir wissen, was sich hinter den fünf Elementen verbirgt, die McManus als Symbole seiner Kirche und Bewegung »Mosaic« ausgesucht hat. Was ist ihm, der sich selbst »Kulturarchitekt« nennt, von höchster Bedeutung? Ist es die Bibel oder etwas anderes? Wir meinen, deutlich aufzeigen zu können, dass es die antike Mythologie ist.

10.3 Mystizismus

Newleaders.ch, eine Organisation in der Schweiz, lud im November 2006 den leitenden Pastor der Mosaic-Kirche in Los Angeles, Erwin McManus, als Hauptredner ihres Jugendleiterkongresses nach St. Chrischona bei Basel ein. Ein Jahr zuvor, vom 10. bis 12. November 2005, war McManus bereits als Hauptreferent beim deutschen Willow-Kongress »Evangelisation mit Zuversicht« in Braunschweig aufgetreten.[49] Damit setzten die Verantwortlichen von »Willow Creek Deutschland / Schweiz« und die meisten Leiter der evangelikalen Jugendarbeit in der Schweiz[50] ein deutliches Zeichen: Sie wollten die Emergent-Church-Bewegung, die in Amerika Aufsehen erregte, auch im deutschsprachigen Raum unter Christenverbreiten.

Als die Organisatoren des Jugendleiterkongresses in Basel im Vorfeld mit der kritischen Frage konfrontiert wurden, warum man ausgerechnet dem bekanntesten Vorkämpfer der »Emergent Church« eine

---

[48] *An Unstoppalble Force*, Vorwort von Rick Warren, 6.
[49] http://shop.willowcreek.de/products/0218; »Evangelisation mit Zuversicht«: Willow-Creek-Kongress für innovative Evangelisation; http://www.inyouth.de/content/view/258/221/
[50] Andreas Gut - Jugendsekretär des Bundes der Evangelischen Täufergemeinden; Christain Schmitter - Jugendsekretär der Chrischona Gemeinden CH; Daniel Bishop - Jugendpastor im CLZ Burgdorf – Bewegung Plus; Dominique Götsch - Gemeindeleiter der Chrischona Gemeinde Gossau ZH; Heiri Meier - Teenie-Sekretär vom Bund Evangelischer Schweizer Jungscharen (BESJ); Martin Strupler - Leiter YoungLeaders.ch; Matthias Spiess - Jugendbeauftragter bei der Schweizerischen Evangelischen Allianz (SEA).

öffentliche Plattform geben wolle, obwohl er die christliche Jugend in mystische Sphären führt und auf Abwege bringt, entgegneten diese, dass die Problematik intern besprochen werde. Diese Gespräche führten zum Entschluss, einige Wochen vor der Jugendveranstaltung McManus Fragen zu seinem Glaubensverständnis vorzulegen.[51] Man teilte McManus mit, dass man von ihm erwarte, die Fragen zu beantworten, um entscheiden zu können, ob es noch vertretbar sei, ihn nach Basel kommen zu lassen. Aber McManus beantwortete nicht eine einzige Frage und durfte dennoch auf dem Kongress sprechen.

Jene Personen innerhalb des Organisationsteams, die noch ein Anliegen für die Vermittlung gesunder biblischer Lehre haben, besaßen leider nicht genug Einfluss, um die anderen überzeugen zu können, dass McManus Irrlehren verbreitet. Man bekam den Eindruck, dass man mit der Fragenliste den BESJ-Mitarbeitenden entgegenkommen wollte, ohne wirklich vom Plan, McManus in die Schweiz zu holen, abzurücken.

Auch wenn die Zahl der Besucher nicht so hoch ausfiel, wie ursprünglich erwartet, hörte man im Nachhinein größtenteils Positives über McManus' Auftritt beim Jugendleiterkongress. Auf der »Newleaders.ch«-Webseite veröffentlichten die Jugendlichen ihre Eindrücke über die Veranstaltung. Ihre Kommentare sprühten vor Begeisterung, die der Redner erzeugen konnte. Sie erkannten die Tragweite seiner problematischen Aussagen nicht; auch McManus' Bekenntnis, ein Mystiker zu sein, machte nur wenige stutzig. Einzelne Teilnehmer bestätigten jedoch die Bedenken, die im Vorfeld angesprochen wurden. Aber es drang keine kritische Bemerkung an die Öffentlichkeit.

Erwin McManus war einer der ersten »Betreiber des Wandels« (agents of change), die sich vom Leadership Network stark beeinflussen ließen. Sie wollen die evangelikale Kirche in eine soziale Dienstleistungs-Agentur umgestalten, die sich dem Gemeinwohl verschreibt. Dass dies nur möglich ist, wenn man zuerst die christliche Lehre mit allen möglichen, vor allem fernöstlichen Philosophien vermischt, ist McManus völlig bewusst. Mit Fug und Recht kann dies behauptet

---

[51] Zwei der Organisatoren mit leitender Funktion im BESJ baten mich, eine Liste mit Fragen zu erstellen, die Erwin McManus beantworten sollte. Einige Tage später reichte ich diese Liste ein (siehe Anhang, S. 261). Das Organisationsteam entschloss sich aber, nicht diese, sondern dem Referenten eine eigene, kürzere und in der Fragestellung allgemein gehaltene Liste vorzulegen.

werden, denn wäre es nicht so, würde er sich nicht so große Mühe geben, sein Augenmerk auf die religionsvermischende Unterwanderung
des Evangelikalismus zu richten. Dass er dabei äußerst geschickt vor-
geht, steht außer Frage. Wahrscheinlich kennen die wenigsten, die
ihm bei der Verbreitung seiner mystischen Botschaft zur Seite stehen,
die wahren Ziele des amerikanischen Pastors. Eine solche Unwissen-
heit trifft selbstverständlich nicht auf Bill Hybels und Rick Warren
zu; diese sind völlig im Bilde über die Machenschaften ihres Kollegen, waren sie doch selbst Schützlinge des Sozialphilosophen Peter
Drucker.

Selbst wenn die Frage momentan nicht beantwortet werden kann,
welche Langzeitfolgen sich aus dem Willow-Kongress 2005 und
der Newleaders.ch-Veranstaltung für viele evangelikale Kirchen
Deutschlands und der Schweiz ergeben werden, ist doch zu befürchten, dass der Mystizismus der »Emergent Church«, den McManus
verbreitet, wahre biblische Frömmigkeit verdrängen wird. Befürworter der emergenten Spiritualität werden sich weiterhin Christen nennen; ihre Lebensführung wird sich aber nicht in erster Linie an der
Lehre von Jesus Christus orientieren, sondern entweder sichtbare
Züge einer asketischen Weltverachtung oder einer zügellosen Welt-
anpassung annehmen. Trotz seiner mannigfaltigen Erscheinungs-
formen hat sich der Gnostizismus stets in diese beiden, äußerlich so
unterschiedlich erscheinenden Formen im Leben seiner Anhänger
gezeigt.

Woran lässt sich festmachen, dass McManus eine gnostisch durch-
drungene Botschaft verkündigt? Die Indizien sind so eindeutig, dass
man absichtlich beide Augen zudrücken muss, um sie nicht wahrzunehmen. Im Folgenden werden wir nur einige Kennzeichen seiner
fragwürdigen Religiosität ansprechen, die uns auf den verschiedenen
Webseiten des »christlichen Erneuerers« ins Auge stechen.

Interessanterweise scheut sich McManus, Pastor genannt zu werden, und zieht lieber den Titel »Kultur-Architekt« vor. Diese für
einen Geistlichen eigenartige Berufsbezeichnung nimmt Bezug auf
McManus' Vision einer Revolution, die von der »Emergent Church«
ausgeht und durchgeführt wird. Durch diese soll die evangelikale
Kirche radikal umgestaltet werden. Als Muster dient das »apostolische Ethos«, das er in seinen Büchern beschrieben hat. Darin hebt
er die fünf Elemente, die der antiken Mythologie zugrunde lagen,
als Grundwerte seiner Mosaic-Gemeinde hervor. Auf der Webseite

mosaic.org[52] werden die fünf Elemente einzeln vorgestellt und interpretiert:

- *Wind* (Missionsauftrag): Mission ist der Grund, warum die Kirche existiert. Die Kirche ist eine Bewegung, nicht eine Institution. Jeder Nachfolger von Jesus wurde von Gott beauftragt.
- *Wasser* (Gemeinschaft): Liebe ist der Kontext für jede Mission. Die Kirche ist beziehungsorientiert, nicht programmatisch. Jeder Nachfolger von Jesus ist Teil einer größeren Gemeinschaft.
- *Holz* (Verbindung): Struktur muss sich immer dem Geist unterordnen. Die Kirche ist motivierend, nicht kontrollierend. Jeder Nachfolger von Jesus ist berufen und mit anderen in einzigartiger Weise verbunden, um zu dienen.
- *Feuer* (Vereinigung): Kulturrelevant zu sein, darf nicht der Wahl überlassen werden. Die Kirche ist inkarnatorisch, nicht esoterisch. Jeder Nachfolger von Jesus zelebriert die Gemeinschaft mit Gott.
- *Erde* (Charakter): Kreativität ist ein natürliches Ergebnis der Spiritualität. Die Kirche ist transformierend, nicht anpassend. Jeder Nachfolger von Jesus nimmt charakterlich an Christusähnlichkeit zu.

Den fünf Kategorien sind jeweils bis zu zehn Bibelstellen angefügt. Dies tat man wohl in der Absicht, einen vermeintlichen Bezug zum christlichen Glauben aufzuzeigen.

Als Bahnbrecher einer neuen Form von Kirche strahlt McManus ein erstaunliches Charisma aus. Deshalb wird ihm wohl auch dieser ungewöhnliche, ja exzentrische Gebrauch der fünf Elemente gern verziehen. Anscheinend erblickt man darin nur eine neue Vermarktungsmethode des innovativen Neoevangelikalen. Eine andere sich dahinter verbergende Realität wird oft übersehen.

Eine Beschreibung dieser fünf Elemente findet man in einem esoterischen Lexikon,[53] dessen Artikel für Nichteingeweihte größtenteils

---

[52] http://mosaic.org/hollywood/faq:»What are your core values and vision of Mosaic?« (»Was sind die zentralen Werte und die Vision von Mosaic?«) ; siehe auch http://mosaic.org/files/downloads/Core_Values.pdf, wo zudem die Logos der fünf Elemente abgebildet sind.

[53] George Arthur Gaskell, *Dictionary of the Sacred Languages of All Scriptures & Myths* (London: G. Allen and Unwin, ltd., 1923. Neue Auflage in Amerika unter dem gekürzten Titel: *Dictionary of All Scriptures & Myths*, New York, N.Y.: The Julian Press, Inc., [1960] 1969).

nur mit Mühe zu verstehen sind. Über die fünf Elemente wird gesagt, dass sie Symbole der »fünf manifestierten Ebenen der Natur in den graduellen Abstufungen der Geist-Materie«[54] seien:

> Man kann sich die Welt in einem gewissen Sinn so denken, als existiere sie aus einer Kombination von fünf anderen Welten; die eine ist zum Beispiel das Element der Erde, die andere das des Wassers, die Dritte [besteht] aus Feuer, die Vierte aus Luft, das fünfte Element bezeichnen einige als den Himmel: manche denken, sie bestünde aus Licht, andere aus Äther.[55]
> Homer war der erste, der die Welt in fünf Bereiche einteilte. Die drei inneren Bereiche wies er den Göttern zu; die zwei äußersten, den Olymp und die Erde – einerseits die Grenze der irdischen Dinge, andererseits die der himmlischen –, hat er allen offen gelassen und keinem zugeteilt.[56]

Samuel Kidd schrieb in seinem Buch *China*: »Von dieser Zeit an vereinigten sich Yin und Yang; die fünf Elemente wurden vermengt im Zentrum des Universums [...].[57] Diese fünf Elemente bilden die Grundlage einer Weltanschauung, die zweifellos von heidnischer Spiritualität geprägt ist. Interessant ist, dass diese heidnische Weltanschauung nicht nur in der griechischen Kultur der Antike zu finden, sondern auch in den fernöstlichen Religionen beheimatet ist.

Verwendet McManus diese fünf Elemente in einem christlichen oder heidnischen Sinn? Um eine definitive Antwort geben zu können, werden wir zunächst jedes Element analysieren und definieren. Nur so können wir die Bedeutung der einzelnen Symbole, wie sie McManus verwendet, verstehen.

Wind
Auch bekannt als Luft oder Äther, betrifft die mentale Ebene oder Atmosphäre, die Energie. Von einem geistlichen Verstand

---

[54] Ebd., 245.
[55] Plutarch, *Über das E in Delphi*, XI, zitiert in *Dictionary of the Sacred Languages of All Scriptures & Myths*, 245-246.
[56] Ebd., XIII, zitiert in *Dictionary of the Sacred Languages of All Scriptures & Myths*, 549.
[57] Samuel Kidd, *China, or, Illustrations of the Symbols, Philosophy, Antiquities, Customs, Superstitions, Laws, Government, Education, and Literature of the Chinese* (London: Taylor & Walton, 1841) 167. Online verfügbar unter http://books.google.com.

sagt man, dass er ein »höherer Verstand« sei. Vom Wind sagt man, dass es eine »göttliche Kraft« sei, die das mentale Vehikel der Seele in Bewegung setzt.[58]

In diesem Mythenlexikon heißt es weiter: »Am Punkt ihrer höchsten Bedeutung stellen diese verbundenen Symbole Materie und Geist dar.«[59] Ein Querverweis deutet auf die Definitionen »Himmel und Erde« hin, in denen die Yin/Yang-Prinzipien (männlich/weiblich) des Okkultismus zu finden sind.[60]

Die heidnischen Religionen lehren, dass der Mensch die Trennung zwischen Himmel und Erde in einem Entwicklungsprozess überwinden kann, um letztlich göttlich, vollkommen und unsterblich zu werden.[61]
Der göttliche Plan wird offenbar, indem alle Dinge mit der Materie verbunden werden, sodass sie dank der Evolution erneut zurückkehren, nachdem sie ihre Zweckbestimmung erfüllt haben, nämlich das Wachstum und die Erhöhung der Myriaden [unendlich vielen] menschlicher Seelen.[62]

Wasser
Für McManus symbolisiert Wasser die »Gemeinschaft«. Diese Definition des Wassers befindet sich nicht in der Bibel; sie erscheint aber in den antiken und modernen Schriften des Heidentums und besonders in der okkult inspirierten Verwendung von Bibelpassagen, die ihrer eigentlichen Bedeutung beraubt werden, um als Zauberformeln zu dienen.[63] Wasser wird definiert als »Einheit, Fehlen von Aufspaltungen, Umfang [...].«[64] Dem Weinwunder Jesu auf der Hochzeit zu Kana wird beispielsweise die falsche Bedeutung unterlegt, es habe sich um »die Verwandlung der niedrigen mentalen Ebene in den höheren geistlichen Zustand der Seele«[65] gehandelt, das heißt es sei eine Transformation vom Menschlichen zum Göttlichen. Dies ist auch

---

[58] *Dictionary of the Sacred Languages of All Scriptures & Myths*, 815-816.
[59] Ebd., 36.
[60] Ebd., 346.
[61] Ebd., 397-398.
[62] Ebd., 399.
[63] Ebd., 803-804.
[64] Ebd.
[65] Ebd.

eine der Hauptbedeutungen des Yin/Yang-Prinzips. Das Lexikon
erklärt dies folgendermaßen:

> Der Rhythmus des »Großen Atems« brachte die Dualität des
> Geistes und der Materie hervor, die aktiven und empfangenden
> Zustände des Seins. Diese primäre Dualität wird in den heiligen
> Schriften verschiedentlich benannt. Im Formieren der fünf Ebe-
> nen (Elemente) des Kosmos vereinigen sich Geist und Materie [...]
> Auf jeder der Ebenen gibt es ein Lebens- (Yang) und ein Forme-
> lement (Yin) oder aktive und passive Aspekte; und das »Göttliche
> Leben« (Li) durchdringt alles.
> Der Himmel repräsentiert das männliche (Yang) Prinzip und
> die Erde das korrespondierende weibliche (Yin) Prinzip, die Quel-
> le der Existenz und die Ursache der Zersetzung.[66]
> Yang und Yin bezeichnen »Licht und Finsternis, Perfektion und
> Unvollkommenheit, Offenbarwerden und Verborgenheit, Gut und
> Böse, die Quelle der Existenz und die Ursache der Zersetzung.«
> [...] Die höheren Mächte, bei welchen Namen sie auch voneinan-
> der unterschieden werden, regieren im Himmel und kontrollieren
> die himmlischen Gebilde; die niedrigere, weibliche herrscht über
> die Erde und ordnet die irdischen Dinge.[67]

Holz
Von diesem Element wird gesagt, dass es »ein Symbol der Astral-
ebene sei in ihrem Aspekt des Wachsens, in dem sich das Ich zu
offenbaren beginnt.«[68] Im Mythenlexikon liest man Folgendes darüber:

> Aristoteles war der erste, der das Wort benutzte (im Griechischen
> *hyle*, Holz; im Lateinischen *materia*, Baumaterial), als ein Begriff
> der Schulen, um die ungreifbare, unsichtbare Struktur der Dinge
> zu bezeichnen im Gegensatz zur unsichtbaren Form.[69]

---

[66] Clement Allen, *The Hook of Chinesische Poesie* (London, 1891), Vorwort, 27, zitiert
   in *Dictionary of the Sacred Languages of All Scriptures & Myths*, 831.
[67] Samuel Kidd, *China*, 137-138, zitiert in *Dictionary of the Sacred Languages of All
   Scriptures & Myths*, 831.
[68] *Dictionary of the Sacred Languages of All Scriptures & Myths*, 824-825.
[69] C. Bigg, *Neo-Platonism*, 196, zitiert in *Dictionary of the Sacred Languages of All
   Scriptures & Myths*, 824-825.

Verwendet McManus diesen Begriff nicht im Gleichschritt mit den Okkultisten, wenn er sich auf die Struktur bezieht, die sich dem Geist unterordnet? Die Logos, das McManus für die Elemente »Wasser« und »Feuer« wählte, ähneln dem Yin/Yang-Symbol; das Logo für »Holz« erinnert an ein Blatt.[70] Ist es verbunden mit dem okkulten Baumkult? Dieser Gedanke drängt sich geradezu auf.

Feuer

Im Okkultismus heißt es vom Feuer, es sei »eine geistliche Energie«, eine »Liebesenergie« oder »eine transformierende Kraft der Reinigung«.[71] Alexander Hislop klärt über den heidnischen Feuerkult auf:

Es mag dem Leser nun nicht entgangen sein zu beobachten, wie in diesem Yezidi-Fest die Männer, Frauen und Kinder im Kontakt mit dem heiligen Element des Feuers gereinigt werden. In den Riten des Zoroasters, des großen chaldäischen Gottes, nimmt das Feuer genau die gleiche Bedeutung ein. Man sah es als ein wesentliches Prinzip in seinem System an, dass »derjenige, der sich dem Feuer nähert, das Licht von der Gottheit empfangen würde, und dass durch das göttliche Feuer aller von dieser Generation erzeugte Schmutz gereinigt werden würde; deshalb ließ man Kinder durch das Feuer des Molochs hindurchgehen, um sie von der Erbsünde zu reinigen; und aufgrund dieser Reinigung wurde so manch hilfloser Säugling Opfer der blutgierigen Gottheit. Ovid sagte, dass unter den heidnischen Römern die Reinigung durch ein Hindurchgehen des Feuers gleichfalls praktiziert wurde; er hieß dieses Tun gut. Feuer reinigt sowohl den Hirten als auch das Schaf. Unter den Hindus wurde das Feuer seit ewiger Zeit wegen seiner reinigenden Kraft angebetet. Laut Colebrooke wendet sich ein Anbeter gemäß der heiligen Bücher an das Feuer: »Sei gegrüßt, o Feuer, der du die Anbetung für dich in Anspruch nimmst, für dich den Erleuchteten, für dich den Strahlenden, möge deine helle Flamme unsere Feinde verzehren; erscheinst du, der Reiniger, am auffälligsten unter uns.«[72]

[70] Abbildung der Logos siehe http://mosaic.org/files/downloads/Core_Values.pdf.
[71] *Dictionary of the Sacred Languages of All Scriptures & Myths,* 274 – 277.
[72] Alexander Hislop, *The Two Babylons* ([1853] 1858) 120. http://www.biblebelievers. com/babylon/00index.htm; deutsche Ausgabe: *Von Babylon nach Rom* (Bielefeld: CLV, 1997) 108-109.

Offensichtlich verwendeten die Heiden das Feuer nicht nur in symbolischer Weise, sondern ganz buchstäblich, indem sie ihre Säuglinge verbrannten! Das Neue Testament lehrt keinen symbolischen Gebrauch des Feuers. Die einzigen symbolischen Handlungen sind dort Taufe und Abendmahl.

Erde

Dem Lexikon zufolge bezeichnet die Erde »das buddhistische Prinzip des Bewusstseins«.[73] Dieses Prinzip begünstigt das Wachstum des niederen Ichs, welches den höheren Verstand des Menschen erweckt: »Erde, die große, erhaltende Mutter: Ein Symbol der produktiven buddhistischen Natur als göttlicher Ausdruck der astralen und physischen Ebene. Buddhas Handeln als Gestalter der Formen und Wegweiser der getrennten Wesen, um sie zu befähigen, ihre wahre Natur in der Seele zu offenbaren.«[74]

Man kann annehmen, dass die »Idee der spiritualisierten Charakterformung«, von der McManus spricht, nicht weit von diesem Konzept entfernt ist. Zu beachten ist, dass sein Logo für die Erde und den Himmel ein unterschwelliges sexuelles Symbol ist, das der okkulten Lehre der Sonnen- und Himmelsgottheit exakt entspricht.[75]

Was mag einen höchst einflussreichen christlichen Leiter dazu bewogen haben, einen solchen offensichtlich okkulten Symbolismus zu verwenden? Einige mögliche Antworten:

1.) McManus möchte die Menschen mit der Sprache, den Logos, Begriffen und Symbolen ansprechen, die ihrer Welt, also der künstlerischen Kultur in der Gesellschaft, entnommen sind. Aber es gibt Zeugnisse ehemaliger Anhänger der New-Age-Bewegung, die die Evangelikalen warnen, dass diese Symbole die geistlich Suchenden ernsthaft in die Irre führen und moglicheiweise sogar verführen, wenn sie okkulte Symbole und heidnische Begriffe mit dem Christentum verbinden.

2.) McManus möchte eine neue Kirchensprache schaffen, die das Wohlwollen der Entkirchlichten findet, um das Image eines langweiligen, althergebrachten Christentums zu transformieren. Aber diese

---

[73] *Dictionary of the Sacred Languages of All Scriptures & Myths*, 237.
[74] Ebd., 237-238.
[75] http://mosaic.org/files/downloads/Core_Values.pdf.

Logos und die Begriffe stimmen viel mehr mit dem Okkulten als mit der Bibel überein: Die beabsichtigte Botschaft wird verzerrt, sodass sie leicht mit dem Okkulten verwechselt werden kann. 3.) McManus hat sich schon so sehr der fabulösen Kunst verschrieben, dass er die gesunde Perspektive für die Mitteilung des Evangeliums aus den Augen verloren hat. Aber können wir die offensichtliche okkulte Symbolik in dieser Kunst entschuldigen oder sogar rechtfertigen? Ist es zu verantworten, wenn man heidnische Symbole mit biblischem Christentum vermischt? Ist das nicht extrem? Oder ist dieses »Extrem« die neue Vermarktungsstrategie und daher nützlich? Wenn es so ist, verwendet McManus nicht Okkultes in der Verkündigung des Evangeliums? Wird überhaupt noch das biblische Evangelium verkündigt?

Einer neuen Generation von jungen Christen wird empfohlen, die Emergent-Church-Theologien anzunehmen, und das geschieht in der vollen Absicht, sie zu verführen. Brian McLaren und andere vermischen Mystizismus mit dem Christentum, um eine gänzlich neue »Rechtgläubigkeit« zu schaffen.

Der Theologe Francis Schaeffer stand den ersten Anzeichen dieser Bewegung intellektuell und theologisch entgegen. Er kämpfte gegen den fernöstlichen Mystizismus, wie er sich in den 1960er und 70er Jahren im christlichen Gewand den Gläubigen aufdrängte. Seine Bücher sind heute noch viel relevanter als damals. Die Grundfeste des historischen Christentums wird von der Zwitterbildung aus mystischer und biblischer Lehre, die von der Bibel erheblich abweicht, systematisch untergraben. Nur das Wort Gottes enthält die reine Lehre, die fähig ist, jeder menschlichen Spekulation und jedem östlichen Mantra zu widerstehen, die innerhalb und außerhalb der »Emergent Church« vermarktet werden.

10.4 Updraft Leadership Conference, Zürich

Mit erstaunlicher Konsequenz setzen sich Heinz und Martin Strupler für die Durchführung von so genannten Leadership-Konferenzen ein, zu denen Pastoren und Jugendleiter eingeladen werden, um ihre Vision von der Transformation des Evangelikalismus in der Schweiz Wirklichkeit werden zu lassen. Das Organisationsteam des Jugendleiterkongresses Newleaders.ch, zu dem auch Martin Strupler gehört, veranstaltete im November 2006 ihre jährliche

Konferenz für christliche Jugendarbeiter auf St. Chrischona bei
Basel. Erwin McManus sprach als Hauptreferent. Das gemeinsame Webportal für Jugendarbeit vieler christlicher Jugendverbände
und Denominationen in der Schweiz veröffentlichte einen kurzen
»Rückblick New Leaders 2006«, der die wichtigsten Thesen des Referenten zusammenfasst.[76]
    Greifen wir nur eine Aussage auf dieser Seite heraus. Unter der
Überschrift »Glaube« steht Folgendes: »Erwin McManus stellte den
Glauben bewusst auf eine nicht objektive Ebene. Wir Menschen haben kein Organ, keinen Sinn (gemeint sind die fünf Sinne riechen,
sehen, hören, schmecken und tasten), mit dem wir Glauben wahrnehmen können.« Das Gegenstück von objektiv ist subjektiv. Das
Online-Lexikon Wikipedia definiert »Subjektivität« unter anderem
wie folgt:

> Unter Subjektivität versteht man die subjektive (individuelle)
> Wahrnehmung eines Individuums. Subjektivität wird oft mit Un-
> sachlichkeit gleichgesetzt, mit Voreingenommenheit und mit der
> Beeinflussung durch persönliche Gefühle, Interessen oder Vor-
> urteile, aber auch mit Geschmack, Individualität und Sensibilität.
> Künstlerischer Ausdruck ist ohne Subjektivität nicht denkbar.[77]

Der christliche Glaube soll McManus zufolge der menschlichen Sub-
jektivität unterworfen sein. Eine interessante Feststellung! Mit welcher Bibelpassage hat er diese Aussage belegt?
    Im Vorfeld der Konferenz wurde vermutet, dass die Initiative, Mc-
Manus als Referenten einzuladen, von Martin Strupler ausging. Der
Verdacht verdichtete sich im Nachhinein, als bekannt wurde, dass
Erwin McManus erneut in die Schweiz als Referent der »Updraft
Leadership Conference«[78] eingeladen wurde. Diese Veranstaltung
fand vom 24. bis 25. September 2007 in Zürich statt (vom 4. bis 5. Mai
2009 gab es eine weitere »Updraft«-Konferenz). Die Hauptorganisa-

---

[76] http://www.guedesplace.ch/bund-FEG/WebX.nsf/Content/CSCR-6W8PNW!Open
Document.
[77] http://de.wikipedia.org/wiki/Subjektiv.
[78] http://www.updraft.ch;»Jesus-Netzwerk« berichtete über diese Veranstaltung unter
der Überschrift »McManus bei Updraft: ›Wir stehen mitten in einer Leiterschafts-
krise‹«, http://www.jesus-netzwerk.ch/blickpunkt/detailansicht/ansicht/-/149323wir-
stehen-mitten-in-einer-leiterschaftskrise.html; die Webseite der *Updraft Leadership
Conference* ist www.updraft.ch.

toren waren das christliche Ausbildungszentrum ISTL (*International Seminary and Trainingscenter of Leadership*) und *Equip*. Heinz Strupler war der Gründer des ISTL und beteiligte sich an der Einrichtung des schweizerischen Zweigs von *Equip*.[79] Auf der Webseite von *Equip* kann man Folgendes über ihre Zielsetzung lesen:

> Sie können Ihre Leiter ausbilden, und die Welt verändern. John C. Maxwells internationaler Dienst EQUIP möchte Sie dabei unterstützen, Ihre Mitarbeiter, Verantwortliche und Leiter auszubilden. Nutzen Sie mehr als 20 Jahre Erfahrung in der Schulung von Führungskräften. Gebrauchen Sie bewährtes Material, dass schon hunderttausenden Leitern geholfen hat, ihre Begabung zu stärken und zu entfalten. Und das bekommen Sie alles für einen Bruchteil an Kosten, die Sie normalerweise für solch ein Programm ausgeben würden.[80]

Auffällig sind die personalen Überschneidungen zwischen den beiden Organisationen, die den »Updraft«-Kongress durchführten. Man kann fast von einem einzigen Veranstalter, der unter zwei verschiedenen Namen auftritt, sprechen. Die Familie Strupler ist Dreh- und Angelpunkt in dieser Sache.

Warum lud man McManus ein Jahr nach seinem Auftritt in Basel erneut ein? McManus ist ein vielbeschäftigter Mann. Man muss ihn sicherlich mindestens ein Jahr im Voraus anfragen, ob er Zeit hat und gewillt ist, den Weg von Los Angeles nach Zürich auf sich zu nehmen. Ob dies auf dem Newleaders.ch Kongress vereinbart wurde? Eines ist klar: Der Einfluss dieses »Kulturarchitekten« zog in der Schweiz bestimmt weite Kreise, besonders in der christlichen Jugendszene. Im Rückblick ist es sehr bedauerlich, dass sich die beiden leitenden Mitarbeiter des BESJ in den Wochen vor dem geplanten Termin des Newleaders-Kongresses nicht gegen die anderen Organisatoren mit ihrer Bitte durchsetzen konnten, McManus wieder auszuladen. Dennoch ist es die Pflicht eines jeden christlichen

---

[79] http://www.iequip.ch: Die schweizerischen Koordinatoren des Equip-Dienstes sind laut http://www.iequip.ch/node/8: Heinz und Annelies Strupler, Leiter Schweiz; Daniel Zeller, Leiter Schweiz; Stefan von Rüti, Leiter; Martin Strupler, Leiter; Desmond Frey, Equip Europa.

[80] http://www.iequip.ch/about: Mittlerweile revidierten die Betreiber der Webseite den Text dem Wortlaut nach. Die Zielsetzung blieb die Gleiche.

Leiters, sich über die geistliche Ausrichtung der Referenten, die auf den »Updraft«-Konferenzen und ähnlichen Veranstaltungen auftreten, im Vorfeld zu informieren, um entscheiden zu können, ob eine Teilnahme dem Glauben förderlich ist. Da sich die Familie Strupler so intensiv für die Bekanntmachung von McManus in der Schweiz einsetzte, liegt die Vermutung nahe, dass sie sich mit der Lehre dieses »Kulturarchitekten«, einem Schützling des *Leadership Network*, identifizieren.[81]

Der Inhalt von McManus' Büchern ist allerdings besorgniserregend. In seinem Buch *The Barbarian Way*[82] (wörtlich »Der barbarische Weg«) bekennt McManus freimütig, dass die Geschichte der Kreuzzüge in ihm ein urzeitliches Verlangen weckte, von dem er überzeugt sei, dass es gleichfalls in jedem Nachfolger Jesu Christi entfesselt werden könnte. Der Autor definiert »Nachfolger Jesu Christi« in höchst ungewöhnlicher Weise. Er schreibt: »Als die Barbaren gefragt wurden, ob sie Christen seien, mag ihre überraschende Antwort nein gewesen sein; sie sind aber leidenschaftliche Nachfolger Jesu Christi gewesen.« [83] Oberflächlich betrachtet, erregt diese Definition kaum Anstoß, wäre sie nicht eingebettet in einer neuen Missiologie. McManus scheint davon auszugehen, dass es letztlich von geringer Bedeutung ist, welcher Religion ein Mensch angehört; er müsse nur noch zu dem, was er bereits glaubt, das Bekenntnis zu Jesus hinzufügen. Mit Jesus könne man ein Buddhist, ein Moslem oder ein Hindu sein und bleiben. McManus verdeutlicht diese Ansicht durch seine Behauptung, dass der größte Feind der Bewegung Jesu Christi das Christentum sei.[84] Um seine Leser zu überzeugen, sich die Gesinnung der Barbaren anzueignen, fügt er seinen zurechtgebogenen Ausführungen noch hinzu: »Sie [die Barbaren] sehen im Christentum keine Weltreligion; vielfach unterscheidet es sich nicht von anderen Religionssystemen. Es spiele keine Rolle, ob wir es mit dem Buddhismus, Hinduismus, Islam oder Christentum zu tun haben, denn [die Nachfolger Jesu] kümmern sich nicht um die Religion;

[81] Auf der Webseite des ISTL befindet sich McManus' Empfehlung des Seminars. http://www.istl.ch/statements/articles/erwin-r-mcmanus.
[82] Erwin R. McManus, *The Barbarian Way* (Nashville, TN: Thomas Nelson, 2005). In deutscher Übersetzung wurde das Buch vom SCM R. Brockhaus Verlag 2007 unter dem Titel *Go wild! Schluss mit dem braven Christsein* herausgebracht.
[83] Erwin R. McManus, *The Barbarian Way*, 6.
[84] http://loriza.com/?q=movies/mosaic-video-podcast-erwin-mcmanus.

ihnen geht es vielmehr um die Mitwirkung in der von Jesus vor zweitausend Jahren begonnenen Revolution.«[85] Die Frage, was sich aus dieser und ähnlichen Initiativen der Familie Strupler entwickeln wird, wird in der Zukunft beantwortet werden. McManus ruft jedenfalls zur Revolution der Barbaren auf, Struplers indirekt auch. Sie werden sicherlich einen gewissen Erfolg und vermehrten Einfluss unter den jungen Christen der Schweiz verzeichnen.

10.5 »Blumenkinder«-Theologie

Der derzeit wohl bekannteste Vorreiter der Emergent-Church-Bewegung ist Brian McLaren. In seinem Buch *Everything Must Change: Jesus, Global Crises and a Revolution of Hope* (wörtlich: »Alles muss sich ändern: Jesus, globale Krisen und eine Revolution der Hoffnung«) schreibt er:

> Die Vorstellung des Königreichs Gottes, die das Herz und Zentrum der Botschaft Jesu in Wort und Tat darstellt, leuchtet besonders in dieser Art der Darstellung auf. Als Glied einer kleinen kolonialisierten Nation – nämlich, Israel –, die sich weigert, von der imperialen römischen Macht gezähmt zu werden, erscheint Jesus mit seiner skandalösen Botschaft auf der Bildfläche: Die Zeit ist gekommen! Überdenkt alles! Eine radikal neue Art des Imperiums ist verfügbar – das Imperium Gottes ist gekommen! Glaubt an diese gute Nachricht und flieht von allen menschlichen imperialen Mächten. Öffnet eure Sinne und Herzen wie Kinder, um die Dinge ganz frisch und aus neuer Perspektive zu sehen, folgt mir und meinen Worten, und tretet in diese neue Art des Lebens ein.[86]

Wir müssen nüchtern feststellen, dass McLaren mit seinem Buch den Evangelikalen genau die Marschroute vorschlägt, die von ihm seit geraumer Zeit erwartet wurde: Das Christentum muss von Kopf bis Fuß umgestaltet werden; nichts darf mehr so sein und bleiben, wie es seit

---

[85] Erwin R. McManus, *The Barbarian Way*, 6.

[86] Brian D. McLaren, *Everything Must Change: Jesus, Global Crises and a Revolution of Hope* (Nashville, TN: Thomas Nelson, 2007) 99. Auf Deutsch erschienen unter dem Titel *Höchste Zeit, umzudenken«* (Marburg: Francke, 2008).

dem ersten Pfingsttag gewesen ist. Um diese Botschaft so unmissverständlich wie möglich zur Geltung zu bringen, betitelte McLaren sein im Oktober 2007 erschienenes Buch *Everything Must Change* (»Alles muss sich verändern«). Damit auch der Letzte den damit verbundenen Radikalismus begreift, gab der Autor seiner Webseite den Titel »DeepShift«[87] (»tiefgreifender Wechsel«).

Wer *Everything Must Change* liest und McLarens Aussagen zu extrem findet und Bedenken hat, ob dem Aufruf des bekanntesten Befürworters der »Emergent Church« zur Revolution gefolgt werden sollte, wird feststellen, dass McLaren keine hohe Meinung von solchen Personen hat. Wer kritisch ist und manche Aussagen für überzogen hält, wird im Buch karikiert, zurechtgewiesen, ausgelacht und sogar verspottet. Brian McLaren zählt einige Missstände in der Welt auf und führt die Ursache auf eine sklavische Hörigkeit an eine Theologie zurück, die er für »gefährlich«, »antiquiert« und »konventionell« hält. So nimmt er Anstoß an einer »Selbstmordmaschinerie«, die den »planetarischen Frieden zerstört«, das »Ökosystem der Erde beschädigt«, »globale Missstände hervorruft« und einen Beitrag leistet zur »systemischen Ungerechtigkeit«.[88] McLaren bezeichnet dieses Verhalten als unverantwortlich. Wer für die veraltete Theologie eintritt, leidet McLaren zufolge an einer Gemütshaltung, die »angespannt, rechthaberisch, unausgeglichen, reaktionär, negativ und scheinheilig« ist.[89] McLaren meint auch zu wissen, warum es zu den Missständen kommen konnte: Das Christentum sei eine gescheiterte Religion, die sich darauf spezialisierte, Menschen auf ihre Bestimmung im Jenseits hinzuweisen, es aber unterließ, wichtige soziale Ungerechtigkeiten in diesem Leben anzusprechen.

McLarens neue Theologie – er bezeichnet sie als »Rahmengeschichte« (engl. *framing story*) – ist sein »Evangelium des Königreichs«, der Fachbegriff dafür lautet »Dominionismus«. Die Menschheit muss die Erde retten. Die diversen Wünsche von Milliarden unterschiedlicher Menschen können in einem geeinten Willen gebündelt werden, um eine »Rahmengeschichte« zu schaffen, die die Verwirklichung von drei Gesellschaftssystemen zum Gegenstand hat.[90] Die Ähnlichkeit

---

[87] http://www.deepshift.org.
[88] Brian D. McLaren, *Everything Must Change*, 34.
[89] Ebd., 33.
[90] Brian D. McLaren, *Everything Must Change*, 65-66.

mit dem »dreibeinigem Stuhlmodell« des Managementexperten Peter Drucker ist äußerst auffallend. McLaren hat seine Ideen aus dieser Managementphilosophie entwickelt. Er verspricht Wohlstand[91], der blühendes Leben, Gerechtigkeit und Sicherheit einschließt. Peter Drucker verwendete dafür die drei Ausdrücke: Wirtschaft, Kirche und Staat.

Gemäß McLarens Theologie bedeutet die Botschaft Jesu »nicht ein Fliehen aus dieser notleidenden Welt, sondern ein Tun von Gottes Willen in dieser notleidenden Welt wie auch im Himmel.«[92] McLaren hält das herkömmliche Verständnis des christlichen Glaubens und der Erbsünde für völlig falsch. Er stellt diesem die – wie er sagt – »dynamischere Form des christlichen Glaubens« gegenüber. Sie sei »ganzheitlich, integrierend und ausgeglichen«.[93] Das versteht McLaren unter der »Transformation der Welt«. Man sei gefordert, am fortwährenden Wirken Jesu in der persönlichen und weltweiten Veränderung und an der »Befreiung vom Bösen und von der Ungerechtigkeit teilzunehmen.«[94] Um das zu erreichen, sei es nötig, die Bibel mit neuen Augen zu lesen. Er schreibt: »Die Bibel ist eine Partnerschaft zwischen Gott und dem Menschen, um die gesamte Gesellschaft zu retten, zu verändern und die globale Selbstzerstörung abzuwenden.«[95]

Diese Auffassung von Jesus hat große Ähnlichkeit mit der katholischen Befreiungstheologie. Dort wird die »gute Nachricht« missbraucht, um zur politischen Revolution aufzurufen.[96] McLaren äußert: »Jesus wird ein Kreuz verwenden, um die Grausamkeit und Ungerechtigkeit der Mächtigen aufzudecken und den Unterdrückten Hoffnung und Zuversicht zu spenden.«[97] Es ist offensichtlich, dass McLaren christliche Schlüssellehren mit neuem Inhalt füllt. Er definiert Begriffe um. Marias Lobgesang in Lukas 1,46-55 handelt nicht mehr von »Gott, meinen Erlöser«. McLarens Version lautet: In ihm »feiert Maria Gottes Wirken im Umsturz der herrschenden Hierar-

---

[91] Unter »Wohlstand« meint McLaren natürlich nicht die falschen Versprechungen des »Wohlstandsevangeliums«. »Wohlstand« im Sinne von McLaren könnte auch ein »reiches« Leben in ärmlichen Verhältnissen sein.
[92] Ebd., 4.
[93] Ebd., 34.
[94] Ebd., 79-80.
[95] Ebd., 94.
[96] Ebd., 122.
[97] Ebd., 124.

chien, durch die sich ein Imperium auszeichnet, so dass die Nation Israel die Erfüllung ihrer ursprünglichen Verheißung erfährt.« Zacharias' Lied in Lukas 1,68-79 handelt nicht mehr vom Heil oder der Erlösung. McLarens Sicht ist: In diesem Lobpreis »feiert Zacharias vielmehr das Kommen Jesu als das Kommen eines starken Königs, der das Volk Israel retten – oder befreien – wird von seinen Feinden, den Römern, die es hassen und unterdrücken.«[98] McLaren fordert die Christen auf, die politische (!) Herrschaft über die Welt zu ergreifen. Die volle Aufmerksamkeit richtet sich einzig auf die irdische Existenz. McLaren macht Aussagen, die vielen biblischen Aussagen entgegenstehen. Solche Aussagen sind zum Beispiel: »Sündenvergebung und die Erschaffung des Friedens sind identisch.«[99] Er ist überzeugt, dass es »einen Himmel im Jenseits nicht gibt, zumindest nicht einen solchen, wie es sich die Christen über Jahrtausende vorgestellt haben.« Daraus ist zu schließen: Wenn es keinen Himmel gibt, kann es auch keine Hölle geben. Es ist schon erstaunlich, wie es McLaren gelingt, Christi Aussage »mein Königreich ist nicht von dieser Welt« genau ins Gegenteil umzudeuten. Plötzlich heißt es: »Mein Königreich ist nur noch von dieser Welt.«[100] McLaren gibt dem Heil eine neue Bedeutung. Das kann nicht unwidersprochen stehengelassen werden.

Brian McLaren referierte neben Diana Butler Bass[101] und Michael Morrell[102] auf der Konferenz der *World Future Society*[103], die vom 26. bis 28. Juli 2008 in Washington D.C. stattfand. In einem Seminar zum Thema »Die Zukunft der religiösen Rechten« versuchten die drei Referenten Prognosen für die Zukunft zu machen. Im Programmheft stand Folgendes:

Wir werden die schwachen Signale der Veränderung, die an allen Ecken und Enden der religiösen Landschaft zu hören sind, untersuchen und die Gründe erforschen, warum junge Evangelikale

---

[98] Ebd., 104.
[99] Ebd., 105.
[100] Ebd., 114.
[101] Autorin, Wissenschaftlerin, http://www.dianabutlerbass.com/bio-mainmenu-2.
[102] Wissenschaftler, Futurologe, Journalist und politischer Aktivist, http://zoecarnate. wordpress.com; http://deepshift.org/charlotte/?p=17.
[103] http://www.wfs.org; »World Future Society«; zu Deutsch: »Gesellschaft für die Zukunft der Welt«.

zunehmend die Untergangstheologie, die präventive Kriegsdoktrin, das Wohlstandevangelium oder die besondere Betonung auf der Erlösung des Einzelnen verwerfen, und ihre Aufmerksamkeit dem globalen Klimawandel, dem Völkermord in Darfur, dem Aussterben der Tierarten, dem gerechten Handel und ethisch verantwortlichen Kaufverhalten, den ausbeuterischen Praktiken der Arbeitgeber und der gesellschaftlichen Voraussicht zuwenden. Drei Stimmen aus der »Emergent Church« werden die Fähigkeit der postmodernen Christenheit, die Tradition aufzunehmen und neu zu interpretieren und die Gerechtigkeit in der Welt zu fördern, zur Sprache bringen. [104]

Auf die Frage »Wer soll teilnehmen?« antworten die Veranstalter: »Jeder Futurologe, der das Empfinden hat, dass sich in puncto Religion alles verändern muss und neugierig darauf ist, wie die fortschrittliche Christenheit eine führende Rolle im Aufzeigen dieser Veränderung wahrnimmt.«[105] Das Lernziel ist laut Programmheft: »Die Teilnehmer werden lernen, wie sie ihre Führungsfunktion und ihren Vorausblick an den Interessen zukünftiger Spiritualität ausrichten können und die religiösen Ideen mittels einer Theologie der Hoffnung mit dem Denken über die Zukunft in Beziehung setzen können.«[106] Wie diese neue Erkenntnis praktisch umgesetzt werden kann, war dort ebenfalls beschrieben: »Die Teilnehmer werden nach der Konferenz ein tiefgehendes Verständnis davon haben, wie die postmodernen geistlichen Ausdrucksformen die konservativen Theologien und Gesellschaften umgestalten können.«[107]

Im Konferenzprogramm war auch der evangelikale Missiologe und Futurologe Jay Gary aufgeführt, der seit langem mit der *World Future Society* verbunden ist. Die *World Future Society* ist eine der führenden Organisationen, die sich bemüht, ein alternatives Zukunftsszenario für den Planeten Erde zu gestalten. Wikipedia zufolge hat sie ungefähr 25.000 Mitglieder in mehr als 80 Ländern.

Jay Gary und Brian McLaren bemühen sich eifrig, eine Endzeitlehre zu vermeiden, die den Weltuntergang prophezeit. In seinen Büchern

---

[104] http://www.wfs.org/MArch-April08/WF2008_preliminary.pdf.
[105] Ebd.
[106] Ebd.
[107] Ebd.

macht sich McLaren über biblische Prophetie gewöhnlich lustig, indem er in seiner verzerrten Darstellung aufhetzende Worte verwendet:

> Die einer bestimmten Leseart der Apokalypse folgende Darstellung Jesu führt uns zu einer schrecklichen Resignation: Die Welt verschlechtert sich zunehmend und dieser »dschihadistische« [einen heiligen Krieg führende] Jesus wird zurückkehren, um Macht, Herrschaft, Gewalt und sogar Folterung – das ultimative Werkzeug des Imperialismus – zu verwenden, um das Böse zu überwinden und Frieden zu bringen.[108]

McLaren fordert seine Leser auf, ihr Denken über die Endzeitlehre infrage zu stellen und den Glauben an eine Wiederkunft Christi aufzugeben, die durch »Gewalt, Tötungen, Herrschaft und ewige Folter« charakterisiert sei.[109] Er schlägt vor, sich an den alternativen Jesus einer »Blumenkinder-Theologie« – obgleich er diese Bezeichnung nicht gern verwendet – zu halten, der kommt, um »das heilige Ökosystem Gottes, nämlich das Königreich Gottes«, zu beschützen.[110]

Es überrascht vielleicht, dass die endzeitliche Vorstellung einer alternativen Zukunft kein neues Konzept innerhalb der evangelikalen Welt ist. Evangelikale Leiter trafen sich schon Ende der 1970er Jahre, um sich in zwei sogenannten »Konsultationen« Gedanken über die Zukunft zu machen.[111] Einer der Referenten war der damals mit der *World Future Society* eng zusammenarbeitete Theosoph und Futurologe Willis Harman, der eigentliche moderne Vater der New-Age-Bewegung. Seine Darlegungen über die Zukunft der Welt und ihre Religionen wurden offensichtlich wissbegierig aufgenommen.

Auf die Futurologen wirkt Pierre Teilhard de Chardins humanistisches und evolutionäres Denken stärker denn je. Das geht aus dem Programmheft zur Konferenz der *World Future Society* im Jahre 2008 hervor.[112] Zum Beispiel wurde ein Seminar mit der Bezeichnung »Die zukünftige Evolution der Menschheit, des Bewusstseins und des menschlichen Verstandes« angeboten.[113] Den Teilnehmern wurde

---

[108] Brian D. McLaren, *Everything Must Change*, 146.
[109] Ebd., 144.
[110] Ebd., 142.
[111] Siehe »Vorträge und Resümees« der zweiten Konsultation von 1979 im Anhang.
[112] http://www.wfs.org/MArch-April08/WF2008_preliminary.pdf, Seite 51.
[113] Orig.: »The Future Evolution of Humanity, Consciousness, and the Human Mind«.

versprochen, dass sie »neue Arten des Denkens und der Bewusst-
seinszustände kennen lernen, die mit einer sich entwickelnden Welt
und Zukunft in Einklang stehen«. Teilhard de Chardins »Prinzip der
Emergenz« bewirkt, dass die Menschheit durch eine »Evolution des
Bewusstseins« geistig vereinigt wird. Durch eine solche »geistliche
Ausgestaltung« (engl. *spiritual formation*) entsteht das, was Teilhard
»Noosphäre« nannte, eine Sphäre also, die sich auf den Geist des
Menschen bezieht und von diesem bestimmt wird. Das Resultat wür-
de ein Superorganismus der gesamten Menschheit sein.[114] Auffallend
ist, dass Teilhard von einem »Prinzip der Emergenz« spricht. In dem
Begriff »emergent« schwingt Teilhards Ideologie der Evolution mit.
Die moderne New-Age-Bewegung versteht unter »Evolution«, dass
nach einer Phase der Entwicklung die Menschheit in einem kollektiven Bewusstsein enden wird.

Wer den Zielen der »Emergent Church« nacheifert, wendet sich –
bewusst oder unbewusst – gegen die biblische Wahrheit. Wer mit
Irrlehrern zusammenarbeitet, bezieht eindeutig Stellung gegen das
Evangelium (2Pet. 2; Judasbrief; Jer. 11,9-10; Hes. 22,25-30). Deshalb
tun wir gut daran, uns Charles H. Spurgeons Worte ins Gedächtnis zu
rufen:

> Das Königreich Christi ist nicht ein Königreich dieser Welt, sonst
> würden seine Diener dafür kämpfen. Es beruht auf einer geistli-
> chen Grundlage und wird mittels geistlicher Waffen vergrößert.
> Doch die Diener Christi rückten allmählich von dieser Position ab
> und meinten, sein Königreich sei von dieser Welt und könnte kraft
> menschlicher Anstrengung aufrecht erhalten bleiben.[115]

Wir stehen mitten in einer Zeit, in der das traditionelle Evangelium
entweder unbekannt ist oder als Irrlehre abgetan wird. Nichts anderes bedroht die Autorität des falschen Königs, dessen Königreich

---

[114] Siehe dazu Pierre Teilhard de Chardin, *The Phenomenon of Man* und *The Future of Man* (New York, NY: Harper Perennial; 23rd edition, 1975). Ebenfalls hilfreich sind die Erklärungen unter http://de.wikipedia.org/wiki/Noosphäre und http://de.wikipedia.org/wiki/Omegapunkt.
[115] Charles Haddon Spurgeon, »Christ's Universal Kingdom and How it Comes,« http://www.spurgeongems.org/vols25-27/chs1535.pdf.

im Entstehen ist, mehr als der Alleinherrschaftsanspruch von Jesus Christus, wie ihn das »alte« Evangelium verkündigt. Darum muss dieses umso mehr gelehrt werden. Nur so können die Christen den Missionsauftrag Jesu Christi erfüllen.

* * *

Informieren Sie sich weiter:

Auf Deutsch auf der Webseite des Autors: http://www.nuntia.de

Auf Englisch auf der Webseite der *Discernment Research Group*, mit der der Autor zusammenarbeitet: http://herescope.blogspot.com

Außerdem produziert Martin Erdmann für das *Verax Institut* regelmäßig Podcast/Video-Beiträge unter der Bezeichnung »Nuntia«, die aktuelle Themen in Gesellschaft und Kirche aufgreifen. Dabei geht es vor allem darum, die religiöse und sozialpolitische Transformation der westlichen Welt zu analysieren und zu bewerten. Diesen Videokanal finden Sie unter http://vimeo.com/channels/nuntia.

Anhang

11.1 Dreißig Fragen an Erwin R. McManus

Welche Theologie vertritt Erwin McManus? Um herauszufinden, wo er wirklich steht, gibt es ein patentes Mittel: einen Fragebogen. In der Vorbereitung des Newleader-Kongresses auf St. Chrischona bei Basel im Jahr 2006 mit McManus als Hauptreferent baten mich zwei der Organisatoren, die im BESJ (Bund Evangelischer Schweizer Jungscharen) in leitender Funktion mitarbeiten, um eine Liste mit Fragen. Ich stellte 30 Fragen zusammen. Allerdings entschloss sich das Organisationsteam, nicht diese, sondern eine eigene, kürzere und in der Fragestellung allgemein gehaltene Liste dem Referenten vorzulegen. Obwohl McManus keine einzige Frage beantwortet hatte, durfte er dennoch beim Kongress sprechen.

1.) Wie können futurologische Philosophien mit dem Wort Gottes harmoniert werden, um eine relevante Missiologie zu formulieren?
2.) In welcher Weise ist das Paradigma der Veränderung relevant für das Evangelium?
3.) Wie kann die Beziehung von McManus zur Emerging-Church-Bewegung am besten charakterisiert werden?
4.) Was bedeutet es, wenn sich jemand lieber »Kulturarchitekt« als Pastor nennt?
5.) Wie definiert McManus christliche Führerschaft? Was sind die besonderen Qualitäten eines auf umwälzende Veränderung der Kirche abzielenden Leiters?
6.) Was steht hinter der Bezeichnung »apostolischer Ethos«?
7.) Wie sieht »Mentoring« unter dem Vorzeichen des neuen apostolischen Ethos aus?
8.) Wie kann man am besten Entwicklungen in Gang setzen und unterhalten, die dieses Ethos hervorbringen und formen?
9.) Warum ist es eine der obersten Tugenden eines Christen, Zweideutigkeit zu tolerieren?

10.) Was versteht McManus unter einem dienenden Leiter [»servant leader«]?

11.) In wie fern erleuchten Träume und Visionen die Entwicklung und Ausgestaltung der zukünftigen Kirche?

12.) Welche grundlegende Rolle nimmt die Psychologie in der geistlichen Umformung der Kirche ein?

13.) Welche geistliche Bedeutung besitzt das »Holz« in McManus' Verwendung der esoterischen »Fünf Elemente«-Metapher?

14.) Wie kann die Kirche ein Katalysator der kulturellen Veränderung werden?

15.) Wie können unternehmerische Initiativen und kommerzielle Projekte in der Kirche am besten eingesetzt werden?

16.) Was versteht McManus unter einem »radikalen Mindeststandard«[1]?

17.) In welchem Sinn ist die Aussage zu interpretieren, dass die Kirche ein lebender Organismus, eine Spezies, ist, die sich anpassen und verändern muss, um kulturell relevant zu bleiben?

18.) Warum ist es für einen Christen wie McManus so wichtig, weltweit als Futurologe zu gelten?

19.) Welche persönliche Christologie vertritt McManus?

20.) Wie wirken Emotionen und Enthusiasmus zusammen, um eine Vereinigungsbewegung zu schaffen?

21.) Welcher Unterschied besteht zwischen einer »missionalen« und einer theologischen Hermeneutik?

22.) Welche Rolle spielen Innovation, Imagination und Erfindungsgabe im kirchlichen Dienst einschließlich Gemeindegründung und Umgestaltung einer bestehenden örtlichen Gemeinde?[2]

23.) Wie stellt sich McManus das transformierte Christentum am Ende des 21. Jahrhunderts vor?

24.) Wie entwickelt die Kirche eine Theologie der permanenten Veränderung?

25.) Wie gelingt es einem radikalen »Betreiber des Wandels«, die Kirche in Bereiche zu manövrieren, die völliges geistliches Neuland darstellen?

---

[1] Engl. »radical minimum standard«; siehe Erwin R. McManus, *An Unstoppable Force* (Group Publishing, CO; First Edition, 2001) Epilogue: 10. A new way to be human (radical minimum standard); http://erwinmcmanus.com/unstoppableforce.

[2] Von der »Church on Brady« zur »Mosaic Church«; http://en.wikipedia.org/wiki/Mosaic_(church).

26.) Welche Rolle nimmt das Wort Gottes in einer computerisier-
ten Gesellschaft ein?

27.) Wie beschreibt McManus den Prozess des Aufkommens neuer
Wahrheiten, und was empfiehlt er der Kirche, wie diese in ihren kulturellen Kontext integriert werden können?

28.) Wie beschreibt McManus die ihn in Los Angeles umgebende
postmoderne Kultur, und wie kann die Kirche ihren Dienst in
einer solchen am besten verrichten? Wie ist dies übertragbar
auf andere Länder und Kulturen?

29.) Wie gelingt es christlichen Leitern am besten, geistliche
Künstler, Architekten und Ingenieure zu werden, die Strukturen, Wertvorstellungen und inspirierende Visionen in einer
idealen Gesellschaftskultur schaffen?

30.) Wie kann man am besten die »geistliche Design-Theorie« kon-
zeptionell verstehen und im kirchlichen Dienst anwenden?[3]

11.2. Erwin R. McManus: Der Selbstdarsteller und Innovator

Um besser verstehen zu können, was sich hinter der Person Erwin
R. McManus verbirgt, besonders seine große Vorliebe für alles Mystische, ist es unerlässlich, einige der vielen Webseiten zu besuchen,
die mit ihm, seiner Mosaic-Gemeinde und mit sonstigen Initiativen
verbunden sind. Auf vielen Ebenen arbeitet er eng mit seinem Bruder
Alex zusammen. Alex bezeichnet sich selbstdarstellend als jemand
auf der Suche nach der »mystischen Nation« (engl. *Mystic Nation*)[4].

Es wäre verhängnisvoll zu meinen, die vielfältigen Tätigkeiten des
»Kulturarchitekten« in Los Angeles würden sich darauf beschrän-
ken, sonntags in einem gemieteten Nachtklub[5] zu predigen. Mit
voller Kraft stürzt er sich in die Aufgabe, die Südlichen Baptisten
(Southern Baptists) von Grund auf zu verändern. Seit geraumer Zeit

---

[3] Erwin R. McManus, *An Unstoppable Force*, 9: »Learning Points: In this role leaders
must master the tools of spiritual design theory, soul environments and re-formation« (»Lernpunkte: In dieser Rolle müssen Leiter die Werkzeuge von spirtueller
Designtheorie, Seelenumgebung und Re-Formation beherrschen«).

[4] http://alexmcmanus.org/2005/08/05/the-mystic-nation-update.

[5] Als Erwin McManus 1994 Thomas A. Wolf als Pastor der »The Church on Brady«
ablöstet, traf sich die wachsende Gemeinde in dem Nachtclub »Club Soho« und später in dem »Mayan Theatre«. Beide Lokalitäten befinden sich im Zentrum von Los
Angeles. http://en.wikipedia.org/wiki/Mosaic_(church).

nimmt das neue Gesicht dieses baptistischen Gemeindeverbands, der gleichzeitig die größte evangelikale Kirche Amerikas ist, mystische, futurologische und dominionistische Züge an. Ein Grund hierfür mag darin liegen, weil man die biblische Lehre der Absonderung von »weltlichem« Denken und Handeln schon lange hinter sich gelassen hat und das erstrebt, was die Neoevangelikalen zu tun beabsichtigten: die völlige Anpassung an die moderne Kultur des Westens.

Im Folgenden werden wir versuchen, kurz die wichtigsten Aspekte der Webseiten zu beleuchten, die Erwin und Alex McManus betreiben. Bemerkenswert ist dabei die Betonung auf die Verwendung von Metaphern, Mythen und Symbolen, um »das göttliche Potenzial in jedem Menschen«[6] zu aktivieren.

Jede der unten angeführten Webseiten ist mit anderen verlinkt; das aus der Perspektive von Erwin und Alex McManus gesehen wirklich Wichtige, eben das Mystische, sticht sofort ins Auge, wenn man die vielen Links von einer Seite zur andern verfolgt, um ein zusammenhängendes Gesamtbild über die Glaubenseinstellung, Betriebsamkeit und Verbindungen dieser Männer zu erhalten. In der folgenden Übersicht können nur einige Einblicke in die eigentümliche Spiritualität der McManus-Brüder vermittelt werden.

Es ist jedoch zu beachten, dass die unten aufgeführten Webseiten und ihre übersetzten Inhalte von ihren Betreibern regelmäßig aktualisiert werden und deshalb nur Momentaufnahmen aus den vergangenen vier Jahren darstellen. Entscheidend ist nicht so sehr, dass diese Momentaufnahmen den gegenwärtigen Stand der Dinge widerspiegeln, als vielmehr zu erkennen, welcher spirituelle Grundton die gemeinsamen Interessen der McManus Brüder auszeichnet. Dennoch ist es sicherlich aufschlussreich, die diversen Webseiten von Erwin und Alex über einen längeren Zeitraum aufzusuchen, um die religiöse Entwicklung in ihrem Denken zu verfolgen.

Bevor wir mit unserem »Rundgang« beginnen, stellen wir drei Fragen in den Raum, die jeder Christ bedenken sollte: Hat das alles noch etwas mit dem biblischen Christentum zu tun? Gibt es auf diesen Webseiten mehr als nur einen verschleierten Hinweis auf Jesus Christus und sein Evangelium des Heils? Welche Schlussfolgerung muss man zwangsläufig ziehen?

---

[6] http://erwinmcmanus.com/bio.

Alex McManus

Auf seiner Webseite http://alexmcmanus.org hat er eine spezielle Sparte »Search for THE MYSTIC« (»Suche nach *Dem Mystischen*«). Dort findet sich unter anderem eine bizarr anmutende mystische Lyrik mit dem Titel »Brain Spasm« (»Gehirnkrampf«).[7] Unter http://alexmcmanus.org/about-alex steht Folgendes über ihn:

Alex diente im Leitungsteam der MOSAIC Los Angeles von 1998 bis 2004. Er war ein führender Leiter in ORIGINS[8], dem Mosaic-Führerschaftsexperiment, und trug von 2002 bis 2006 zum Wachstum der Konferenz von einem kleinen Versuchsprojekt zu einem Erlebnis von internationaler Berühmtheit bei. Während dieser Zeit half Alex beim Aufbau der Mosaic-Allianz und diente von 2002 bis 2006 als globale Kontaktperson. Im Oktober 2004 gründete Alex das Internationale Mentoring-Netzwerk. Es ist ein auf den Einzelnen zugeschnittener Mentoring-Prozess mit tiefgehenden Beziehungskomponenten, um Leiter zu entdecken, zu entwickeln und auszusenden.[9]

Internationales Mentoring Netzwerk
http://theimn.com

Überblick:[10] Das Internationale Mentoring-Netzwerk [International Mentoring Network, IMN] ist ein auf den Einzelnen zugeschnittener Mentoring-Prozess und ein Peer-Netzwerk. Der Mentoring-Prozess ist so gestaltet, dass er sowohl einen abgerundeten Vorgeschmack für Mission und Dienst im 21. Jahrhundert bietet, als auch einen kontinuierlichen Austausch und eine Partnerschaft in der Mission und im Dienst.

Um dies tun zu können, nützt das IMN die Vorteile der Cyberwelt und Beziehungen aus. Durch die Einrichtung einer Universität

---

[7] Im Herbst 2011 stand dies auf der Startseite seiner Webpräsenz, außerdem unter http://alexmcmanus.org/2011/09/19/brain-spasm. Die Rubrik »Search for THE MYSTIC« findet sich unter http://alexmcmanus.org/cat/the-mystic.

[8] http://theoriginsproject.org/; http://erwinmcmanus.com/origins.

[9] Die biographische Beschreibung von Alex McManus wird laufend revidiert und erweitert.

[10] Der Text stand ursprünglich auf folgender Webseite: http://internationalmentoring network.com/about.

und einer Auftrittsmöglichkeit im Internet, einem Netzwerk von Blogs (http://alexmcmanus.org) und sogar einer Cyber-City (http://voxtropolis.com), stellt sich das IMN an die Spitze der Erneuerung in der Welt der Technologie und der Mission. Praktisch wirkt das IMN gegenwärtig von zwei Zentren in Los Angeles und Orlando aus; Erweiterungspläne werden geschmiedet, um in den nächsten zwei bis drei Jahren Zentren in Montreal, Seattle/Vancouver, Großbritannien und Europa zu eröffnen. Als ein zusätzliches Angebot organisiert IMN auf regionaler Basis jährliche »Makers of Fire«-Events [Feuermacher-Veranstaltungen] und bereitet nun eine neue nationale Konferenz mit dem Namen HUMANA 2.0 vor – der Kampf für die Menschheit beginnt hier. In den nächsten sechs Monaten wird die IMN-Fakultät eine volle Palette von Komponenten anbieten, um Menschen durch die Wechsel des Lebens zu führen, einen apostolischen Ethos zu schaffen, Mensch und Kultur kreativ in Dienst zu nehmen.«

HUMANA 2.0
http://www.fight4humanity.com

Vom 7. bis 8. Februar [2007] beginnt in Orlando, Florida, wieder der Kampf für die Menschheit. Treffen Sie sich mit Erwin McManus, David Arcos, Gerardo Marti, Alex McManus und anderen (http://www.fight4humanity.com/speakers) auf einer Konferenz für Missionsleiter.

http://www.fight4humanity.com/invitation/

Eine Einladung von Alex McManus ...
In den vergangenen zwei Jahren arbeitete das Internationale Mentoring Netzwerk eng mit ORIGINS, dem Mosaic-Führerschaftserlebnis [*leadership experience*], zusammen. Mosaic wird als eine der einzigartigsten Glaubensgemeinschaften in der Welt angesehen, und ORIGINS ist meines Erachtens das beste missionale Führerschaftsentwicklungserlebnis im Westen.
    Dieses Jahr multipliziert das IMN die Angebote zum Lernen und Kontakteknüpfen, indem es vom 7. bis 8. Februar 2007 HUMANA 2.0 in Orlando, Florida, sponsert.

Wenn sich bei ORIGINS alles um Mosaic dreht, dann geht es bei der HUMANA 2.0 um alles, was die Zukunft betrifft [...] außerdem werden viele Missionsmodelle vorgestellt. Unser Ziel wird sein, zukunftsorientierten Leitern die Gelegenheit zu geben, verschiedene Anwendungen und Modelle des Dienstes und der Mission des 21. Jahrhunderts kennenzulernen. Da wir Mosaic als einen wichtigen Teil dieser Zukunft ansehen, ist es unser Anliegen, Ihnen Möglichkeiten anzubieten, um das, was Mosaic wichtig ist, zu diskutieren. Wir werden auch andere »aufkommende« [emerging] Formen der Mission und des Dienstes präsentieren: die einfache oder organische Kirche, unternehmerische Königreichsgeschäfte und die innovative Cyber-City namens voxtropolis.

Die Seher
ERWIN MCMANUS – Autor und Hauptpastor der MOSAIC
    Los Angeles
GERARD OMARTI – Autor (*Ein Mosaikstein der Gläubigen*)
    und Soziologieprofessor
DAVID ARCOS – Schriftsteller und darstellender Künstler,
    Direktor der Stadtpoeten
ALEX MCMANUS – Gründer des Internationalen Mentoring-
    Netzwerks & Schöpfer der VOXTROPOLIS.COM

Als Programmpunkte wurden unter fight4humanity.com u.a. aufgeführt:»die Mosaik-Zukunft, die PostHuman-Zukunft, die Cyber-Zukunft und die Organische Zukunft«

Awaken
http://erwinmcmanus.com/awaken/
ursprünglich: http://awakenhumanity.org/ethos

Was stellt ETHOS dar?
Es ist ein Experiment zur Ausbildung von Führungskräften, das die Möglichkeit bietet, mit kulturellen Gestaltern und Innovatoren aus Los Angeles, New York und aller Welt ins Gespräch zu kommen über Themen der Führerschaft, Kultur, Kreativität, Innovation und der Zukunft der Kirche.
»[...] es ist wichtiger, zu verändern, wofür sich Menschen interessieren, als woran sie glauben! Sie können etwas ohne persönliche

Anteilnahme glauben, aber sie können kein persönliches Interesse an etwas haben, ohne daran zu glauben.« – Erwin Raphael McManus, *An Unstoppable Force.*

ETHOS ist der grundlegende Charakter oder Geist einer Kultur; die grundlegenden Empfindungen, welche die Glaubenseinstellungen, Gebräuche und Praktiken einer Gruppe oder Gesellschaft gestalten. ETHOS geschieht dort, wo viele Menschen autonome Entscheidungen treffen, um eine gemeinsame Bewegung in Gang zu setzen. ETHOS bewegt uns, wenn uns nichts anderes motiviert und nichts anderes dazu fähig ist. ETHOS kann als eine »Stammes«-Emotion [tribal emotion] angesehen werden. Wie Emotionen uns anfeuern, ist ETHOS das »Stammes«-Feuer. ETHOS ist das Brennmaterial unseres Umsorgens und das Feuer unserer Leidenschaften. Kommen Sie mit uns nach New York, um an diesen einzigartigen und Veränderung bewirkenden Erfahrungen teilzunehmen, die ihre Leidenschaft anzünden und in Gang setzen wird für die Bewegung Christi in aller Welt!«

Erwachen des menschlichen Geistes [Awaken the Human Spirit]
Wir alle haben Träume, Leidenschaften und Talente. Aber warum setzen einige von uns ihre Ziele um und gehen mit Erfolg voran, während andere ängstlich aus der Ferne zusehen und sich wundern, warum ihr Leben nicht in die erhoffte Richtung geht? [...] Awaken ist eine Organisation (http://www.awaken.org), wodurch diese Ideen Realität in Ihrem Leben werden.

YELO
http://yelo.awaken.org

YELO ist eine »Awaken«-Veranstaltung, die darauf fokussiert ist, Ihre Kreativität zu entfesseln, den Einfluss zu erhöhen, Ihren Charakter herauszufordern und Ihr Leistungspotenzial zu optimieren.

Das yelo-Team erfährt aus erster Hand, wie bereichernd es ist, in einer gemischten Gemeinschaft zu leben, die Kraft verleiht. Mithilfe der Metapher eines Mosaiks vereinen wir unsere einzigartigen und substantiellen Beiträge zum Erreichen eines gemeinsamen Zieles: Kreativität entfesseln und Gemeinschaft in Ihre

Organisation bringen. Inspiriert durch einen feurigen und ernsthaften Glauben an das, was wir anbieten, sind wir bereit, Ihnen und Ihrer Organisation zu dienen.

Wir alle haben Träume, die in uns schlummern, finden es aber oft schwierig, sie zu aktivieren. Der Versuch, unsere Träume auszuleben, beginnt, wenn wir unseren kreativen Geist entfesseln und mit unserem einzigartigen Potenzial konfrontiert werden. Auf dem Lebensweg entdecken wir die Wichtigkeit des Charakters in Bezug auf diese Reise und werden konfrontiert mit der eigentlichen Essenz dessen, was wir sind.

Wir bieten die yelo-Erlebnisse in Los Angeles dreimal im Jahr an und laden alle dazu ein. Yelo ist auch ein Ereignis auf Rädern, wir bringen zum Beispiel yelo in ihre Stadt und in ihre Umgebung.

Erwin R. McManus
http://erwinmcmanus.com/bio

Erwin ist der Katalysator hinter »Awaken«, das ein Zusammenschluss von Träumern [dreamers] ist, die sich der Aufgabe widmen, kreative Umgebungen zu schaffen, die die Vorstellungskraft erweitern und die Kreativität entfesseln. Weil wir davon überzeugt sind, dass die Welt durch Träumer und Visionäre verändert wird, dient »Awaken« dem Zweck der Geschichte, indem sie das göttliche Potenzial in jedem Menschen optimiert.[11]

11.3 »Vorträge und Resümees« der Konsultation 1979

Da diese Veranstaltung bahnbrechend war für den Domionismus und die Ausbreitung des New Age unter den Evangelikalen, dokumentieren wir hier, wer an dieser Konsultation beteiligt war:

»A Utopian Perspective on the Future« (»Eine utopische Perspektive über die Zukunft«)

---

[11] http://erwinmcmanus.com/bio/: »[...] convinced that the world is changed by dreamers and visionaries, Awaken serves the purpose of history by maximizing the divine potential in every human being«.

– Vortrag von Dr. Willis W. Harman
– Resümee von Mr. William H. Garrison

»A Dystopian Perspective on the Future: Challenge for the Churches« (»Eine anti-utopische Perspektive über die Zukunft: Herausforderung an die Kirchen«)
– Vortrag von Dr. Peter J. Henriot
– Resümee von Dr. David E. Johnston

»The Future of the Church: Its Nurture, Form, and Function« (»Die Zukunft der Kirche: Ihre Pflege, Ausgestaltung und Beauftragung«)
– Vortrag von Dr. Gene A. Getz
– Resümee von Dr. Gordon MacDonald

»The Future of the Church: The Christian Family« (»Die Zukunft der Kirche: Die Christliche Familie«)
– Vortrag von Armand M. Nicholi, Jr., M.D.
– Resümee von Dr. Howard G. Hendricks

»The Future of the Church: In a Secular Society« (»Die Zukunft der Kirche: In einer säkularen Gesellschaft«)
– Vortrag von Dr. Ted Ward
– Resümee von Rev. John M. Perkins

»The Future of the Church: The Essential Components of World Evangelization« (»Die Zukunft der Kirche: Die essentiellen Bestandteile der Weltevangelisation«)
– Vortrag von Dr. Ralph D. Winter
– Resümee von Dr. J. Robertson McQuilkin

Teil 3 der Konsultation bestand aus sieben »Szenarien«:
Szenario, Studiengruppe 1: Dr. William C. Brownson, Jr.
Szenario, Studiengruppe 2: Dr. Richard F. Lovelace
Szenario, Studiengruppe 3: Dr. Ted Ward
Szenario, Studiengruppe 4: Dr. Ralph D. Winter
Szenario, Studiengruppe 5: Dr. Cathy Stonehouse
Szenario, Studiengruppe 6: Dr. Larry W. Poland
Szenario, Studiengruppe 7: Dr. David E. Johnston

Program Personnel

Hudson T. Armerding – Fünfter Rektor, Wheaton College; Präsident, World Evangelical Fellowship; und ehemaliger Präsident, National Association of Evangelicals.

William C. Brownson, Jr. – Radio und Fernsehprediger, »Words of Hope,« Reformed Church in America (»Wort der Hoffnung«, Reformierte Kirche in Amerika).

Leighton Ford – Evangelist und Vizepräsident, Billy Graham Evangelistic Association; Vorsitzender, Lausanne Committee for World Evangelization.

William H. Garrison – Prominenter Anwalt in Dallas; Zweiter Kuratoriumsvorsitzende des Dallas Theological Seminary.

Gene A. Getz – Pastor, Fellowship Bible Church, Dallas, und Professor of Pastoral Ministries, Dallas Theological Seminary (Professor der Praktischen Theologie).

Willis W. Harman – Autor, Regierungsberater und Dozent; führender Sprecher der Futurologen; jetzt Direktor, Center for the Study of Social Policy, Urban and Social Systems Division, Stanford Research Institute (Zentrum zum Studium der Sozialpolitik, Abteilung der Städtischen und Sozialen Systeme, Stanford Forschungsinstitut).

Howard G. Hendricks – Professor für Christliche Erziehung, Dallas Theological Seminary.

Peter J. Henriot – Autor und Dozent an zahlreichen nordamerikanischen Universitäten, einschließlich MIT-Harvards »Center for Urban Studies« (MIT-Harvards »Zentrum für Städtische Studien« und Seattle University; Direktor, Center of Concern, Washington, D.C. (Zentrum für Anliegen).

Donald E. Hoke – Pastor, Cedar Springs Presbyterian Church, Knoxville, Tennessee. Er war ein theologischer Lehrer in den U.S.A. und in Japan. Nachdem er 1974 die Leitung des Internationalen Kongresses für Weltevangelisation, Lausanne, Schweiz, innehatte, diente er als der erste Exekutivdirektor des Billy Graham Centers.

David E. Johnston – Vizepräsident für Finanzen, Wheaton College, und Direktor, Billy Graham Center. Zuvor war er der Vizepräsident des Trinity College.

Richard F. Lovelace – Professor der Kirchengeschichte, Gordon-Conwell Theological Seminary.

Gordon MacDonald – Pastor, Grace Chapel, Lexington, Massachusetts, und Dozent der Praktischen Theologie an den Gordon-Conwell, Covenant und Conservative Baptist Theological Seminaries.
J. Robertson McQuilkin – Ehemaliger Missionar in Japan; Rektor, Columbia Bible College and Graduate School of Bible and Missions.
Armand M. Nicholi, Jr., M.D. – Fakultätsmitglied, Harvard Medical School, und Mitarbeiter, Massachusetts General Hospital.
John M. Perkins – Evangelikaler Leiter, Redner und Autor; Präsident und Gründer von »Voice of Calvary Ministries« in Jackson, Mississippi (»Stimme von Golgatha Dienste«).
Larry W. Poland – Ehemaliger Rektor, Miami Christian College; Direktor der »Agape Movement, Campus Crusade for Christ, International« (»Agape Bewegung, Campus für Christus, International«).
Cathy Stonehouse – Direktor für Lehrplan-Dienste, Light & Life Press, Free Methodist Publishing House, Winona Lake, Indiana.
Ted Ward – Direktor, Michigan State University's »Values Development Education Program« (»Bildungsprogramm für die Entwicklung von Werten«); Professor der Lehrplanforschung am »Institute for International Studies«.
Ralph D. Winter – Gründer und Direktor, »U.S. Center for World Mission« (»US Zentrum für Weltmission«).

11.4 Umdeutung von Begriffen über Transformation

Begriff	*herkömmliches Verständnis*	*neoevangelikal modifiziertes Verständnis*	*New-Age- und emergentes Verständnis*
»Auftragsorientiertes« Lebens- und Kirchenmodell (engl. »purpose driven« life / church)	Stecken eines Zieles und Versuch, es zu erreichen	Stecken von individuellen oder organisatorischen Zielen; zielstrebige Umsetzung einer systematischen Veränderung	Ergebnis-optimierende Leistung; Kontrolle mittels Rechenschaftsbericht; vorgegebene Zielsetzungen, die den globalen Sozialnormen des Kommunitarismus entsprechen müssen.

Begriff	herkömmliches Verständnis	neoevangelikal modifiziertes Verständnis	New-Age- und emergentes Verständnis
Betreiber des Wandels (engl. agent of change)	Jemand, der verantwortlich ist, eine Veränderung herbeizuführen.	Jemand, der für die Transformation einer Organisation verantwortlich ist.	Ein speziell in psychosozialen Techniken der Gruppenmanipulation ausgebildeter Leiter, der die Transformation einer Organisation mittels eines mehrstufigen Prozesses erzwingt
holistisch / ganzheitlich	Das System ist größer als die Summe seiner Bestandteile.	Die Einheit verschiedener Elemente, die kraft ihrer Synergie größer ist als ihre unterschiedlichen Bestandteile	Die Vereinigung verschiedener Bereiche menschlicher Geschäftigkeit durch kooperatives Handeln; die Ausgestaltung eines einheitlichen, kosmischen Bewusstseins der Menschheit
Koordinierung	Anordnung bestimmter Elemente in einer geraden Linie	In dem Kirchenwachstumsmodell entspricht die Koordinierung dem Anpassen des eigenen Willens an die Vision und Ziele der lokalen Gemeinde	Der metaphysische Glaube, dass jemand seine körperlichen, mentalen, emotionalen und geistlichen Fähigkeiten mit den im Universum wirksamen Mächten koordinieren muss, um einen maximalen Nutzen und Effekt zu erzielen.
Leitung	Markus 10, 31: »Viele Erste aber werden Letzte sein und die Letzten Erste.«	Ein Leiter ist ein Diener, der sich selbst aufopfert, um die Kirche zu verändern.	Ein Leiter, der die Kirche umgestalten möchte, sorgt dafür, dass die Christen die vorgegebenen Ziele widerspruchslos akzeptieren. Er belohnt die Bereitwilligen und bestraft die Widerstrebenden.
Netzwerk	Ein System von miteinander in Beziehung stehenden Gruppen oder Individuen	Ein Begriff aus der »New Age«-Bewegung, der die Vereinigung von Menschen beschreibt, die eine gemeinsame Vision zur Schaffung einer globalen Gesellschaft haben. In der Kirche: die Verbindung von Dienstorganisationen in aller Welt, die einen gemeinsamen Zweck erfüllen.	Ein System miteinander verbundener Organisationen, einschließlich der christlichen Gemeinden und politischen Institutionen, die am Aufbau einer neuen Weltordnung und der Herbeiführung eines neuen Zeitalters auf Erden gemeinsam mitwirken.

Begriff	herkömmliches Verständnis	neoevangelikal modifiziertes Verständnis	New-Age- und emergentes Verständnis
New Age	Im biblischen Sinne: Eph. 2, 7: »... um in den kommenden Weltzeiten den überschwenglichen Reichtum seiner Gnade durch die Gütigkeit gegen uns in Christus Jesus zu erweisen«	Alle modernen Entwicklungen im späten 20. und frühen 21. Jahrhundert	Eine Zeitperiode, die gekennzeichnet sein wird durch gewaltige Veränderungen im spirituellen Aktionsradius der Menschheit, wenn sie den Wendepunkt zur Verwirklichung ihrer eigenen Evolution zu einer höheren Lebensform erreicht haben wird
Paradigma	Muster, Beispiel oder Modell	Veränderung eines Modells oder einer Weltanschauung; Einführung von neuen Einsichten und Vorgehensweisen	Ein vorgegebener Rahmen, der die Norm in der Ausgestaltung einer neuen Spiritualität bestimmt; die oberste Norm ist die Erfüllung des evolutionären Sprungs der Menschheit
Paradigmen-wechsel (Wendepunkt, kritische Masse)	Wechsel von einem Glaubenssystem / einer Weltanschauung zum / zur anderen	Wechsel vom traditionellen christlichen Denken zum östlichen Mystizismus. In der Kirche: eine Veränderung zu einer höheren Ebene des geistlichen Verständnisses und des sozialen Engagements	Wechsel im Bereich des Geistes, aufgrund dessen die Menschheit ein Mitspracherecht im Ausgang ihres eigenen Schicksals erhält; eine Evolution im Bewusstsein der Menschen
Synergie	Zusammenarbeit in einer Gruppe	Vorzüge der Zusammenarbeit, die zu einer effektiveren Leistung führen	Die Vereinigung der psychischen Energie vieler Menschen zu einer leistungsfähigen kosmischen Kraft, die die Evolution der Menschheit zu einer höheren Lebensform begünstigt
System	Anordnung von Dingen, die ein Ganzes darstellen	Theoretische Betrachtungsweise der Welt als System; alles Existierende ist miteinander verknüpft und voneinander abhängig; nichts befindet sich außerhalb einer umfassenden Einheit	esoterischer Glaube, dass die Erde (Gaia) ein lebendiger, atmender Organismus ist, und dass alle Systeme auf Erden in Übereinstimmung mit einem globalen Regierungssystem gebracht werden müssen.

Begriff	herkömmliches Verständnis	neoevangelikal modifiziertes Verständnis	New-Age- und emergentes Verständnis
Team	Im biblischen Sinne: Pred. 4, 9:»Besser sind zwei daran als ein Einzelner, weil ihnen ein guter Lohn für ihre Mühe zuteil wird.«	Gruppe von Menschen mit sich gegenseitig ergänzenden Fähigkeiten, die sich dazu verpflichtet hat, einem gemeinsamen Zweck zu dienen.	Indoktrinierte Personen, die durch Gruppenzwang (Strafe / Belohnung) manipuliert werden, sich selbst als Teil eines größeren Plans zu sehen, die Evolution der Menschheit zu beschleunigen.
Transformation	Veränderung der Gestalt oder äußeren Erscheinung	Übergang von einer alten zu einer neuen Vorgehensweise	Ein Plan, um die gesamte geistliche, kulturelle, bildungsmäßige, ökonomische, soziale und politische Struktur des menschlichen Lebens auf Erden zu verändern
Vision	Traumgesicht; eine außergewöhnliche, gottgegebene Sicht in die Zukunft	ein mentales Bild, das sich im Bewusstsein des Menschen ausbildet und sich an den Vorstellungen und Wünschen des Herzens orientiert	eine Visualisierung mentaler Bilder, die zu ihrer physischen Realisierung führt
Widerstand	Negativ: den Heiligen Geist widerstehen (Apg. 7, 51) Positiv: dem Teufel widerstehen (Jakobus 4, 7)	Den Gang einer Veränderung aufhalten, weil man an einer antiquierten Theologie ungebührlich festhält. Wenn der Wille zum Widerstand nicht gebrochen wird, entsteht Uneinigkeit, die den evolutionären Prozess der Menschheit aufhält.	Den Gang einer Veränderung aufhalten, bedroht den gesamten evolutionären Prozess. In den Gehirnen widerstandsleistender Personen sind Überreste einer früheren Existenz als Reptil wirksam. Sie werden sich nicht weiterentwickeln und müssen eliminiert werden.
Zusammenarbeit	Zusammenarbeit in einem literarischen, künstlerischen oder wissenschaftlichen Projekt	Zusammenarbeit im Erreichen eines gemeinsamen Zieles – besonders durch die Vernetzung verschiedener Organisationen	Koordination der Systeme in allen Bereichen und auf allen Ebenen; alle Arbeitsabläufe und organisations-übergreifenden Funktionen müssen in einem Netzwerk integriert werden, damit eine unabhängige und individuelle Identität handelnder Menschen verhindert wird.

Bibliographie

Bücher

Bell, Rob, *Das letzte Wort hat die Liebe*: Himmel und Hölle und das Schicksal jedes Menschen, der je gelebt hat (Gießen: Brunnen-Verlag, 2011). Orig. *Love Wins* (San Francisco, CA: HarperOne, 2011).

Cicero, *Pro L Valerio Flacco*, in Cicero's Works, Loeb Classical Library, vol. 324, trans. C. MacDonald (Harvard UP, Cambridge, Mass: 1977) Kap. IV, par. XXVIII.

Colby, Gerard & Charlotte Dennet, *Thy Will Be Done: The Conquest of the Amazon. Nelson Rockefeller and Evangelism in the Age of Oil* (San Francisco, CA: HarperCollins, 1996).

Continuing Consultation on Future Evangelical Concerns, *An Evangelical Agenda: 1984 and beyond: Addresses, responses, and scenarios from the Continuing Consultation on Future Evangelical Concerns, held in Overland Park, Kansas, December 11-14, 1979 / sponsored by the Billy Graham Center, Wheaton College* (South Pasadena, CA: William Carey Library, 1979).

Craigin, John, Kap. 15, »The Business of Missions – The Mission of Business«; Tetsunao Yamamori & Kenneth A. Eldred, eds., *On Kingdom Business: Transforming Missions Through Entrepreneurial Strategies* (Wheaton, IL: Crossway, 2003).

Cumbey, Constance, *The Hidden Dangers of the Rainbow* (Shreveport, LA: Huntington House Publishers; Revised Edition, 1985). Deutsche Ausgabe: *Die sanfte Verführung* (Aßlar: Schulte & Gerth, 1986).

Cumbey, Constance, *A Planned Deception: The Staging of a New Age «Messiah«* (Pointe Pubs, [1985] 1986).

Cunningham, Loren, *Winning God's Way* (YWAM Publishing, 1988; später veröffentlicht unter dem Titel: *Making Jesus Lord*). Deutsche Ausgabe: *Siegreich – auf Gottes Art* (Wuppertal: One Way, 1996).

Dager, Albert, *The World Christian Movement* (Sword, 2002).

Drucker, Peter F., *Toward the Next Economics, and Other Essays* (New York, NY: Harper & Row, 1981).

Drucker, Peter F., *The End of Economic Man* (New York, NY: Basis Books, [1939] 1940; New Brunswick, N.J.: Transaction Publishers, 1995).

Drucker, Peter F., *Landmarks of Tomorrow* (New York: Harper & Row, 1957; Piscataway, NJ: Transaction Publishers, 1996). Deutsche Ausgaben: *Das Fundament für morgen* (Düsseldorf: Econ, 1958) und *Gedanken für die Zukunft* (Düsseldorf: Econ, 2. Aufl. 1959).

Erdmann, Martin, *Building the Kingdom of God on* Earth: *The Churches' Contribution to Marshall Public Support for World Order and Peace, 1919-1945* (Eugene, OR: Wipf & Stock, 2005).

Fenton, Horace L., Jr., »Mission – and Social Concern,« in *The Church's Worldwide Mission,* Harold Lindsell, ed. (Waco, TX: Word Books, 1966).

Ferguson, Marilyn, *The Aquarian Conspiracy: Personal and Social Transformation in the 1980s* (Los Angeles: J. P. Tarcher, Inc., 1980). Deutsche Ausgabe: *Die sanfte Verschwörung* (Basel: Sphinx, 1982).

Ferguson, Marilyn, *Aquarius NOW* (Newburyport, MA: Red Wheel/Weiser, 2005). Deutsche Ausgabe: *Die sanfte Revolution* (München: Kösel, 2007).

Frend, W. H. C., *The Donatist Church* (Oxford: Oxford University Press, [1952] 2000).

Gary, Jay, *The Star of 2000: Our journey toward hope* (Colorado Springs, CO: Bimillennial Press, 1994).

Gaskell, G. A., *The Dictionary of All Scriptures and Myths* (New York, NY: The Julian Press, [1960] 1969).

Henry, Matthew, *Matthew Henry Commentary on the Whole Bible* (Peabody, MA: Hendrickson Publishers; 2nd edition, 1991).

Hocking, William Ernest, *Re-Thinking Missions: A Laymen's Inquiry After One Hundred Years* (Harper & Brothers Publishers, 1932).

Hubbard, Barbara Marx, *The Revelation: A Message of Hope for the New Millennium* (Novato, CA: Nataraj Publishing; 2 Sub edition, 1995).

James, William, *The Varieties of Religious Experience: A Study in Human Nature* (Cambridge, MA: Harvard University, 1902). Deutsche Ausgabe: *Die Vielfalt religiöser Erfahrung* (Frankfurt a.M.: Insel, 1997).

Johnston, Arthur, *The Battle for World Evangelization* (Wheaton, IL: Tyndale, 1978).

Jones, A. H. M., *Constantine and the Conversion of Europe* (New York: Macmillan, [1948] 2008).

Kuhn, Thomas S., *The Structure of Scientific Revolutions* (Chicago: University of Chicago Press, 1962). Deutsche Ausgabe: *Die Struktur wissenschaftlicher Revolutionen* (Frankfurt a.M.: Suhrkamp, 2003).

Lange, Stefan: *Auf der Suche nach der guten Gesellschaft – Der Kommunitarismus Amitai Etzionis.* In: Uwe Schimank, Ute Volkmann (Hrsg.), *Soziologische Gegenwartsdiagnosen* (Leske + Budrich, Opladen 2000).

Laszlo, Ervin, *A Strategy for the Future: A Systems Approach to World Order* (New York, NY: George Braziller Incorporate, 1974).

Lindsell, Harold, *The Battle for the Bible* (Grand Rapdis, MI: Zondervan, [1976] 1978).

McLaren, Brian D., *A New Kind of Christian. A Tale of Two Friends on a Spiritual Journey* (Hoboken, NJ: Jossey-Bass; 1 edition, 2001).

McLaren, Brian D., *Everything Must Change: Jesus, Global Crises and a Revolution of Hope* (Nashville, TN: Thomas Nelson, 2007). Deutsche Ausgabe: *Höchste Zeit, umzudenken!* (Marburg: Francke, 2008).

Mead, Sydney E., »Denominationalism: The Shape of Protestantism in America,« in Russell E. Richey, ed., *Denominationalism* (Nashville: Abingdon, 1977).

Mouw, Richard J., *Abraham Kuyper: A Short and Personal Introduction* (Grand Rapids, Mich.: William B. Eerdmans Pub., 2011).

Muller, Robert, *The Birth of a Global Civilisation* (World Happiness & Cooperation; 1st edition, December 1982). Deutsche Ausgabe: *Die Geburt einer globalen Zivilisation* (Ergolding: Klima, 1994).

Muller, Robert, *Framework for Preparation for the Year 2000: The 21st Century and the Third Millennium* (Schweitzer/Quinnipiac Studies, 2, 1994).

Rifkin, Jeremy mit Ted Howard. *The Emerging Order: God in the Age of Scarcity* (New York, NY: G.P. Putnam's Sons, 1979).

Riss, Richard, *Latter Rain: The Latter Rain Movement of 1948 and the Mid-Twentieth Century Evangelical Awakening* (Honeycomb Visual Productions Ltd., 1987).

Schaeffer, Francis A., *The New Super-Spirituality* (Wheaton, IL: Crossway, 1972). Deutsche Ausgabe: *Die neue religiöse Welle* (Neuhausen: Hänssler, 1975).

Schaeffer, Francis A., *The God Who Is There* (Crossway, Complete Works, Vol. 3, 1982). Deutsche Ausgabe: *Gott ist keine Illusion* (Wuppertal: R. Brockhaus, 1971).

Stielstra, Greg, *PyroMarketing* (New York, NY: HarperBusiness, 2005).

Stockstill, Larry, *Zellgemeinde – Gemeinde der Zukunft* (Aßlar: Gerth Medien, 1999).

Stott, John R. W., »The Great Commission,« in Carl F. H. Henry & W. Stanley Mooneyham, eds., *One Race, One Gospel, One Task* (Minneapolis: World Wide Publications, 1967) Vol. 1.

Stott, John R. W., *Christian Mission in the Modern World* (Downers Grove, IL: InterVarsity Press, 1975). Deutsche Ausgabe: *Gesandt wie Christus* (Wuppertal: R. Brockhaus, 1976).

Sweet, Leonard, *Quantum Spirituality: A Postmodern Apologetic* (Dayton, Ohio: Whaleprints, 1991).

Teilhard de Chardin, Pierre, *The Phenomenon of Man* und *The Future of Man* (New York, NY: Harper Perennial; 23rd edition, 1975).

Wagner, C. Peter, *The Church in the Workplace. How God's People Can Transform Society* (Ventura, CA: Gospel Light, 2006).

Wagner, C. Peter, *Dominion! How Kingdom Action Can Change the World* (Grand Rapids MI: Revell, a division of Baker Publishing Group, 2008).

Walsch, Neale Donald, Desmond Mpilo Tutu, Thom Hartmann, Michael Hull, *From the Ashes: A Spiritual Response to the Attack on America* (Emmaus, PA: Rodale Books, October 2001).

Yamamori, Tetsunao & Eldred, Kenneth A., eds., *On Kingdom Business: Transforming Missions Through Entrepreneurial Strategies* (Wheaton, IL: Crossway, 2003).

Artikel

Boje, David M. und Rovert D. Winsor (1993), »The Resurrection of Taylorism«. Total quality management's hidden agenda,« *Journal of Organizational Change Management*, Vol. 6 (4): S. 57-70.

Bush, Luis, »World Inquiry Compendium V: City-Based Action Plans Unveiled«, *Mission Frontiers*, 2003.

Drucker, Peter F., »Management's New Paradigms,« *Forbes*, 5. Oktober 1998.

Gary, Jay, *Bimillenial Research Report* (Mar/Apr 1992): Colorado Springs, CO.

Keys, Donald, »Integral People for a Whole Planet,« *The Beacon*, May/June 1985, Lucis Trust.

Leadership Network: *Explorer*, Number 23, November 6, 2000.

Lenkowsky, Leslie, »Drucker's Contributions to Nonprofit Management«, in *The Chronicle of Philanthropy*, 18. November 2005.

Mumford, Lewis, «The First Megamachine,« Daedalus (1966); in Lewis Mumford, *Interpretations and Forecasts: 1922-1972* (New York: Harcourt Brace Jovanovich, 1972) Kap. 24.

Muson, Howard, »The Nonprofits' Prophet,« *Across the Board*, March 1998, 26, 3, S. 30.

N.N., »Max Weber on Bureaucratization« (1909) in J. P. Mayer, *Max Weber and German Politics: A Study in Political Sociology* (London: Faber and Faber, [1943] 1956) 127.

N.N., »Trusting the teacher in the grey-flannel suit«, *The Economist*, 17. Nov. 2005.

Reynolds, Michael, »Rendering Unto God,« *Mother Jones*, Dezember 2005.

Wagner, C. Peter, »Transform Society!« *Global Prayer News*, Vol. 6, No. 3, Jul-Sept 2005.

Personen- und Stichwortregister

Weitere Bücher vom Betanien Verlag

John MacArthur
Sklave Christi
Die unterschlagene Wahrheit über deine Identität in Christus
Paperback · 217 S. · erschienen: 2011 · ISBN 978-3-935558-96-9 · 9,50 Euro
Bibelübersetzer haben einen Fehler in das NT eingeführt, der immer
wieder vertuscht wurde: Das Wort für »Sklave« wurde lediglich mit
»Diener« oder »Knecht« übersetzt. Die fatale Folge: Dieses falsche
Verständnis beeinträchtigt die Beziehung des Gläubigen zu Gott.

Thorsten Brenscheidt
Max Lucado verstehen
Der Bestsellerautor und seine Botschaft
Taschenbuch · 125 S. · erschienen 2010 · ISBN 978-3-935558-18-1 · 4,90 Euro
Eine gründliche Analyse der Botschaft aus Max Lucados Bestellern
und ein aufweckener Vergleich mit der Botschaft der Bibel.

Thomas Schreiner & Ardel Caneday
Mit Ausharren laufen
Gibt es Heilsgewissheit ohne Heiligung?
Paperback · 350 S. · erschienen: 2009 · ISBN 978-3-935558-90-7 · Euro 15,90
Die Bibel lehrt, dass es ohne Heiligung und Ausharren keine Erret-
tung gibt. Wie ist das mit der Sicherheit des Heils zu vereinbaren? Ei-
ne gründliche und sehr aufschlussreiche biblische Untersuchung

Gregory Beale
Der Tempel aller Zeiten
Die Wohnung Gottes und der Auftrag der Gemeinde
Paperback · 492 S. · erschienen: 2011 · ISBN 978-3-935558-95-2 · 21,90 Euro
Wird es einen wiederaufgebauten Tempel in Israel geben? In welchen
Tempel setzt sich der Antichrist? Wie ist der Tempel aus Hesekiel und
Offenb. 11 zu verstehenn? Was ist mit den alttestamentlichen Wieder-
herstellungsverheißungen für Israel? Eine heilsgeschichtliche Studie.

John MacArthur
Biblisch predigen
Eine praktische Anleitung zur Auslegungspredigt
Hardcover · 493 S. · erschienen: 2008 · ISBN 978-3-935558-85-3 · 24,90 Euro
Dieses motivierende und zurüstende Werk wurde von acht Dozenten
des Master's Seminary verfasst und enhält den Inhalt des dortigen
Predigtunterrichts. Der Fokus gilt der Auslegungspredigt.